MOSAÏQUE
MÉTHODE DE FRANÇAIS

Béatriz Job

avec la collaboration de
Jean-Pierre et Frédéric Hatchondo

Illustrations
Zaü

Édition : Gilles Breton
Recherche iconographique : Atelier d'Images
Conception graphique et réalisation : Bleu T
Fabrication : Pierre David

Réalisation audio : Béryl Productions

CLE International
27, rue de la Glacière - 75013 Paris

"Le photocopillage, c'est l'usage abusif et collectif de la photocopie sans autorisation des auteurs et des éditeurs.
Largement répandu dans les établissements d'enseignement, le photocopillage menace l'avenir du livre, car il met en danger son équilibre économique. Il prive les auteurs d'une juste rémunération.
En, dehors de l'usage privé du copiste, toute reproduction totale ou partielle de cet ouvrage est interdite".

Vente aux enseignants :
16, rue Monsieur-le-Prince - 75006 Paris

© CLE International, Paris, 1995-ISBN 2.09.033140.2

Introduction

■ Nous sommes heureux de vous retrouver et nous vous souhaitons la bienvenue au troisième niveau de Mosaïque.

■ Ce troisième niveau est organisé de la même manière que les niveaux précédents : six sections de cinq leçons, soit un total de trente leçons.

■ La première section vous permettra de passer en revue les principales acquisitions des deux premiers niveaux de Mosaïque, pour mieux aborder les nouveautés présentées à partir de la leçon six. Le travail proposé ici se fera uniquement à partir de documents authentiques, oraux et écrits.

■ Comme dans les niveaux précédents, vous trouverez un parcours guidé, complété par la rubrique "Apprenez" et par les renvois au précis grammatical, qui font le point sur les formes et les règles de grammaire. Ici encore, la rubrique "A vous" vous invite à l'expression libre, orale et écrite.

■ Les annexes comportent le précis grammatical et un vocabulaire thématique et syntaxique, complémentaire à celui présenté au niveau 2.

■ Dans Mosaïque 3, vous avez aussi les cassettes audio collectives, le cahier d'exercices, le guide pédagogique et, en complément, la vidéo et la cassette audio individuelle.

LEÇON 1

Révision

- Les déterminants, l'interrogation, l'affirmation et la négation
- Les verbes au présent
- Les signes de ponctuation
- La famille, le travail et les horaires
- Se saluer, se présenter et questionner sur l'identité
- Composer un texte à partir d'interviews

1 Faites correspondre et complétez

A. Trouvez pour chaque verbe de la liste de gauche sa définition dans la liste de droite.
- se dérouler
- s'écouler
- flotter
- mijoter

- couler à partir d'un endroit, se déverser
- cuire ou bouillir lentement, à petit feu
- être porté sur un liquide, surnager
- prendre place dans le temps, se passer

B. Complétez les phrases suivantes à l'aide de ces verbes, aux formes qui conviennent.
- Les bouteilles vides .... sur le lac.
- La blanquette de veau doit .... une heure, au moins, pour être bonne.
- L'eau de la baignoire .... lentement.
- En ce moment, le championnat .... sans incident.

2 Lisez, écoutez et repérez

A. Quels éléments de vocabulaire sont représentés sur le dessin ?

B. Repérez les verbes de l'activité précédente dans le poème et expliquez les images qu'ils produisent.

Conversation

Comment ça va sur la terre ?
— Ça va ça va, ça va bien.

Les petits chiens sont-ils prospères ?
— Mon Dieu oui merci bien.

Et les nuages ?
— Ça flotte.

Et les volcans ?
— Ça mijote.

Et les fleuves ?
— Ça s'écoule.

Et le temps ?
— Ça se déroule.

Extrait de *Monsieur Monsieur*,
de Jean Tardieu, éd. Gallimard, 1951.

3 Écoutez et repérez

Comptez les formes des verbes « être » et « avoir » que vous entendez dans cet extrait de la chanson de Guy Béart, *Qu'on est bien*.

4 Entraînez-vous

Conjuguez à tour de rôle, à toutes les personnes :
– Je vais bien… – Je suis bien dans ses bras… –
Un genre que je n'ai pas…
– Je flotte sur la mer… – Je m'écroule avec fracas…

5 Lisez et trouvez

A. Trouvez quatre métiers cités dans le texte.

B. Trouvez quatre termes en rapport avec le vocabulaire de parenté.

C. Trouvez les déterminants et classez-les : indéfinis, définis, possessifs ; masculins ou féminins.

> (…) un homme d'une cinquantaine d'années, au crâne chauve et luisant, était penché sur un grand livre.
> – Je suppose que vous êtes le comptable ?
> – Justin Brême, comptable, oui.
> – Commissaire Maigret.
> – Je sais.
> – M. Angelot, juge d'instruction, et maître Radel, l'avocat de la famille.
> – Enchanté.
> – Je suppose, M. Brême, que vous êtes au courant de ce qui s'est passé la nuit dernière ?
> – Asseyez-vous, messieurs.
> Un bureau inoccupé faisait face au sien.
> – Ceci est le bureau de M. Armand Lachaume ?
> – Oui, messieurs. L'affaire Lachaume est une affaire de famille, depuis plusieurs générations, et, il n'y a pas si longtemps, M. Félix occupait encore le bureau voisin que son père et son grand-père avaient occupé avant lui.
>
> Extrait de *Maigret et les témoins récalcitrants*, de G. Simenon, éd. Presses de la Cité, 1959.

À vous

Jouez des débuts de rencontres : salutations et présentations. D'abord, dans un groupe de gens qui se connaissent bien. Ensuite, dans un groupe de gens qui ne se connaissent pas.

6 Lisez, écoutez et comparez

Ecoutez ce que dit Francis dans l'interview et lisez ce qu'a dit Richard au journaliste qui a écrit l'article. Puis répondez aux questions :

- A quelle heure commencent-ils à travailler, le matin ?
- A quelle heure arrêtent-ils de travailler ?
- Où travaillent Francis et Richard, en ville ou en milieu rural ?
- Combien de foyers Francis et Richard visitent-ils ?
- Est-ce que les usagers connaissent bien leur facteur et vice versa ? Comment Francis et Richard en parlent-ils ?
- Lequel des deux parle de tri à la poste ?

Je vais vous étonner : oui, au niveau des relations, facteur, c'est très intéressant. Moi, maintenant, quand je fais ma tournée, j'ai des copains. Je ne suis pas seulement le facteur ; quand j'arrive, on dit : « Tiens, voilà Richard ! » (C'est formidable, non ?) En milieu rural, nous sommes très utiles, surtout pour les personnes âgées… J'ai pas mal de temps libre puisque je travaille de 6 heures à 13 heures. Mais c'est un boulot stressant. Dès qu'on part du bureau on ne pense qu'à la tournée, on rentre dans la voiture et on devient une machine. On a la responsabilité de 270 clients et quand on arrive au bureau, on pose la caisse et on fait ouf. Ce qui est pénible et répétitif, c'est d'entrer et de sortir sans cesse de la voiture, plus de 200 fois en trois heures et demie. A la fin, on est une machine à donner le courrier. Il m'arrive parfois de m'arrêter à des endroits par habitude, même s'il n'y a pas de courrier à distribuer !

Extrait du *Nouvel Observateur*, novembre 1990.

7 Lisez, écoutez et écrivez

Notez
Lisez de nouveau le premier paragraphe de l'article sur Richard, le facteur, et notez tous les signes de ponctuation ou typographiques que vous y trouvez. Donnez son nom à chaque signe, en vous aidant de la liste suivante :

deux points – guillemets – parenthèses – virgule – point – point-virgule – point d'exclamation – point d'interrogation – points de suspension –

Ecoutez et écrivez : dictée

Corrigez
Ecoutez de nouveau, relisez et corrigez votre dictée.

8 Classez les mots

A l'aide d'un dictionnaire, classez les mots suivants en cinq groupes, selon qu'ils évoquent l'eau, la navigation (verbes ou véhicules), les éléments d'une écluse ou autres…

bateau – canal – casse-croûte – clapotis – déferler – écluse – éclusiers – embarcation – flots – se gonfler – hanter – hurler – pétiller – quai – ronchonner – s'amarrer – sas – trombes

9 Lisez, repérez et répondez

A. Trouvez dans le texte les mots classés dans l'activité 8.

B. L'écluse est deux fois évoquée dans le texte à travers deux images. Lesquelles ?

POUR VOUS AIDER :
L'actrice Arletty, dans le film *Hôtel du Nord* de Marcel Carné, a prononcé une réplique qui est devenue célèbre dans le cinéma français : « Atmosphère, atmosphère est-ce que j'ai une gueule d'atmosphère ? ». Ce film a été tourné près du canal Saint-Martin.

A 8h03, le canal Saint-Martin dort. A 8h04, en apparence, rien n'a bougé. Et pourtant, dans le calme des clapotis, tous les éclusiers ont pris possession de leur dame de fer. Sous le passage de la Grange-aux-Belles, hantée par la gueule d'atmosphère d'Arletty, la lumière vient de jaillir du petit pavillon de pierre début de siècle. Avec ses plates-bandes bien alignées, il a tout de la maisonnette de campagne. A l'intérieur, sur un bureau tristounet, Max Ghislin a posé son casse-croûte. Seul, dans cet univers silencieux, Max attend. « Même s'il n'y a pas de trafic, nos horaires ont la précision de la SNCF. On fait 8h04 –15h57 ou 15h52 –23h44 », ronchonne-t-il. Max est fonctionnaire de la ville de Paris. Tout à coup, après une heure de paix, le téléphone se met à hurler. « Un bateau est à l'approche. Mon collègue de la 4 (écluse d'en dessous) vient de me prévenir ». Planté sur le quai, Max guette la première embarcation de la journée. (…) la règle est simple : c'est le premier qui s'annonce qui passe. « Depuis toujours, c'est l'écluse voisine qui nous prévient ». (…) Au cœur du sas qui se gonfle d'eau, c'est au tour d'un couple d'Allemands de s'amarrer. Capitaine d'une baignoire géante, Max Ghislin, comme un gamin, a toujours les yeux qui pétillent quand les flots rapides déferlent en trombes violentes. « Cette écluse rêve de noyer les bateaux », éclate-t-il de rire.

(…) Ce jour-là, limpide, la journée s'est écoulée joyeusement. A 15h57, Max est parti rejoindre d'autres quais. L'éclusier habite au bord de l'Oise.

Extraits de « L'éclusier » – Petits métiers –,
de Mathilde Trébucq, Télérama, janvier 1994.

Arletty et Louis Jouvet dans *Hôtel du Nord* de M. Carné

Le Canal Saint-Martin à Paris

Comparez la journée de travail de Max l'éclusier avec celle de Richard et Francis, les facteurs. Discutez vos préférences en indiquant les avantages et les inconvénients.

10 Lisez, repérez et parlez

A. Repérez dans ce texte tous les noms propres, les métiers et les fonctions qui leur correspondent.

B. Dessinez un arbre généalogique en indiquant tous les liens de parenté et, si possible, les dates.

C. Posez toutes sortes de questions sur ces liens de famille, de façon à obtenir des réponses affirmatives ou négatives. Employez, à l'aide de votre dessin, des déterminants démonstratifs et possessifs.

> Le cinquième fils de Jacques-François Ramadier et de Magdeleine Masson, Florent Ramadier, né en 1797 à Serverette, s'installe comme pharmacien à Saint-Chély. Il épouse en 1826 à Saint-Chély, Adélaïde Farges, fille d'un négociant et secrétaire de mairie. Il en a neuf enfants. Citons :
> – le docteur Paul Ramadier (1834 –1869), qui est par sa fille Alix l'ancêtre du ministre du même nom ;
> – le pharmacien de Saint-Chély, Odilon Ramadier, époux de Marie-Sophie Ramadier (fille de son cousin germain François-Louis-Frédéric Ramadier). Leur fils Fernand Ramadier sera médecin aide-major de 1re classe au 104er. RI ; leur autre fils Jacques Ramadier sera ORL des Hôpitaux de Paris, médecin des hôpitaux, professeur à la Faculté de médecine de Paris, officier de la Légion d'honneur. Le fils de celui-ci, Jacques-Odilon Ramadier, né en 1920, restera dans les milieux de la médecine ; chirurgien interne des Hôpitaux de Paris, il sera aussi professeur à la Faculté de médecine de Paris, membre de l'Académie de chirurgie, chevalier de la Légion d'honneur.
>
> Extrait de « Une famille de notables du Haut-Gévaudan : les Ramadier », de Marie-Odile Mergnac, *Généalogie Magazine*, juin 1993.

11 Entraînez-vous

Conjuguez, à tour de rôle, les verbes croire, faire, finir, pouvoir, venir et vouloir.
Utilisez les différentes personnes de la conjugaison du verbe, chacune dans une phrase complète.

Vous pouvez faire intervenir le vocabulaire de parenté et des métiers. Inspirez-vous des dessins et enrichissez votre vocabulaire à l'aide des métiers et fonctions que vous allez repérer dans les textes suivants :

Le président-directeur général d'une importante société reçoit l'un de ses jeunes cadres dynamiques.
– Mon garçon, lui dit-il, votre carrière est remarquable. Entré chez nous comme magasinier il y a moins de cinq ans, vous êtes devenu chef de service, responsable des stocks, directeur adjoint des ventes, directeur commercial et enfin directeur général. C'est extraordinaire... Eh bien, ce n'est pas fini. J'ai le plaisir de vous annoncer que je vais bientôt prendre ma retraite et que vous allez me succéder. Qu'en dites-vous ?
– Merci mille fois, papa !

Extrait de *A hurler de rire...!*, France Loisirs, 1989.

Les professions jugées les plus utiles par les Français sont, par ordre décroissant : infirmière ; ouvrier ; médecin ; enseignant ; agriculteur ; ingénieur ; postier ; policier... Les moins utiles sont, par ordre décroissant : prostituée ; député ; haut fonctionnaire ; prêtre ; commercial ; journaliste...

D'après *Francoscopie 1993* – Gérard Mermet –, éd. Larousse 1992.

12 Lisez, trouvez et parlez

A. Lisez les documents présentés et repérez les horaires et les habitudes des uns et des autres.

B. Trouvez un titre pour chaque document.

C. Posez des questions sur le contenu de ces documents : Qui… Que… Quand… Où… A quelle heure… Combien…. Comment… Pourquoi…

Les habitudes en matière d'horaires sont très différentes selon les pays.
Ces différentes pratiques, ajoutées aux décalages horaires font qu'il n'est guère facile à un Européen de joindre des correspondants dans les autres pays de la Communauté. La seule plage horaire permettant aux entreprises de communiquer se situe entre 10 h et 12h30 le matin, entre les pauses-café ou thé des uns et des autres.

D'après *Euroscopie* – Gérard Mermet –, éd. Larousse, 1991.

La journée type commence vers 7 ou 8 heures le matin et se termine souvent entre 22 h et minuit. En moyenne, on peut compter neuf heures de sommeil, deux heures de repas et une heure de toilette. Les temps de repas tendent à se raccourcir. Le petit déjeuner brille souvent par son absence. Le déjeuner se situe toujours dans la tranche horaire 12 h –14 h, il est parfois rapide et frugal mais peu de Français le sautent totalement. Le dîner est pris entre 19 h et 21 h. C'est souvent le repas le plus important parce que c'est le moment où la famille se retrouve.
Très peu de Français font la sieste (10 %). Les gens de la campagne se couchent plus tôt que les citadins, ils dorment plus longtemps.
Dans les bureaux et les commerces, on travaille en général à partir de 8 ou 9 heures le matin, jusqu'à 17 h, 18 h ou 19 heures.
Dans l'industrie, pour que les machines fonctionnent au maximum, plusieurs équipes d'ouvriers travaillent en alternance sur le même poste de travail et assurent les postes du matin, de l'après-midi et de la nuit.

D'après *La France d'Aujourd'hui*, de Nelly Mauchamp, éd. CLE International, 1991.

A l'aide des documents et des questions-réponses notées dans 12. C, ainsi que des documents en 6, jouez des interviews, puis transcrivez leur contenu sous forme de courts articles.

LEÇON 2

Révision

- La valeur des temps du passé
- L'emploi des pronoms personnels
- L'orthographe de quelques consonnes
- Les commerces et la consommation
- Parler au téléphone
- Prendre des notes et résumer des informations

1 Regardez, lisez, écoutez et trouvez

Faites correspondre les termes qui désignent des lieux d'achat aux textes qui les définissent.
- Lesquels sont représentés par des photos ?
- Où peuvent se situer les deux extraits de dialogue que vous entendez ?

| grandes surfaces | hypermarchés | supermarchés | petits commerces |

| centres commerciaux | grands magasins | magasins populaires | marchés |

Les magasins Prisunic et Monoprix ont été créés dans les années 30. Ils sont généralement dans le centre des villes et vendent un peu de tout. Les prix y sont moins élevés que dans les grands magasins.

Ils ont une très grande superficie de vente et on y trouve toutes sortes de produits, y compris de l'électroménager, des vêtements, des livres, etc. Ils sont situés à la périphérie des grandes villes et entourés d'immenses parkings.

Ils sont plus petits et beaucoup plus nombreux. On y trouve principalement des produits alimentaires.

On y trouve tout, mais rarement de l'alimentation. Ils sont généralement situés en plein cœur des villes (les Galeries Lafayette, le Printemps, le Bazar de l'Hôtel de Ville – BHV –, le Bon Marché, la Samaritaine…)

Ils sont implantés au cœur des villes ou dans de nouveaux quartiers. Ce sont des galeries marchandes qui regroupent de nombreux magasins, grands et petits.

Ils restent le lieu idéal pour acheter des produits frais : légumes, fruits, viandes, poissons, fleurs. Certains sont permanents, mais la plupart se tiennent en plein air, dans un lieu fixe, une ou deux fois par semaine.

Ce sont des magasins en libre-service : le client se sert, remplit son panier ou son chariot et paie aux caisses de sortie. Certains sont spécialisés dans le bricolage, le jardinage, les articles de sport, etc.

La grande distribution a fait disparaître beaucoup de « commerces de proximité » : épiceries, boulangeries, boucheries-charcuteries, mais aussi drogueries, merceries, etc.

2 Ecoutez, lisez et écrivez

Ecoutez et lisez
– Igor est au bar de la gare.
– Il n'arrête pas de boire car sa Katia l'a quitté.
– Sa tactique n'était pas bonne.
– Il va peut-être quitter son quartier.

Ecoutez et repérez les mots
Katie – quartier – tactique – toc – tic tac

Lisez à haute voix
Ta Katie t'a quitté.
Ta tactique était toc.

Ecoutez et écrivez : dictée

POUR VOUS AIDER :
toc = de mauvaise qualité
tic tac = onomatopée pour le bruit d'un réveil ou d'une montre

3 Entraînez-vous

A. Transformez, à tour de rôle, les phrases suivantes. Mettez-les à la forme négative ; puis, à la forme interrogative avec inversion.
– L'équipe du tournage a quitté la ville.
– Le commando a délivré la population de ses assaillants.
– Le gagnant a décroché un prix.
– La police a étouffé l'affaire.

B. Insérez aux différentes formes, selon les cas, les adverbes « déjà » et « encore ».

C. Remplacez les compléments d'objet par un pronom.

D. Mettez les verbes à la 2ᵉ personne de l'impératif, en éliminant le sujet.

4 Lisez, écoutez et répondez

• Quelle finalité recherche l'auteur par l'emploi qu'il fait de la forme interrogative, puis impérative ?

Cherchez un élément de réponse à l'intérieur du dernier vers de cet extrait.

• Observez le vers qui commence par « Et les mains… ». Pouvez-vous expliquer ses multiples sens ?

POUR VOUS AIDER :
aller comme un gant = convenir, être parfaitement approprié

> T'es-tu déjà prise par la main
> As-tu déjà touché tes mains
> Elles sont petites et douces
> Ce sont les mains de toutes les femmes
> Et les mains des hommes leur vont comme un gant
>
> Les mains touchent aux mêmes choses
>
> Ecoute-toi parler tu parles pour les autres
> Et si tu réponds ce sont les autres qui t'entendent
> Sous le soleil au haut du ciel qui te délivre de ton ombre
> Tu prends la place de chacun et ta réalité est infinie
>
> Extraits de « L'entente », *Les yeux fertiles*,
> de Paul Eluard, éd. Gallimard 1936.

5 Lisez et analysez

A. Si ce texte devait être divisé en quatre parties, où situeriez-vous les frontières ? Chacun doit justifier son choix.

B. Imaginez des objets auxquels vous appliqueriez les verbes employés.

C. Comment définiriez-vous le délire de l'imagination exprimé dans ce texte ? Proposez deux ou trois mots qui résument les différentes étapes de ce délire.

Mes occupations

> Je peux rarement voir quelqu'un sans le battre ; d'autres préfèrent le monologue intérieur. Moi, non. J'aime mieux battre.
> Il y a des gens qui s'assoient en face de moi au restaurant et ne disent rien, ils restent un certain temps, car ils ont décidé de manger.

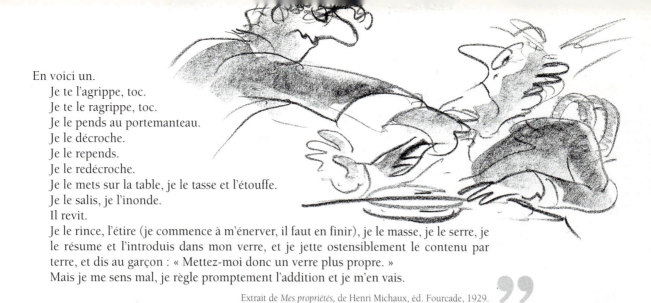

En voici un.
>   Je te l'agrippe, toc.
>   Je te le ragrippe, toc.
>   Je le pends au portemanteau.
>   Je le décroche.
>   Je le repends.
>   Je le redécroche.
>   Je le mets sur la table, je le tasse et l'étouffe.
>   Je le salis, je l'inonde.
>   Il revit.
>   Je le rince, l'étire (je commence à m'énerver, il faut en finir), je le masse, je le serre, je le résume et l'introduis dans mon verre, et je jette ostensiblement le contenu par terre, et dis au garçon : « Mettez-moi donc un verre plus propre. »
>   Mais je me sens mal, je règle promptement l'addition et je m'en vais.

Extrait de *Mes propriétés*, de Henri Michaux, éd. Fourcade, 1929.

6 Ecoutez et prenez des notes

Dans cette chanson on annonce, par téléphone, quatre nouvelles à Madame la marquise. Lesquelles ?

Préparez par écrit quatre ou cinq messages à annoncer à quelqu'un. Dans ces messages, vous devez inclure les verbes découverts dans les activités 3, 4 et 5. Puis, jouez des scènes au téléphone pour les annoncer, à la manière de la chanson.

7 Lisez et repérez

A. Lisez ces quelques phrases extraites d'un récit d'Alphonse Daudet.
Ce récit évoque le temps où les meuniers faisaient de la farine de blé dans les moulins à vent. Un jour, des industries avec des machines à vapeur (minoteries) ont remplacé les anciennes meuneries, sauf une, apparemment.

B. Observez ces extraits, repérez tous les verbes conjugués et précisez leur temps.

C. Dessinez un axe temporel sur lequel vous indiquerez les différents moments évoqués.

> Imaginez-vous pour un moment, chers lecteurs, que vous êtes assis devant un pot de vin tout parfumé, et que c'est un vieux joueur de fifre qui vous parle.
> « Notre pays, mon bon monsieur, n'a pas toujours été un endroit mort et sans refrains comme il est aujourd'hui. (...) Tout autour du village, les collines étaient couvertes de moulins à vent. (...) Le dimanche, nous allions au moulin par bandes. Là-haut, les meuniers payaient le muscat. Les meunières étaient belles comme des reines, avec leurs fichus de dentelles et leurs croix d'or. (...) Ces moulins-là, voyez-vous, faisaient la joie et la richesse de notre pays. (...)
> Pourtant, au milieu de la débâcle, un moulin avait tenu bon et continuait de virer courageusement sur sa butte, à la barbe des minotiers. C'était le moulin de maître Cornille, celui-là même où nous sommes en train de faire la veillée en ce moment. (...) »

Extraits de « Le secret de maître Cornille », *Lettres de mon moulin* d'Alphonse Daudet, 1869.

8 Regardez et combinez

A. Découvrez les noms des bijoux et des pierres dans cette publicité.

B. Groupez ces bijoux pour composer différentes parures et comparez vos choix.

1 Bracelet or blanc, or jaune
2 Bracelet maille Jaseron ronde
3 Bracelet maille Jaseron ovale
Montre bracelet métal
Bague émail vert
Bague émail noir
Pendentif croix avec cabochon citrine
Pendentif cabochon tourmaline rose
Bague or jaune
Bague or blanc
Bracelet jonc or jaune
Bague jonc or
Bague or jaune, et brillants
Boucles d'oreille citrine
Bague saphir rubis émeraude
Bague saphir et brillants
Boucles d'oreilles or jaune, brillants
Bague cabochon iolite
Boucles d'oreilles améthyste et citrine
Bague cabochon citrine
Bracelet or blanc, or jaune

9 Lisez, écoutez et comparez

A. Ecoutez une scène extraite de l'œuvre de Courteline, qui date de la fin du XIXe siècle.
- Quels objets vestimentaires le client cherche-t-il?
- Avec quels autres objets compare-t-il les prix?

B. Lisez cet extrait d'un roman de Claude Sarraute.
- Est-ce que l'inquiétude concernant les prix a beaucoup changé depuis un siècle?

 Ça va faire vingt bonnes minutes que Poupette essaie de décrocher une vente.
– Qu'est-ce que vous me conseillez, mademoiselle, ce bracelet, cette bague ou ce collier?
– Je sais pas quoi vous dire. C'est la parure, hein, c'est pas fait pour être séparé.
– Ah! parce que vous ne les vendez pas séparément?
– Si, si, bien sûr, mais je veux dire, c'est dommage que vous ne puissiez pas prendre les trois, vu que ça va ensemble.
– Oui, mais vous avez vu les prix? J'en aurais pour plus de 1 000 F et je peux pas... La bague me va bien, remarquez...
– Très bien, elle vous allonge la main.
– Vous voulez bien m'attacher le collier pour que je me rende compte de ce que ça donne encore une fois...
Poupette la regarde se regarder et la voit se voir, se décevoir, se revoir dans la glace au-dessus de son lavabo le matin même. Elle est en slip et soutien-gorge. A fleurs. A balconnet. Et elle hésite: Quelle couleur, aujourd'hui, mon rimmel... Noir, marron ou bleu nuit?
Elle la voit comme si elle y était.

Extrait de *Mademoiselle, s'il vous plaît!* de Claude Sarraute, éd. Flammarion, 1991.

10 Regardez, lisez et commentez

A. Lisez ce texte, qui commente l'attitude d'un type particulier de consommateur, le jeune célibataire, et écrivez trois ou quatre phrases qui résument sa façon de dépenser son argent.

> Rarement à la maison, les JCU (jeunes célibataires urbains) ne font pas la cuisine. Ils grignotent ou se réchauffent de bons petits plats surgelés que les industriels ont pris soin de leur concocter. Les JCU ne sont pas la catégorie de la population la plus nombreuse, mais ils constituent un marché à fort potentiel, au mode de consommation très spécifique. Selon Joëlle Bavais, de l'Institut français de démoscopie, « ce sont des gens qui gèrent leur budget sans beaucoup de rigueur ». Les JCU consomment au coup de cœur. Normal, ils veulent plaire et se plaire. (...) « Chez eux, poursuit Joëlle Bavais, certains postes budgétaires sont largement plus importants que la moyenne : les restaurants, les accessoires, la presse, les week-ends, les vacances. » Ce qui est sympathique chez les JCU, c'est qu'ils sacrifient volontiers le nécessaire au superflu. Ils sont sous-équipés en électroménager, lave-linge, aspirateur et presse-purée : ils préfèrent acheter un magnétoscope ou une caméra vidéo.
>
> Extrait de *Globe*, février 1990.

B. Regardez les données statistiques du tableau et écrivez quelques phrases sur les dépenses d'autres types de consommateurs.

Habitation et alimentation absorbent 60% des revenus des familles les plus pauvres

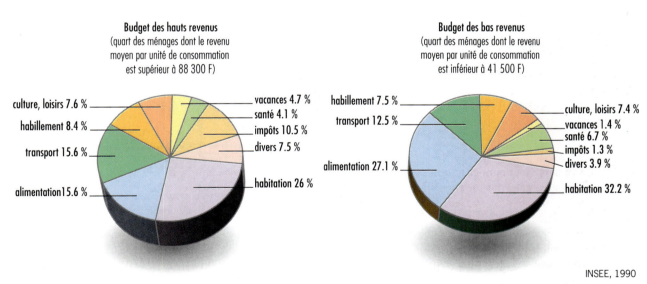

INSEE, 1990

A. Choisissez un produit et, en vous inspirant des documents de l'activité 9, jouez une scène d'achat avec marchandage.

B. Choisissez un type de consommateur de votre pays et, à l'aide des éléments de l'activité 10, commentez brièvement ses tendances par écrit.

LEÇON 3

Révision

- La qualification, la comparaison et les pronoms relatifs
- L'expression du temps et du lieu
- Le futur et le conditionnel
- Orthographe des sons vocaliques
- La cuisine
- Décrire et comparer
- Ecrire une lettre de description d'un lieu

---

1 Ecoutez, lisez et repérez 🔊

Ecoutez quelques extraits de *Plume au restaurant,* de Henri Michaux.

A. Notez et mettez dans l'ordre les cinq personnes avec qui Plume parle.

B. Lisez les extraits des réponses de Plume, mettez-les dans l'ordre, et dites à qui il répond.

C. Répondez :
- Logiquement, à qui Plume parle-t-il en premier ?
- A quel moment parle-t-il au garçon ?
- Est-ce que le dialogue avec le garçon est dans le texte que vous avez entendu ? Où exactement ?
- Que vous évoque ce texte sur l'attitude d'« un certain Plume » ?
- Que vous évoque l'évolution de la situation présentée ?

“ – Il avait pris rendez-vous avec un ami. Il l'avait vainement cherché toute la matinée. Alors comme il savait que son ami en revenant du bureau passait par cette rue, il était entré ici, avait pris une table près de la fenêtre et comme d'autre part l'attente pouvait être longue et qu'il ne voulait pas avoir l'air de reculer devant la dépense, il avait commandé une côtelette…

– J'ignorais, dit-il, que les côtelettes ne figuraient pas sur la carte. Je ne l'ai pas regardée, parce que j'ai la vue fort basse (…) je vais vous payer à vous-même puisque vous êtes là.

– Voilà, il était entré là pour se reposer un peu. Tout à coup, on lui crie à brûle-pourpoint : « Et pour Monsieur ? Ce sera… ? » – « Oh… un bock », dit-il. « Et après ?… » (…) « Eh bien, une côtelette ! ».

– Voilà, dit-il, étant pressé, je n'ai pas pris la peine de consulter la carte. J'ai demandé à tout hasard une côtelette, pensant que peut-être il y en avait, ou que sinon on en trouverait aisément dans le voisinage, mais prêt à demander tout autre chose si les côtelettes faisaient défaut. (…) Naturellement, je la paierai le prix qu'il faudra. C'est un beau morceau, je ne le nie pas. Je le paierai son prix sans hésiter.

Extrait de *Plume,* de Henri Michaux, éd. Gallimard, 1938. ”

2 Entraînez-vous

Conjuguez, à tour de rôle, à partir des modèles suivants :

– Je vais régler moi même…
– Je commanderais bien une côtelette…
– Je paierai le prix qu'il faudra…
– J'aurais, volontiers, choisi autre chose…
– Je déambulerai dans les rues de Paris et puis je reprendrai ma route…
– Je verrai l'arrivée du printemps et j'en ferai mon plus beau souvenir…

3 Ecoutez et repérez

Ecoutez des extraits d'une chanson de Barbara.

A. Repérez les verbes :
comprendre – reprendre – déambuler – repartir – revenir – rattraper – dire – savoir – voir – mourir
• A quel temps sont-ils conjugués ?

B. Comptez le nombre d'interrogations et de négations.
• Quelle est, d'après vous, la vertu des femmes de marins ?

4 Faites des phrases

Imaginez des phrases comparatives à tour de rôle, en choisissant un adjectif et en déterminant les substantifs donnés à l'aide d'une phrase relative. Employez les noms, les verbes et les adjectifs suivants :

ciel – étincelle – femme – homme – porte – verre
courageux (euse) – fidèle – gentil (le) – noir (e) – poli (e) – solide – sombre – vif (ve) –
attendre patiemment – mourir de chagrin

entrer – être – paraître – s'allumer – s'éteindre – s'excuser – s'ouvrir – se casser – se révolter
Exemple : *Les hommes qui s'excusent sont plus polis que les hommes qui se révoltent.*

5 Lisez, écoutez et répondez

• Où, selon vous, est placé celui qui décrit ?
• Comment oppose-t-il le noir et la lumière ?
• Qu'est-ce qui est dehors et qu'est-ce qui est dedans ?
• Comment est donnée l'idée de distance (proche ou loin) ?
• Comment se répondent le premier et le dernier vers ?

"   Nomade
La porte qui ne s'ouvre pas
La main qui passe
Au loin un verre qui se casse
La lampe fume
Les étincelles qui s'allument
Le ciel est plus noir
Sur les toits
Quelques animaux
Sans leur ombre
Un regard
Une tache sombre
La maison où l'on n'entre pas

Extrait de *Plupart du temps*,
de Pierre Reverdy éd. Gallimard, 1945.
"

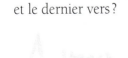

A. En procédant à un « remue-méninges », trouvez des phrases de description qui contiennent une évocation d'un lieu ou d'une personne. Vos phrases peuvent être comparatives ou relatives.
(Le/la… qui/que… comme…)

B. Notez toutes les productions. Puis choisissez-en quelques-unes pour composer les vers d'un court poème.

6 Lisez, repérez et écrivez

A. Lisez les deux documents présentés ici, repérez les expressions de localisation dans le temps et expliquez leur emploi sur un axe temporel :
avant… – jusqu'à… – déjà – du fond des âges – cette fin de semaine – la prochaine fois

B. Choisissez un titre à chaque article parmi les propositions suivantes et justifiez votre choix :
« L'omelette en vedette » –
« Que d'œufs ! Que d'œufs ! » –
« A travers les âges » –
« Qui vole un œuf vole un bœuf » –
« On ne fait pas d'omelette sans casser d'œufs » –
« Quelle foule ! Quelle omelette ! » –
« L'âge d'or de l'omelette »

POUR VOUS AIDER :
gargantuesque = digne de Gargantua, personnage de Rabelais.
(aide) cuistot = (aide) cuisinier.

C. Rédigez la recette de l'omelette géante, en présentant d'abord les ustensiles nécessaires, ensuite les ingrédients et quantités, enfin les instructions pour la préparation.

La 5e. Foire aux œufs a remporté un grand succès. Profitant d'un soleil resplendissant, le public s'est déplacé en masse. Pour cette fin de semaine le spectacle était copieux à l'instar de l'omelette géante. (…) Le Resto-Foire, les buvettes, les vins, les casse-croûte, les gaufres, les crêpes, les friandises diverses permettaient aux petits et aux grands de calmer quelques faims passagères. Mais la vedette c'était l'Omelette. Un cratère de feu de bouleau où les braises dégageaient une chaleur quasi infernale, une « poêle » de 4m52 de diamètre, réalisée à Vienne-en-Val, 25 litres d'huile, d'immenses spatules maniées avec dextérité par des aides cuistots, des kilos de lardons, et surtout 13 000 œufs, un très nombreux public attentif, c'étaient les ingrédients d'une omelette gargantuesque. Autre point important, la cuisson, il ne fallait pas la laisser prendre au fond, ne pas la brûler, la laisser moelleuse. Quelques soucis quand il s'est agi de la retirer du feu, et les exclamations des spectateurs qui la voyaient déjà renversée. Pour cinq francs, cinq francs seulement, les amateurs d'omelette ont pu se régaler avec des parts copieuses. Certains disaient, on fera mieux la prochaine fois. C'était déjà très bien !

Extrait de *La République du Centre,* 17 mai 1994.

Sans le savoir, nous refaisons des gestes mille et mille fois répétés avant nous, car l'omelette est l'un de ces plats fondamentaux qui nous viennent sans doute du fond des âges. On sait que les Romains se régalaient déjà d'ova mellita, des œufs entiers battus, cuits dans un petit plat de terre et aromatisés au miel. Cette façon de faire se perpétua jusqu'au Moyen Age, âge d'or de l'omelette. (…) Avec le temps les recettes se raffinent jusqu'à atteindre les sommets de la gastronomie. (…) Différemment garnies selon les époques, les pays, les régions et les traditions culinaires, elles sont dégustées en entrée ou en plat principal lorsqu'elles sont salées.

Extrait de *La bonne cuisine,* n° 118, juillet 1994.

7 Ecoutez, classez et écrivez

A. Classez ces mots dans l'ordre où vous les entendez :
abricots – amande – angélique – battre – brioche – chou – crème – déjeuner – dîner – four – jus de cédrat – lait d'amande douce – moules à tartelette – œufs – pain d'épice – pâte à flan – rimer – tartelettes amandines – verser

B. Retenez les ingrédients qui font partie de la recette rimée, ainsi que les ustensiles.

C. Rédigez la recette, avec ustensiles, ingrédients et instructions. Pourriez-vous imaginer les quantités ?

« Cyrano de Bergerac », film de J.Paul Rappeneau.

8 Classez les expressions

Rendez à chaque expression sa définition ou son explication.

manger du lion – manger comme un ogre – mettre la table – mettre le couvert – manger sur le pouce – manger à tous les râteliers – manger de la vache enragée – sabrer le champagne

---

Les plaisanteries d'enfants cachent parfois des vérités premières. Lorsqu'on dit à un gosse de « mettre la table » et qu'il répond : « Où je la mets ? », il joue sans le savoir sur des mots qui recouvraient autrefois une parfaite réalité. Au Moyen Age on la mettait véritablement, on la dressait à chaque repas, le plus souvent sur des tréteaux mobiles. Du reste le mot table, du latin « tabula », signifie « planche » à l'origine. Et il fallait, bien sûr, l'enlever après usage. Si l'on ne met plus la table au sens littéral, ou rarement, on continue bien sûr à mettre le couvert. Pourquoi ce mot banal pour désigner une assiette, un verre, un couteau et une fourchette ?
Pour éviter toute déconvenue, et de crainte qu'une main scélérate, entre la cuisine et la salle à manger, n'aille saupoudrer d'arsenic les excellentes viandes portées à la table du roi, on couvrait soigneusement les plats et les breuvages. On servait « à couvert ». C'est de ce « couvert » que nous est venu de proche en proche le modeste attirail avec lequel nous prenons nos repas.

Etre agressif, manifester une certaine volonté de combattre.

Profiter de toutes les situations, de plusieurs sources de profit, sans aucun scrupule.

Dévorer, beaucoup ou goulûment.

Au lieu d'installer un suspense douteux avec le fameux bouchon qui n'en finit pas de se décoller, il existe une méthode de débouchage pour gens pressés. Il suffit de décrocher tranquillement un sabre de cavalerie, d'en poser la lame bien à plat sur le fil de la bouteille et de la faire glisser d'un vigoureux coup de poignet. L'extrémité casse net, emportant collerette, fil de fer et bouchon !

Rapidement ; on doit faire référence au rôle des pouces dans le maniement du couteau et très probablement à la nourriture rapidement *poussée*.

Mener une vie de dures privations. Etre dans un tel état de dénuement et de faim qu'on est réduit à manger les bêtes malades.

D'après *La puce à l'oreille*, de Claude Duneton, éd Balland, 1978 et d'après le *Dictionnaire des Expressions et Locutions*, éd Le Robert, 1989.

9 Ecoutez, répétez et écrivez

■ *Ecoutez et répétez*

■ *Ecoutez et écrivez : dictée*

10 Lisez et analysez

A. Dégagez dans ce texte l'introduction et la conclusion.

B. Divisez le corps du texte en trois parties et trouvez un sous-titre à chacune.

C. Trouvez un titre général à l'article.

> Même si le niveau de vie des pays de l'Europe, à tout le moins de l'Europe occidentale, tend à s'unifier et si les façons de vivre, comme la mode, s'homogénéisent rapidement, le boire et le manger, qui connaissent la même évolution, n'en continuent pas moins à marquer des différences notables qu'explique seule la présence du passé. (…)
>
> Il en va de même des manières de table. Si nous nous essuyons la bouche avant de boire, c'est parce que, dans certaines circonstances, les moines ne disposaient que d'un verre pour deux. Il leur était donc recommandé de s'éponger les lèvres avant d'y porter le récipient, afin, disent les coutumiers monastiques, de ne laisser aucune trace de gras, ni miettes de pain, ni poils de barbe, susceptibles de dégoûter l'autre. Il n'est pas jusqu'aux noms des repas qui ne s'enracinent dans le passé ; « dîner », « déjeuner », signifient étymologiquement « rompre le jeûne », exactement le « breakfast » britannique.
>
> (…) Nos traditions, nos cuisines régionales se maintiendront (j'ajouterais volontiers : tant bien que mal), car elles sont liées à « la cuisine de la mère », à notre enfance, à nos racines et donc à nos raisons de vivre. (…) La « nouvelle cuisine » ? On n'en parle déjà plus guère… Au mieux, ces mots ont voulu proposer une cuisine innovatrice (poissons et légumes, poissons et viandes, huîtres et volailles) dégagée des lourdeurs dogmatiques propres aux recettiers du siècle dernier, une cuisine légère, inventive et d'ailleurs enracinée beaucoup plus qu'on ne le croit, que ne l'ont cru ses promoteurs, dans les cuisines du passé.
>
> (…) Entre la perfection éphémère et réservée aux « happy few » d'autrefois et la corne d'abondance offerte à tous, déversant des produits qui, tout compte fait, sont loin d'être exécrables, notre société a décidé. Il n'y a là aucune raison de désespérer et cela d'autant moins qu'il y a mille raisons d'espérer.
>
> Extraits de « L'Europe à table », de Léo Moulin, Communauté européenne.

11 Ecoutez et expliquez

A. Repérez dans les extraits de la chanson de Georges Brassens les expressions suivantes :

bon lait d'automne – gros bleu
une poire en forme de bonhomme au ventre replet
noyer sa peine – traire les vaches

• Qu'entend-on par « bon lait d'automne » et « gros bleu » ?

B. Expliquez l'emploi de ces expressions dans la chanson.

12   Lisez, repérez et situez

A. Situez les différentes parties de l'hôtel les unes par rapport aux autres. Les précisions données dans le texte vous permettront peut-être d'en faire un dessin en perspective. Servez-vous de tous les termes de localisation :

      sur trois faces – sur la quatrième face
          du haut… – d'en bas…
    sur – devant – sous – entre – dans

B. Repérez dans le texte les trois comparaisons qui s'y trouvent.

C. Faites une liste de substantifs avec les adjectifs qui leur correspondent ou les phrases relatives qui les qualifient.

> Damas, 9 septembre 1850.
>
> Notre Hôtel
>
> Figure-toi une grande cour carrée, entourée sur trois faces de bâtiments peints en blanc avec de grandes bandes horizontales rouges, vertes, bleues, noires. Du haut de la terrasse de la maison pendent des plantes qui tombent en chevelures. Et des vignes grosses comme des arbres montent d'en bas. J'ai devant moi sous mes yeux une énorme touffe de lauriers-roses (…) Sur la quatrième face de la cour est un appartement tout ouvert, aussi haut que la maison, éclairé la nuit par une grande lanterne carrée qui pend à une corde comme les lampes d'église (…). C'est là que je suis à t'écrire sur une petite table carrée recouverte d'un tapis en indienne et entre deux bouquets de fleurs mis dans des verres.
>
> Extrait de *Correspondance*, de Gustave Flaubert, éd. Pléiade.

À vous

A. Décrivez ce dessin.

B. Par groupes, proposez des cartes postales, des photos ou des dessins pour que les autres groupes les décrivent.

C. Faites par écrit, à un ami, une description d'un de ces lieux.

LEÇON 4

Révision

- Expression de l'obligation, de la cause, du but et de la condition
- Le subjonctif présent
- Quelques langues et accents régionaux : le Nord et la Bretagne
- Rapporter des propos
- Exprimer des instructions par écrit

1 Lisez, écoutez et répondez

A. Repérez dans le poème les verbes et les noms suivants. Puis, répondez aux questions.

le bateau – le coquillage – le feu – la fleur – la mer
briller – luire – résonner – trembler

- Qui parle à qui dans chaque vers ?
- Quels noms sont associés à quels verbes ?
- A qui se réfèrent les pronoms personnels de 1re, 2e ou 3e personne dans chaque vers ?

B. Associez les noms aux quatre éléments (air, eau, terre, feu) et les verbes aux trois phénomènes de la nature (le son, le mouvement et la lumière).

C. Trouvez dans les textes les comparaisons explicites ; puis les comparaisons implicites.

Chant du ciel

La fleur des Alpes disait au coquillage : « tu luis »
Le coquillage disait à la mer : « tu résonnes »
La mer disait au bateau : « tu trembles »
Le bateau disait au feu : « tu brilles »
Le feu me disait : « je brille moins que ses yeux »
Le bateau me disait : « je tremble moins que ton cœur quand elle paraît »
La mer me disait : « je résonne moins que son nom en ton amour »
Le coquillage me disait : « je luis moins que le phosphore du désir dans ton rêve creux »
La fleur des Alpes me disait : « elle est belle »
Je disais : « elle est belle, elle est belle, elle est émouvante ».

Extrait de *Corps et biens*, de Robert Desnos, éd. Gallimard, 1953.

A. Procédez à un « remue-méninges » : en partant des quatre éléments, puis des trois phénomènes, faites une liste de noms et de verbes sous chaque catégorie.

B. Ecrivez des phrases, au style indirect, à partir de vos listes.

Le/la… dit à… qu'il/elle… comme le/la…

C. Construisez, individuellement ou par groupes, des poèmes courts à l'aide de ces phrases.

2 Lisez, regardez, écoutez et découvrez

A. Faites correspondre les éléments du texte, de la chanson et des photos.

B. Posez-vous des questions, les uns les autres, sur les documents présentés. Faites ressortir les causes et les conséquences.

Le Nord

Le Nord a toujours été une région très active et très peuplée. De grandes foires s'y tenaient dès le Moyen Age. Mais le Nord a souvent été victime d'invasions et de partages entre les pays européens. La frontière avec la Belgique a été établie au XVIIe siècle au hasard des guerres et des traités de paix.
Depuis le XIXe siècle on y exploite les mines de charbon... Les mineurs habitent dans « les corons », petites maisons ouvrières qui appartiennent à la mine. Aujourd'hui, la fermeture de ces mines laisse une grande partie de la population au chômage.

D'après *La France de toujours,* éd. CLE International, 1987.

Photos du film « Germinal » de Claude Berri

3 Ecoutez et distinguez

L'un des enregistrements représente l'accent du Nord. D'après vous, lequel ?

4 Lisez et repérez

A. Trouvez dans ce texte toutes les formes qui expriment l'obligation et classez-les en trois groupes : les infinitifs seuls, « il faut » + infinitif, « il suffit de » + infinitif.

B. Trouvez les formes qui expriment le but et classez-les en trois groupes : « pour » + infinitif, « pour que » + subjonctif, autres.

L'art de bien conduire

Chaque fois que nous prenons la route, nous partons vers l'aventure. Une part de risque et aussi d'imprévu nous guette. C'est d'ailleurs, avec le sentiment d'indépendance, un des éléments de la joie de conduire.
Mais ce côté attrayant que nous offre l'aventure ne peut nous faire oublier que la route demeure dangereuse et qu'il importe surtout de rentrer sain et sauf : c'est là le premier devoir de tout conducteur.
Il faut donc mettre le maximum d'atouts dans notre jeu pour que le plaisir de conduire ne soit pas troublé par la crainte de l'accident ou même de l'incident.

Les onze commandements qu'il faut toujours observer

Ils peuvent se résumer ainsi :
– Rouler bien à droite, en marche normale.
– Respecter les indications des lignes continues et discontinues.
– Observer les prescriptions de la signalisation routière et celles de limitation de vitesse.
– Demeurer constamment « maître de sa vitesse », c'est-à-dire régler l'allure de sa voiture en fonction des difficultés de la circulation ou des obstacles prévisibles de manière à pouvoir s'arrêter en toutes circonstances.
– Respecter les règles du croisement et du dépassement.
– Marquer de façon absolue l'arrêt devant le signal « stop ».
– Observer rigoureusement la règle de la priorité de passage.
– S'abstenir d'utiliser l'avertisseur en ville.
– Ne jamais dépasser en haut de côte ou dans un virage masqué.
– La nuit, se mettre en codes pour croiser ou suivre une autre voiture.
– Ne jamais conduire en état de grande fatigue ou sous l'empire d'un état alcoolique ou après avoir absorbé des tranquillisants.

Voir et prévoir

Encore deux atouts essentiels ! Il faut avoir de bons yeux pour conduire. Les voitures actuelles comportent de larges glaces devant, derrière et sur les côtés. Il ne faut pas gâcher cette excellente visibilité par des petites poupées, des gants ou des sabots miniatures qui se balancent le long du pare-brise tandis que des têtes de lion, de tigre, d'ours ou de chien émergent du bas de la glace arrière ; mais gardez-vous de placer des vêtements, des sacs ou des colis le long de cette lunette prévue justement pour que, grâce à votre rétroviseur, vous puissiez voir exactement tout ce qui se passe derrière vous. Il ne suffit pas de bien voir la route devant soi, mais il faut aussi la surveiller par derrière et latéralement.
Utilisez votre acuité visuelle au maximum pour prévoir ce qui peut arriver.

Extraits du *Guide de la route*, Sélection du Reader's Digest, SA, Paris, 1969.

5 Entraînez-vous

A. A tour de rôle, en vous inspirant du contenu du texte de l'activité 4, faites des phrases à l'impératif.

B. Recommencez en employant : « il faut » + infinitif.

C. Recommencez en employant : « il faut que tu… » et « il faut que vous… ».

6 Ecoutez, lisez et comparez

- Quels éléments de vocabulaire sont communs au document et à l'enregistrement ?
- Pouvez-vous citer quelques éléments qui montrent l'aspect parodique de l'enregistrement ?

La manucure : pas à pas

Pour les soins de base, il faut : des boules de coton hydrophile, un bâtonnet, une lime-émeri, un bol d'eau chaude avec un peu de savon doux et de l'huile pour bébé, de la crème nourrissante ou de la crème spéciale pour cuticule, un émollient pour cuticule (gel, crème ou lotion), un polissoir en cuir, de la crème pour les mains et une serviette douce. Travaillez à la lumière et ôtez le vernis ancien avant de commencer.

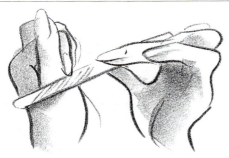

1. Avec la lime-émeri, façonnez l'ovale de votre ongle en limant vers le milieu dans un seul sens (limer dans les deux sens rend les bords rugueux). Ne limez pas trop loin du bord, ça peut donner des « envies » et abîmer l'ongle même.

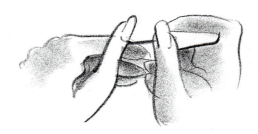

3. Appliquez l'émollient autour de l'ongle, en étalant crème ou gel avec le pouce, ou en appliquant la lotion avec l'applicateur qui l'accompagne.

2. Etalez de la crème nourrissante ou de la crème à cuticule dans la zone de la cuticule et autour de l'ongle, d'un mouvement circulaire du pouce. Plongez les doigts dans un bol d'eau chaude savonneuse pendant au moins trois minutes pour ramollir la cuticule, puis séchez dans une serviette douce. Traitez une main à la fois, pour les trois opérations suivantes, pour que la cuticule reste souple.

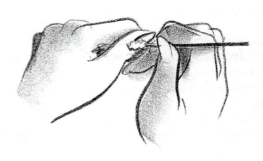

4. Enveloppez le bout mousse du bâtonnet de coton hydrophile et repoussez la cuticule autour de l'ongle. D'un mouvement circulaire net, écartez les bouts des cuticules restants, faites rouler le bâtonnet le long de l'ongle pour repousser la cuticule vers la base.

A vous

A. Par groupes, transposez sous forme orale les instructions contenues dans le document présenté dans l'activité 6.

B. Par groupes, choisissez un thème et préparez un document écrit d'instructions ou de conseils, en vous inspirant des documents présentés dans les activités 4 et 6.

7 Entraînez-vous

Construisez, à tour de rôle et à toutes les personnes, des propositions hypothétiques des trois types :
Si… (présent),… (futur)
Si… (imparfait),… (conditionnel)
Si… (plus-que-parfait),… (conditionnel passé)

8 Lisez, regardez, écoutez et découvrez

Faites correspondre les éléments des textes, des enregistrements et des photos.

Sur les côtes, se succèdent phares, vigies, dolmens, constructions romaines, ruines de châteaux du Moyen Age, clochers de la Renaissance : la mer borde le tout. (…) Entre la mer et la terre s'étendent des campagnes… frontières indécises des deux éléments. Le navigateur et le berger s'empruntent mutuellement leur langue : le matelot dit les vagues moutonnent, le pâtre dit des flottes de moutons…
Chateaubriand.

La Bretagne est une entité historique : les Bretons sont des Celtes venus d'Angleterre au VIe siècle. Devenus français au XVe siècle, ils ont toujours maintenu leurs particularismes, la langue bretonne et les traditions religieuses.
D'après *La France de toujours*, éd CLE International, 1987.

Le trait commun du patrimoine breton, c'est la langue. Sa percée, sa résurgence sont assez étonnantes. Tout le monde a entendu parler de ces procès où l'accusé répond en breton au président du tribunal, obligé de faire appel à un interprète… Quand on ouvre le Télégramme de Brest, les titres ne manquent pas de surprendre : « Skol dre lizher Ar Falz » (on signale qu'il existe des cours de breton par correspondance) ; « Stage de Skol En Emsav et d'Ar Falz » (il s'agit de favoriser l'apprentissage de la langue par un week-end entièrement en breton près de Morlaix).
A noter que la volonté de ne pas torturer les racines de la langue conduit pour dire « avion » à employer « karr-nij » (voiture pour voler) ; « pellevelerez » pour « télévision » (qui permet de voir au loin) ; ou encore « pellgomzer » pour « téléphone » (loin-parleur).
D'après *Pays et gens de France*, Sélection du Reader's Digest-Larousse, 1982.

LES SAISONS, EN BRETON :

Newez-amzer = printemps
Hanv = été
Diskar-amzer = automne
Gouanv = hiver

1. Ploumanach
2. Plougrescant
3. Un pèlerinage
4. Dinan
5. La Baule
6. A Quimper

9   Ecoutez et repérez 📼

Ecoutez quelques extraits d'une chanson de Renaud : « Dès que le vent soufflera ».

A. Mettez dans l'ordre où vous les entendez les termes et expressions qui se rapportent aux thèmes de la mer et de la navigation.

au fil de l'eau – bitte d'amarrage – jetée – marin – matelot – mer – port – vent

B. Répondez aux questions.
• Quels termes de parenté entendez-vous dans la chanson ?
• Qui part en mer et qui reste à la campagne ?
• Quelles fautes de conjugaison l'auteur fait-il pour faire rimer ses vers ? Corrigez-les.

A vous

Organisez un reportage, de type radiophonique, pendant lequel vous rapporterez les informations, les commentaires ou les opinions exprimés dans les documents oraux et écrits que vous avez découverts dans la leçon.

LEÇON 5

Evaluation

- Des lieux, des personnalités, des œuvres :
  Le Nôtre et Lenôtre

1 Complétez

Ajoutez les mots qui manquent : articles définis ou indéfinis ; déterminants possessifs ou démonstratifs ; numéraux…

…fille de… cousins de Toulouse est devenue journaliste. Maintenant, elle travaille à… rédaction de… journal… jours par semaine et… congés sont payés. Quand j'achète… journal où elle écrit je cherche… articles parce que j'aime lire… prose de quelqu'un de… famille.… jour j'ai trouvé… nouvelle intéressante : elle avait fait… reportage sur… arbre généalogique de… famille.… article a été… bonne surprise pour moi.

2 Ecoutez et écrivez

Dictée

3 Transformez

Remplacez les sujets et les compléments par des pronoms.
– Le facteur donne la lettre recommandée à la dame du troisième étage. – Le garçon apporte l'addition au client de la table 13. – L'éclusier manœuvre les poulies pour que la péniche puisse entrer dans le sas de l'écluse. – Leur mère et leur tante ont acheté aux enfants beaucoup de cadeaux. – Julie ne mange pas d'oranges au petit déjeuner. Julie mange des fruits à midi.

4 Répondez et corrigez

Dites si les affirmations suivantes sont vraies ou fausses. Puis, corrigez les informations erronées.
– Les commerces de proximité perdent leur clientèle à cause des grandes surfaces. – Les célibataires dépensent de l'argent pour faire plaisir à leur conjoint. – Les employés de bureau font leurs courses la nuit parce que les magasins sont ouverts. – S'il pleuvait, je ferais une promenade dans la forêt. – Plume n'aurait pas dû s'excuser car il était sûr de lui.

5 Transformez

Réécrivez les phrases en commençant par : C'est… qui/que
– L'homme, il préfère la mer.
– Les gâteaux, les enfants les aiment.
– La campagne, nous y passons nos vacances.
– La ville, vous y habitez.
– Les ouvriers, ils travaillent dans les usines.

6 Conjuguez

Mettez les infinitifs entre parenthèses au temps qui convient.

La marquise a téléphoné au château pour avoir des nouvelles. Ses employés (lui apprendre) qu'un incendie (ravager) toutes ses propriétés et que le marquis, qui (être) ruiné, (se suicider). En effet, c'est une pelle qui (renverser) les chandelles qui (mettre) le feu au château. Le vent (souffler) sur le feu et (le propager) aux écuries. Mais les serviteurs (répéter) qu'à part cela, tout (aller) très bien.

7 Posez des questions et répondez

A. Formulez les questions qui correspondent aux réponses.
– Très bien, merci. – Quarante ans, l'été prochain. – Six fois, depuis ce matin. – A 13h30, du quai numéro 12. – A Florence, puis à Rome. – Je préfère la rouge. – On n'a rien vu. – Pas du tout.

B. Répondez aux questions par la négative.
– Est-ce qu'il fait beau ? – As-tu déjà mangé ? – Avez-vous appelé quelqu'un ? – Partiras-tu quelque part en vacances ? – Vous a-t-on raconté la nouvelle ? – A-t-il choisi un des livres ?

A. Faites-les parler.

B. Racontez les situations.

8 Lisez, regardez et découvrez

A. Trouvez les rapports entre les photos et les textes.

B. Présentez les deux personnalités à l'aide des informations données.

LE NÔTRE (André), dessinateur de jardins et architecte français (1613–1700). Le schéma géométrique, les vastes perspectives, l'usage des plans et jeux d'eau ainsi que des statues sont caractéristiques des travaux de LE NÔTRE et ont fait la célébrité du jardin « à la française ».

1

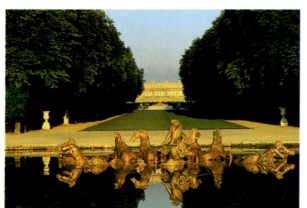

2

LENÔTRE (Gaston), cuisinier et pâtissier de grande renommée. Les équipes de cuisiniers et pâtissiers de la Société LENÔTRE (plus de trois cent soixante collaborateurs) préparent et expédient dans la France entière de la cuisine chaude, de la cuisine froide, de la charcuterie, de la confiserie, des glaces, des pièces montées, etc. Tous les produits viennent de sa ferme, ce qui garantit la qualité de la production.

3

TUILERIES (palais des), ancien palais à Paris, à l'ouest du Louvre. Commencé en 1564, pour Catherine de Médicis, l'édifice est continué et modifié sous Henri IV et au début du règne de Louis XIV.
Comme le Louvre, les Tuileries ont été abandonnées par ce dernier qui leur préférait Versailles. Partiellement incendié par la Commune en 1871, le palais est complètement démoli en 1882. Une partie de l'actuel jardin des Tuileries (dans l'ensemble dû à Le Nôtre) s'étend sur son emplacement.

VERSAILLES, dû à la volonté de Louis XIV; le palais royal est le foyer majeur de l'art classique français. Ses jardins et ses plans d'eau ont été dessinés par Le Nôtre. Le château comporte un musée de sculptures et de peintures relatives à l'histoire de France. Dans le parc se trouvent le Grand et le Petit Trianon.

1.2. Le château et le jardin de Versailles. 3. Le palais des Tuileries.
4. Madame de Maintenon, Ninon de Lenclos et Le Nôtre par Georgine Gérard, 1837.

9 Ecoutez et répondez

- Quel est le rapport avec les documents de l'activité 8 ?
- Quel membre de la famille Lenôtre est installé aux Etats-Unis ?
- Quels sont les produits « haut de gamme » que la France exporte ?

Présentez des personnalités ou des personnes que vous connaissez ayant le même nom, d'abord oralement, puis brièvement par écrit.

LEÇON 6

Contenus de la leçon

- Constructions avec des pronoms démonstratifs
- Emplois de l'inversion
- Valeurs du participe présent
- Orthographe des voyelles nasales
- Economie : ressources, industrie, population active
- Téléphoner à des proches
- Analyser et organiser l'information

1 Faites correspondre

A. Trouvez les définitions ou explications des expressions à propos de l'argent.

Jeter l'argent par les fenêtres	Dépenser, gaspiller.
L'argent est un remède à tout mal	Il ne faut pas perdre son temps.
L'argent n'a pas d'odeur	Le bonheur n'en dépend pas.
L'argent ne fait pas le bonheur	On ne peut pas savoir d'où il provient.
Le temps c'est de l'argent	Tout en dépend ; il guérit de tout.

B. Trouvez les phrases raccourcies qui correspondent aux phrases complètes.

– Ces femmes-là n'ont pas d'argent.	– Celle-ci n'en a pas.
– Ces hommes-ci n'ont pas d'argent.	– Celles-là n'en ont pas.
– Cette femme-ci n'a pas d'argent.	– Celui-là n'en a pas.
– Cet homme-là n'a pas d'argent.	– Ceux-ci n'en ont pas.

POUR VOUS AIDER :
L'opposition ici / là retrouve son sens de proximité / éloignement quand on emploie les particules « – ci » et « – là », derrière certains mots.
Exemple : *Tu as vu ce tableau-ci ? – Non, celui-ci, je ne l'ai pas bien vu, mais j'ai beaucoup aimé celui-là.*

2 Observez et expliquez

A. Lisez la phrase de Boris Vian et expliquez l'emploi des pronoms :

celui – qui – en

B. Expliquez ce que Boris Vian veut dire par rapport au proverbe d'origine.

> « L'argent ne fait pas le bonheur
> de celui qui n'en a pas. »
>
> Boris Vian

3 Lisez et repérez

A. Expliquez les termes propres à désigner un paysage et ceux qui sont en rapport avec le port ou les voyages.

B. Reconnaissez dans ce texte quelques-unes des formes des pronoms démonstratifs présentées en 1.B.
- Quelles prépositions précèdent ces pronoms?
- Quel pronom relatif est employé après le pronom démonstratif?

Le port

Un port est un séjour charmant pour une âme fatiguée des luttes de la vie. L'ampleur du ciel, l'architecture mobile des nuages, les colorations changeantes de la mer, les scintillements des phares, sont un prisme merveilleusement propre à amuser les yeux sans jamais les lasser. (…) Et puis, surtout, il y a une sorte de plaisir mystérieux et aristocratique pour celui qui n'a plus ni curiosité ni ambition, à contempler, couché dans le belvédère ou accoudé sur le môle, tous ces mouvements de ceux qui partent et de ceux qui reviennent, de ceux qui ont encore la force de vouloir, le désir de voyager ou de s'enrichir.

Extrait de Petits poèmes en prose, de Charles Baudelaire, 1869.

4 Ecoutez et écrivez

■ *Dictée*

5 Lisez, repérez et répondez

A. Repérez tous les emplois du pronom « ce ».

B. Repérez tous les mots ou expressions liés au téléphone.
- Quel verbe Devos invente-t-il?
- Quelle est la différence de construction entre ce verbe et le verbe « téléphoner »?

Télépathie

Il faut vous dire, mesdames et messieurs,
que je suis télépathe.
Ce qu'on appelle un télépathe!
C'est-à-dire que je peux transmettre
ma pensée à distance!
C'est ce que l'on appelle la télépathie!
Vous savez que la télépathie,
c'est le téléphone de demain! (…)
Vous savez que tout le monde peut télépather.
Vous n'avez jamais cherché à télépather quelqu'un?
C'est très facile de télépather!
Si vous voulez télépather quelqu'un
vous cherchez dans l'annuaire télépathique…
la longueur d'onde de celui avec qui
vous voulez entrer en communication… (…)
Ah! je vous signale une chose :
il y a un inconvénient!
C'est qu'en matière de télépathie,
il n'y a pas encore l'automatique!
Alors…
ou la pensée est mal émise,
ou elle est mal reçue,
ou c'est l'esprit de votre correspondant qui est occupé,
ou alors – et c'est ce qui arrive le plus souvent –
c'est votre propre esprit qui est en dérangement!

Extrait de Matière à rire, de Raymond Devos,
éd. Olivier Orban, 1991.

6 Lisez et analysez

A. Attribuez un titre à chaque partie du texte ainsi qu'un titre général pour l'ensemble, parmi les propositions ci-dessous.

L'évolution des emplois – L'exode rural –
L'agriculture en Europe –
Economie et secteurs d'activité –
Les sociétés de services – L'Etat et le secteur privé

B. Ecoutez

• A quelle information associez-vous cet extrait d'interview ?

C. Notez les phrases dans lesquelles vous trouvez des pronoms démonstratifs et indiquez l'antécédent pour chacun.

D. A l'aide de vos observations faites dans 1.B. et 2.A., complétées par 6.B., faites une liste des phrases utilisant des pronoms démonstratifs. Réfléchissez et faites un classement des constructions dans lesquelles ils sont utilisés.

Vérifiez vos conclusions
Consultez le précis grammatical.

En 1800, les trois quarts des actifs travaillaient dans l'agriculture. Ils ne sont plus que 5 % aujourd'hui. Dès la fin de la seconde guerre mondiale, la mécanisation a précipité l'exode rural. La part des agriculteurs dans la population active est aujourd'hui quatre fois moins élevée qu'en 1960. Le déclin du nombre de paysans est celui de toute une classe sociale, de laquelle la plupart des Français sont issus.

Le développement de l'industrie a largement contribué à celui des services connexes (négoce, banques, ingénierie, etc.). Mais c'est l'émergence de la société de consommation dans les années 50 et 60 qui leur a donné leur importance actuelle.

Au fil du temps, les changements ont été sensibles dans les entreprises. On trouve de moins en moins de monde dans les ateliers, de plus en plus dans les bureaux, où les postes de cadres se sont multipliés. Les deux premières révolutions industrielles (la machine à vapeur et l'électricité) avaient accompagné la croissance des « cols bleus » (manœuvres et ouvriers de toutes qualifications). Ceux-ci ont été mis à l'écart par la troisième révolution, celle de l'électronique ; ce sont les « cols blancs » (employés, cadres et techniciens) qui prennent aujourd'hui la relève.

La part de l'agriculture dans l'économie diminue, mais la production agricole continue d'augmenter.
Malgré les pertes d'emplois, la production agricole est en progression régulière, grâce à la spécialisation et la concentration des exploitations, à l'intensification des méthodes de production et à la rationalisation de la distribution des produits. Plus de la moitié du territoire européen est consacrée à l'agriculture. La France possède à elle seule le quart de la superficie agricole utilisée (au total 130 millions d'hectares). L'auto-approvisionnement de la Communauté en produits agricoles dépasse 100 % pour des produits tels que les céréales, le vin, les légumes, la viande (bœuf, veau, porc, volaille) ou les pommes de terre. Il est inférieur seulement en ce qui concerne les fruits frais, les agrumes, la viande ovine et caprine et les graisses et huiles.

La France fait partie des pays d'économie capitaliste mais le rôle joué par l'Etat est toujours particulièrement important. L'Etat est à la fois le premier employeur, le premier producteur et le premier client français ! Si on considère tous les emplois qui dépendent de l'Etat ou des collectivités territoriales, le secteur public emploie 31,4 % de la population active. Le secteur privé, pour sa part, emploie près de 40 % des salariés et assure près de 70 % de la richesse nationale.

D'après *Francoscopie 1995 et Euroscopie,* de Gérard Mermet éd. Larousse 1994 et 1991 ; et *La France d'aujourd'hui,* éd. CLE International, 1991.

A vous

A. Choisissez un ordre de présentation des informations analysées dans l'activité 6, ainsi que des photos pour les illustrer.

B. Ecrivez une introduction générale (chapeau sous le titre principal) et quelques lignes de conclusion.

7 — Lisez, repérez et réfléchissez

A. Indiquez toutes les expressions qui renvoient à un déroulement chronologique.

B. Les verbes peuvent avoir une forme non conjuguée, le participe présent (« –ant »). Repérez-les dans ce texte.

C. Réfléchissez et répondez aux questions :
- Quelle préposition peut parfois précéder le participe présent ?
- Quel rôle cette forme joue-t-elle, avec ou sans préposition : explicatif de manière ou explicatif de cause ?

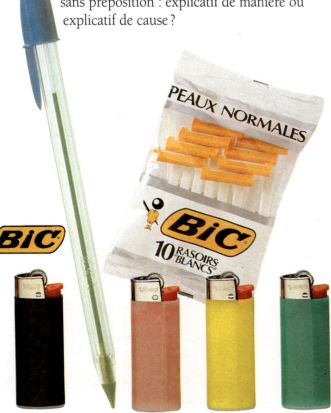

BIC ORPHELIN DE SON BARON FONDATEUR

Marcel Bich s'est éteint le lundi 31 mai 1994, à Neuilly. (…) Secret, travailleur, n'aimant pas les journalistes et encore moins les banquiers, le baron était un personnage atypique dans le monde des affaires. N'appréciant pas trop que l'on traîne autour de son usine de Clichy, berceau du groupe, il préfère poser dans la presse en tenue de marin. (…)

Et pourtant il s'agissait bien d'un capitaine d'industrie. Un patron qui avait compris, avant l'heure, que l'on pouvait faire fortune en vendant des produits à bas prix.

Appartenant à la noblesse savoyarde du XIXe siècle, Marcel Bich voit le jour en 1914 à Turin, fils du baron Aimé Bich, un ingénieur italien, et d'une Française, Marie Muffat de Saint-Amour, dont il adoptera la nationalité à sa majorité.

Patron d'une petite fabrique d'encre au sortir de la seconde guerre mondiale, Marcel Bich se penche avec attention sur une nouveauté, un stylo avec une bille à la place de la plume, inventé par un réfugié hongrois, Lazlo Biro. A l'époque la chose n'est pas très au point, le stylo bavouille et coûte trop cher. Marcel étudie alors le procédé, trouve la solution et négocie les droits avec le Hongrois, réfugié en Argentine. Dès 1953, le stylo Cristal voit le jour : un tube transparent, un réservoir translucide, une pointe et un bouchon. Simple. Par la suite, la célèbre marque au petit bonhomme orange à la tête noire tenant un stylo dans son dos fait le tour du monde (…). Aujourd'hui, 15 millions de stylos sont vendus tous les jours dans plus de 160 pays. Bic est le numéro un mondial du stylo-bille, et du briquet jetable.

La recette est trouvée. Fort du succès du nouveau concept jetable, le baron bâtira une multinationale familiale de l'éphémère, avec le briquet (en 1972), le rasoir (en 1975)…

Extrait de *Libération*, mercredi 1er juin 1994.

8 Observez et associez

Prenez connaissance des informations données ci-dessous et associez-les, quand c'est possible, au résultat de votre travail de l'activité 6 et A VOUS.

Le revenu agricole :
Les productions végétales assurent 47 % du revenu agricole et l'élevage 53 %.

Valeurs des productions végétales

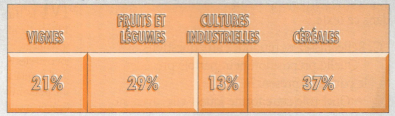

VIGNES	FRUITS ET LÉGUMES	CULTURES INDUSTRIELLES	CÉRÉALES
21%	29%	13%	37%

La pêche :
La France occupe le 19ᵉ rang mondial et le 4ᵉ rang de l'UE, après le Danemark, l'Espagne et le Royaume-Uni.

L'énergie :
La France produit la moitié de ses besoins énergétiques (charbon, pétrole, gaz naturel, électricité hydraulique et nucléaire).

L'industrie
Industries traditionnelles en crise : la sidérurgie en crise irrévocable, le textile répondant à la crise par l'automatisation et le mélange des fibres, donc en mutation, et le bâtiment, après une forte diminution, semblerait redémarrer.

Industries d'équipement : l'électroménager souffre d'une forte concurrence étrangère, la machine-outil stagne, les chantiers navals en récession, l'automobile réalise des performances et la chimie, avec le secteur pharmaceutique est en pleine expansion. Ces deux derniers occupent la 4ᵉ place mondiale.

Industries de pointe : au troisième rang mondial pour l'aéronautique et l'armement, l'électronique et l'informatique en pleine évolution, mais fortement dépendantes de l'étranger pour les fournitures.
Industrie agro-alimentaire : seconde industrie de main-d'œuvre après le bâtiment, elle occupe le troisième rang mondial.

Evolution de la structure de la population active

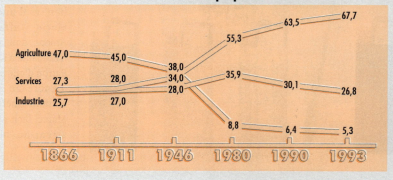

Extrait de *Francoscopie* 1995 - Gérard Mermet - éd. Larousse 1994.

9 Lisez et repérez

A. Repérez dans ce texte toutes les formes interrogatives et séparez celles qui incluent l'inversion.
• Y a-t-il d'autres inversions en dehors des formes interrogatives ?

• Avez-vous remarqué dans quel cas elles s'emploient ?

■ *Vérifiez vos conclusions*
Consultez le précis grammatical.

POUR VOUS AIDER :
Dans les récits écrits, plus particulièrement dans ceux de type littéraire, on emploie des temps du passé qui ne sont plus d'usage à l'oral. Dans ce texte, il y a plusieurs exemples du « passé simple ». Sachez que ce temps a la valeur ponctuelle exprimée en langue courante par le « passé composé ». La présence du passé simple ne devrait pas gêner votre lecture.

B. Ce texte se situe au temps où l'on téléphonait encore de la poste. Repérez les éléments qui font allusion au thème du téléphone.

> La poste se vidait peu à peu ; les gens qui survenaient encore affichaient la mine tragique et obséquieuse des retardataires ; derrière les comptoirs d'amour on me lorgnait sans aménité. Enfin, ce fut à moi de me ruer dans une cabine.
> Elle avait dû servir toute la journée ; elle était chaude et moite, pleine de senteurs entêtantes ; je ne trouvais pas la lumière, je fermais les yeux pour me concentrer, je m'énervais :
> – Allô, Denise ! C'est moi... Ne crois pas que je veuille t'épier...
> Ça débutait bien ! J'étais le premier étonné du contenu de mon sac. Elle eut une réponse équivoque :
> – Mais qu'est-ce qui t'arrive ? Tu n'as pas donné ton adresse à ta mère ; elle est anxieuse.
> Immédiatement, j'étais contré, obligé de me défendre. Le téléphone est heureusement fait pour poser des questions, et non pour y répondre.
> – Je n'ai rien arrêté de définitif. Les enfants ?
> – Ça va ; ils sont là, avec le feu aux dents. Tu pourrais presque les entendre crier. Comment te débrouilles-tu ? As-tu cherché une situation ?
> Cher petit génie, cher grand commis, elle ne résistait pas au démon d'organiser des jours qu'elle ne partageait plus.
> – Quel temps fait-il chez vous ?
> Pendant cinq minutes, je sus ce que c'est d'être aveugle : c'est quand on téléphone d'une province lointaine à cette femme que l'on aime, et qu'on lui demande la couleur du jour et celle de sa robe, comme si le prix de l'existence en dépendait. Si elle se tait, le monde, soudain, n'existe plus.
> – Ne sois pas idiot, dit-elle, il y a des choses plus importantes. Te faut-il de l'argent ? As-tu des ennuis, ou quoi ?
> – Non, pas du tout ; je m'ennuie, c'est différent.
> – C'est bien ce que tu voulais, dit-elle.
> – Pas tout à fait, dis-je, (...) ; et j'ouvrais les yeux dans l'obscurité, abrité, confiant, prêt aux confidences douillettes.
> – Terminé ? demanda une voix.
> – Quoi ? Qu'est-ce qui est terminé ? Bredouillai-je.
> – Terminé ? répéta la voix.
> – Oui, fit Denise.
> Je restai un certain temps, la main, l'oreille, le cœur en suspens, puis je raccrochai.

Extrait de *L'humeur vagabonde*, d'Antoine Blondin, éd. de la Table Ronde, 1955.

---

10 Ecoutez et repérez

Ecoutez ces deux situations où la personne qui parle est au bout du fil. Ce sont des extraits de textes de René de Obaldia et de Fernand Raynaud. Notez les expressions propres au téléphone.

A. Par groupes de deux, essayez de reproduire les situations entendues en 10, en imaginant les répliques de l'interlocuteur.

B. Choisissez un des sujets traités dans les activités 6 et 8 et écrivez un court article d'information comportant un titre, un chapeau, un tableau et un commentaire. Vous pouvez le situer en France ou dans votre pays.

Contenus de la leçon

- La quantification et les indéfinis, déterminants et pronoms
- La négation, deux nouvelles constructions
- Orthographe des consonnes labiales, dentales et labiodentales
- Services publics : transports, poste, téléphone…
- Téléphoner à une entreprise
- Ecrire des lettres de réclamation

1 Lisez, comparez et répondez

- Lequel de ces textes décrit un départ ? Lequel décrit une arrivée ?
- Dans quels lieux peuvent-ils se situer ?
- Quels mots ou expressions vous permettent de justifier vos hypothèses ?
- Pourquoi l'auteur écrit-il qu'on laisse « écouler le train » ? A quels éléments du texte fait-il référence ?

> La voie 9 vibrait encore sous des lampadaires glacés. Ils se tenaient tous les cinq sur la berge comme les doigts de la main qui se serait refermée sur une poignée d'eau : ils avaient laissé le train s'écouler sous leurs yeux. Monsieur Jadis ne se résignait pas à gagner la sortie : jusqu'au bout de la nuit, Odile demeurerait soudée à Paris par ces rails entre lesquels une lanterne s'éloignait en sautant, ainsi qu'un ballon rouge échappé d'un enfant. Mais, sans doute, avait-elle déjà baissé avec application les stores de son compartiment sur une ville désespérée.
>
> Extrait de *Monsieur Jadis*, d'Antoine Blondin, éd. de la Table Ronde, 1970.

> Il est là, derrière la porte coulissante, son rire de bandit prêt à exploser, une flamme jeune qui s'échappe de son regard plissé. Il m'a vue. Je ne le regarde pas. Tenir quelques minutes encore. Avancer, hiératique, dans la foule. Tendre, imperturbable, mon passeport. Prendre le temps de le ranger. Ne lever les yeux qu'à la dernière extrémité. M'immobiliser alors, m'irradier d'un sourire, lâcher de chaque côté mes bagages à main et m'élancer éperdue.
>
> Extrait de *La passion, Ginette*, de Mariella Righini, éd. Grasset, 1983.

A partir du texte de Mariella Righini, imaginez le point de vue de celui qui attend l'arrivée de la voyageuse, d'abord oralement, puis par écrit.

2 Ecoutez et écrivez

■ *Dictée*

3 Regardez, lisez et combinez

- Quelles photos sont en rapport avec les services publics cités dans le texte ?
- Lesquelles sont en rapport avec les textes de l'activité 1 ?

Qu'est-ce qu'un service public ?

Peut être qualifiée de service public toute activité destinée à satisfaire un besoin d'intérêt général et qui doit être assurée ou contrôlée par l'Administration pour garantir la satisfaction égale et continue de ce besoin. C'est pourquoi le transport de lettres constitue un service public : seul l'Etat, en effet, au travers de la Poste, est à même d'accepter de faire payer à l'identique le transport d'une lettre, quelle que soit la distance parcourue. L'évolution sociale a eu pour conséquence d'étendre les missions essentielles de l'Etat au-delà des domaines d'intervention d'origine (police, justice, enseignement, santé, protection sociale). Aujourd'hui, la puissance publique intervient, en effet, dans d'autres secteurs. Ainsi, à côté des missions essentielles, coexiste toute une cohorte d'administrations (services des impôts, etc.), d'établissements publics (SNCF) ou même de simples personnes privées chargées d'assurer une mission de service public (sociétés de distribution d'eau, par exemple). Ainsi se dégage le critère de la satisfaction de l'intérêt général exercée ou contrôlée directement ou indirectement par l'Etat.

D'après *Que Choisir pratique,* avril 1994.

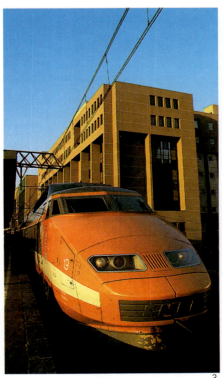

4 Classez les mots

A. Lisez ces mots et faites deux classements : mettez ensemble les mots qui riment et regroupez-les ensuite par rapport à leur signification.

amour – canons – carrefour – chanson – combat – joie – merveilles – partage – prière – promesse – raison – richesses – secours – soleil – tambour – terre – troubadour – voyage

B. Observez ces groupes de mots et essayez de les classer, comme précédemment, par rimes ou par leur signification, positive ou négative.

chercher le jour – forcer le destin – habiller de manteaux de velours – la force d'aimer – la laideur des faubourgs – tracer un chemin – pauvres et malandrins (vagabonds) –

5 Ecoutez et repérez

A. Ecoutez cette chanson de Jacques Brel, *Quand on n'a que l'amour*, et repérez tous les mots et groupes de mots classés en 4.

B. Repérez deux couples de termes négatifs employés.

6 Réfléchissez et répondez

Voici une phrase extraite du poème en prose de Charles Baudelaire (leçon 6 –3) et une autre du texte de Mariella Righini (activité 1) :
 « celui qui n'a plus ni curiosité ni ambition »
 « ne lever les yeux qu'à la dernière minute »
• Quelles autres formes de la négation pouvez-vous ajouter à celles que vous connaissez déjà ?

Vérifiez vos conclusions

APPRENEZ
ne… (rien, plus, jamais) que…
ne… (plus, jamais) ni… ni…

Exemples : *Le chanteur n'a qu'une chanson pour vous convaincre. La voyageuse ne lève les yeux qu'à la dernière minute. Le mélancolique n'a ni curiosité ni désir.*

7 Lisez, écoutez et repérez

Dans ce poème, réfléchissez à l'emploi de : tout – beaucoup – rien

Rengaine à pleurer

(Résigné mais clairvoyant)
J'ai beaucoup appris
et tout entendu
je n'ai rien compris
et rien retenu.

J'avais entrepris
j'avais entendu
je m'étais perdu
je m'étais repris
puis j'ai tout perdu.

Quand ils ont compris
que j'étais perdu
ils m'ont attendu
ils m'ont entendu
ils m'ont confondu
puis ils m'ont tout pris
puis ils m'ont pendu.
Puis m'ayant pendu
m'ont donné un prix
un prix de vertu.

Alors j'ai compris :
tout était perdu.

Extrait de *Chansons avec ou sans musique*, de Jean Tardieu, éd. Gallimard, 1951.

8 Entraînez-vous

A tour de rôle, récitez un extrait du poème en changeant les personnes, du début jusqu'à « tout perdu ».

9 Réécoutez, relisez et réfléchissez 🎧

A. Ecoutez de nouveau la chanson de Jacques Brel et notez les phrases dans lesquelles interviennent les termes : chaque – nulle – autre – rien

B. Relisez les textes présentés dans les activités 1 et 3 et notez les phrases dans lesquelles interviennent les termes : quelques – autres – toute – tous

C. Notez aussi les phrases du poème de l'activité 7 où interviennent les termes : beaucoup – tout – rien

D. Observez les trois modèles de phrases ci-dessous et classez les termes suivants d'après la possibilité d'entrer dans le modèle 1, 2, ou 3 :
aucun – rien – assez – autre – beaucoup – certains – chacun – chaque – même – peu – plusieurs – quelqu'un – quelques – quelque chose – tous – tout – trop

1. J'ai peu mangé ce matin.
2. J'ai lu un journal attentivement.
3. Quelque chose m'a frappé.

■ Réfléchissez

• Quelle différence observez-vous par rapport au rôle de ces termes dans les différents modèles de phrases ?

• Quels sont ceux qui admettent le féminin ou le pluriel ?

• Quels sont ceux qui peuvent précéder un nom et ceux qui sont utilisés à la place du nom ?

■ Vérifiez vos conclusions

APPRENEZ			
	ADVERBES	DÉTERMINANTS INDÉFINIS	PRONOMS INDÉFINIS
QUANTITÉ	peu beaucoup assez (+de) trop rien	plusieurs certain (s/e/es) aucun (e) + nom quelque chaque tout (e/s/es) (+le/la/les)	quelqu'un quelques-un (e) s personne-nul (le) quelque chose rien chacun (e) tout (e)
IDENTITÉ		même quelconque + nom autre	le/la même l'un l'autre

10 Entraînez-vous

A. Par écrit, individuellement, trouvez des exemples où vous ferez intervenir tous les termes du tableau.

B. Echangez oralement vos exemples et discutez de leur pertinence.

À vous

En vous inspirant du modèle de lettre proposé, écrivez à la SNCF pour contester un procès-verbal (amende) en expliquant les raisons pour lesquelles vous n'aviez pas de billet valable à présenter au contrôleur.

11 Écoutez et repérez

Écoutez ce sketch humoristique et prenez note de toutes les expressions employées dans un échange téléphonique professionnel.

À vous

Par groupes de deux, jouez des situations différentes où vous emploierez les expressions notées en 11.

```
Nom et adresse                                Date
Numéro de la ligne en litige
Lettre recommandée avec AR

                                   Monsieur le directeur
Agence commerciale
France Télécom de...


Madame, Monsieur,
   Ma dernière facture concernant la période du... au...
me paraît anormalement élevée compte tenu de ma
consommation habituelle (ou compte tenu du fait que
j'étais absent de mon domicile du... au..., ou encore,
compte tenu du fait que vous me facturez... unités
Télétel alors que je ne possède pas de minitel).
En conséquence, je vous prie de mettre ma ligne télé-
phonique sous contrôle et de me communiquer le
contenu de la bande enregistrée.
Veuillez, en attendant, trouver ci-joint un chèque cor-
respondant au montant estimé de ma consommation.
Je vous prie d'agréer, Madame, Monsieur, mes salu-
tations distinguées
                                            Signature
```

Lettre type : Contestation d'une facture de téléphone

12 Lisez et repérez

Voici deux articles (page 43) parus dans le même journal concernant les bus parisiens. L'un rapporte l'historique de la numérotation des bus et quelques propos de responsables de la RATP. L'autre est un « papier d'humeur » exprimant le point de vue d'un usager.

A. Cherchez les rapports existant entre les deux textes.

B. Expliquez les images employées par Claude Sarraute.

POUR VOUS AIDER :
poireauter = attendre
filer = passer
expectorer = cracher en toussant
quinte = crise de toux
crapahuter = marcher sur un terrain difficile
claque = coup, gifle

À vous

Avec tous les éléments découverts dans cette leçon, comparez les services publics français à ceux de votre pays. Les sociétés de transport sont-elles publiques ou non ? Quels avantages et quels inconvénients y trouvez-vous ?

« 92, 48, 27... partez ! »

Le bus : ses familiers ne l'appellent pas par son nom, mais par son chiffre. Ses adeptes gagnent d'improbables destinations sans quitter des yeux le ciel de la capitale. Aucun bus n'arbore un numéro compris entre 0 et 20 ou entre 33 et 37 et on chercherait en vain un 23, 25, 40, 41, 44... Au siège de la RATP, on se souvient à grands traits du principe à l'origine de la numérotation, hermétique au profane : au début des années 50, les 20 marquaient un départ de la gare Saint-Lazare, les 30 de la gare de l'Est, les 40 de la gare du Nord, les 50 de la République, les 90 de la gare Montparnasse, tandis que les 60 désignaient les « divers ». Selon le même principe, les unités indiquaient l'autre terminus (1 pour « un point quelconque rive droite », etc.). En banlieue (à partir de 101), les lettres viennent jouer les compléments. « Sur ce sujet, nous avons des discussions théologiques », prévient Philippe Ventejol, responsable des études au département bus. « Depuis les années 50, les lignes ont été raccourcies ou allongées, en tout cas tellement modifiées que notre souci des usagers nous conduit à ne pas davantage les égarer en refondant cette numérotation ». (...) Les techniques les plus modernes apportent leur concours à l'incessante modernisation du service : la radiotéléphonie en 1979 ou la gestion prévisionnelle de la maintenance, inaugurée en 1991, totalement assistée par ordinateur. (...) « Les progrès réalisés dans le freinage et l'accélération des bus permettent une conduite plus nerveuse. Les moteurs étant installés à l'arrière, les chauffeurs ne peuvent plus conduire à l'oreille. Ils doivent aussi apprendre, cela fait partie de leur formation, à faire confiance au contrôle électronique et aux nouveaux systèmes de freinage dont sont pourvus les plus récents véhicules (...) » explique Alain Bourillet, responsable technique au département du matériel roulant bus.

Extraits du *Monde*, samedi 22 janvier 1994.

« Le bus et la manière »

J'étais très métro. Je ne le suis plus. J'ai viré bus. Depuis quand ? Depuis que *Le Monde* s'est installé rue Falguière, à deux pas d'un terminus, celui de Montparnasse. Ce qui évite de poireauter interminablement dans le froid, sous la pluie à regarder filer les « 48 », alors que vous attendez le « 96 ». Là, des « 96 », il y en a toujours plusieurs à l'arrêt. Donc, un soir, j'en prends un pour voir, il passe à deux pas de chez moi, et j'ai le choc de ma vie. Littéralement. Quand il m'a expectorée sur le trottoir, pris d'une violente quinte de coups de frein, à Hôtel de Ville, je me suis retrouvée à quatre pattes dans une flaque, mon sac de gym entre les dents. Et j'ai tout relevé : moi d'abord, le défi ensuite. Non, parce que, ça, faut le savoir, un parcours en bus, niveau crapahute, ça vaut largement celui du combattant. Premier exercice : essayer de garder son équilibre dans l'étroit couloir encombré de poussettes d'un bus-chenille qui pile et redémarre à la brutale. Ça fait travailler les cuisses et les fessiers. Après quoi, on s'entraîne à sprinter, en jouant des coudes, rapport aux biceps, entre deux haies de gros derrières. A enjamber, dans les cahots, une paire de genoux hostile : Pardon, monsieur ! Et à s'emparer de la place assise enfin libérée par une mère kangourou qui s'accroche à vous : désolée ! Mon bébé a dû rouler sous le siège, permettez que je le ramasse ? (...) Et puis, il y a le coup de la porte à battants. Pour l'ouvrir faut penser à appuyer. Et pour la franchir avant qu'elle ne vous flanque une énorme claque caoutchoutée, faut vérifier son parachute, fermer les yeux et sauter.

Extrait de « L'œil » de Claude Sarraute, *Le Monde*, 22 janvier 1994.

LEÇON 8

Contenus de la leçon

- La nominalisation et la forme passive
- Le futur et le futur antérieur
- Orthographe des consonnes latérales et palatales
- Circulation, assurances et informatisation des services
- Discuter en défendant son bon droit
- Manipulation de textes par des changements de forme

1 Ecoutez et écrivez

■ *Dictée*

2 Lisez et repérez

A. Observez les infinitifs suivants et assurez-vous de bien comprendre la signification de ces verbes :
assurer – cambrioler – canaliser – circuler – déborder – endommager – évacuer – habiter – incendier – inonder – interdire – loger – nommer – régler – risquer – situer – stationner – utiliser – voler

B. Les verbes donnent souvent lieu à la formation de substantifs ; parfois c'est le nom qui est à l'origine de la formation d'un verbe. Cherchez dans les deux textes ci-contre des substantifs qui correspondent aux infinitifs de la liste précédente.

C. Classez les substantifs trouvés en deux groupes : ceux qui sont plus longs que le verbe correspondant et ceux qui sont plus courts. Classez encore les noms de votre premier groupe, selon leurs terminaisons.

LES CONTRATS D'ASSURANCE MULTIRISQUE HABITATION

Comme son nom l'indique, l'assurance multirisque habitation couvre presque tous les risques afférant au logement, mais bien d'autres encore. En lisant un contrat multirisque habitation, personne ne serait tenté de croire que la vie est un long fleuve tranquille ! Comme l'indique sa dénomination, cette assurance, obligatoire pour les locataires, couvre presque tous les risques susceptibles de menacer votre logement et les biens qu'il abrite, mais aussi la responsabilité civile du chef de famille.

● **LES DÉGÂTS DES EAUX**

La plupart ne sont pas dus aux débordements des rivières, mais à ceux des canalisations et des tuyaux d'évacuation des machines à laver !

● **LE CAMBRIOLAGE ET LE VOL**

Premier problème : les circonstances du vol. Le contrat couvre-t-il les seules effractions, ou s'étend-il à l'usage de fausses clés et à l'entrée au domicile à l'insu de l'occupant ? Dans ce dernier cas on demande souvent à l'assuré d'en apporter la preuve.

● **L'INCENDIE**

Plus rares que les vols et les inondations, les incendies sont aussi plus dévastateurs. Les dommages dus à un mauvais entretien ou à la négligence ne sont que rarement remboursés.

● **LA RESPONSABILITÉ CIVILE**

Une tuile se détache de votre toit et blesse un passant, votre chien mord un voisin : vous êtes censé « réparer » les préjudices causés à la victime. Là encore, vérifiez l'étendue des garanties. Le cas échéant vous pouvez souscrire à des extensions.

Extraits de *InfoMatin*, 8 mars 1994.

CIRCULATION ET STATIONNEMENT PAYANTS : QUELQUES PRINCIPES À CONNAITRE

Lorsqu'une taxe est prévue, elle doit viser les véhicules qui utilisent pareillement le domaine public. C'est ainsi qu'une commune ne peut limiter le tarif de stationnement à une certaine catégorie de véhicules. Toutefois, lorsque les usagers sont placés dans une situation différente au regard de l'utilisation du domaine public, un règlement différencié pourra être prévu : un camion étant plus encombrant qu'une voiture, une interdiction de stationner pourra être faite aux seuls poids lourds.

Extrait de *Que Choisir pratique*, avril 1994.

■ *Réfléchissez*
• Qu'est-ce que vous avez pu observer lors de vos classements ?

■ *Vérifiez vos conclusions*

APPRENEZ

Du verbe au nom	SUFFIXES	
	masc.	fém.
action ou résultat de l'action	– age – ment	– tion
fonction		– ance
Du nom au verbe	– er	

Exemple : *Il ne faut pas que les évacuations des eaux endommagent les logements.*

3   Observez, transformez et réfléchissez

A. Retrouvez dans les textes de l'activité 2 les phrases suivantes :
– Lorsqu'une taxe est prévue…
– Lorsque les usagers sont placés…
– Un règlement… pourra être prévu…
– Une interdiction… pourra être faite…
– Les dommages… ne sont que rarement remboursés…

B. Transformez ces phrases en employant le sujet « on » et replacez-les dans leur contexte pour voir si le sens général a changé.
Exemple : *Lorsqu'on prévoit une taxe, elle doit viser les véhicules qui…*

C. Vous avez transformé des phrases de forme passive en constructions de forme active.
• Quelle est, d'après vous, la structure de la forme passive ?

■ *Quelles sont vos conclusions ?*

■ *Vérifiez vos conclusions*

APPRENEZ	
FORME ACTIVE	COMMENTAIRES
sujet + verbe + compl.	La forme active met au premier plan le sujet de l'action
FORME PASSIVE	
compl. = sujet + verbe « être » + p.p. du verbe (+par + sujet)	La forme passive permet de mettre au premier plan l'objet de l'action et parfois de ne pas désigner le sujet
La **nominalisation** efface complètement le sujet et, parfois, l'objet	

Exemple : *Hier, des voleurs ont cambriolé une maison.*
Une maison a été cambriolée hier (par des voleurs).
Hier : cambriolage (d'une maison).

4 Lisez, combinez et écoutez

A. Voici une série de questions posées lors de deux interviews. Trouvez dans les textes ci-dessous les réponses à ces questions.

B. Reconstituez les deux interviews différentes et vérifiez vos propositions en écoutant l'enregistrement des deux interviews.

C. Dites dans quel secteur d'activité travaillent les personnes interviewées et justifiez vos réponses à l'aide d'éléments repérés dans les interviews.

Questions :
– Quelles sont les raisons qui vous ont poussé à vous informatiser ?
– Depuis quand vous êtes-vous informatisé ?
– Quels avantages tirez vous de ce fonctionnement ?
– En quoi ces outils facilitent-ils votre vie professionnelle ?
– Comment réagit votre clientèle ?
– Comment ont réagi vos collaborateurs à ce changement d'habitudes dans le travail ?

• J'ai commencé à informatiser mon agence en 86 pour le secteur de la gestion locative. Depuis, j'ai procédé par phases, en étendant petit à petit l'utilisation de l'ordinateur ou du Minitel aux autres secteurs (ventes, transactions, syndic de copropriété), ce qui ne m'a pas empêché de commettre des erreurs !

• Tous secteurs confondus, le gain de temps profite à tout le monde : à nos clients qui sont satisfaits plus rapidement et à l'agence qui se développe et donc augmente notre chiffre d'affaires.

• Je me suis toujours intéressée à l'informatique et j'ai choisi de m'équiper il y a quatre ans. Mon principal souci était de gagner du temps sur le travail quotidien un peu fastidieux de la réception et d'affiner la gestion de mon planning clientèle.

• Très bien, car le risque d'erreur dans les factures est minime ; il n'y a plus de contestation. L'informatique est un gage de sérieux et de fiabilité : finis les problèmes de sur-réservation et autres mauvaises surprises !

• Tout d'abord un énorme gain de temps dans les tâches répétitives, puisque toutes les informations sont rentrées en machine (tarifs, réservation et disponibilité).

• Nous étions tous dans le même cas : aucun de nous n'avait jamais touché à un ordinateur. Nous avons tous suivi une formation pour les logiciels de gestion. Il n'y a pas eu de « rejet » de l'ordinateur car notre formation est évolutive. Chacun apprend au fur et à mesure ce qui lui est utile.

Extraits de documents régionaux.

5 Lisez et répondez

- De quel appareil l'article ci-dessous parle-t-il ?
- Quelle société française l'a créé et mis en service ?
- En quelle année a-t-il été lancé auprès des usagers ?
- Quelle était sa vocation initiale ?
- A-t-il des perspectives d'avenir ? Pourquoi ?

Il y a dix ans à peine, cet instrument nouveau, de fonction incertaine, lourd d'une gratuité suspecte, avait commencé d'entrer chez les abonnés du téléphone. Façade imposante, l'annuaire lui tenait lieu de carte de visite, d'introduction.

On ne composait plus un numéro, comme au téléphone, mais on inscrivait, lettre après lettre, des bribes d'état civil. On abordait les personnes par le texte.

Pendant que l'on correspondait, et que l'on jouait, ardemment, pour des cadeaux qui ne couvriraient jamais les heures passées devant l'écran, le Minitel avait ouvert d'autres chemins. On le connaissait bavard, joueur et libertin, mais il savait aussi séduire par son sérieux et aligner des chiffres. Il avait conquis la confiance des services bancaires, de la vente par correspondance, des transports.

Et au début des années 90, alors que jeux, tests, astrologie et messageries, ces fredaines, représentaient encore près d'un tiers des services, et étaient connus des trois quarts des utilisateurs, ils ne recevaient plus que 3 % d'appels.

Les connexions étaient plus brèves, les demandes plus précises, on n'acceptait plus de se laisser traîner dans des arborescences sans fin. On le voulait efficace et vif. Ainsi l'on pourrait travailler comme l'on avait joué, ensemble. Le complice devenait un associé. Mieux, un conseiller. Déjà, les usagers, dits « ludiques » par France Télécom, avaient été rattrapés par les « professionnels ».

En dix ans, l'humble petit cube n'avait cessé de progresser. A ceux qui le voyaient décliner à l'horizon de cinq ans pour être remplacé par des terminaux « intelligents » où l'on manipulerait en simultané images, sons et textes, il manifestait le démenti d'une vitalité croissante, de projets incessants.

Dans les mois à venir, il saurait vous donner l'adresse d'un restaurant chinois avec terrasse à Paris, ou d'un hôtel de bord de mer avec piscine. Il répondait plus vite et paraissait plus soucieux de vous trouver une solution. Il ne conversait pas vraiment encore mais entretenait les bribes d'une vie sociale élémentaire dans notre milieu « naturel » commun : la langue.

Extraits d'un article de Jean-Louis Perrier, *Le Monde*, 22 janvier 1994.

6. Lisez, écoutez et repérez

A. Trouvez dans le sketch de Raymond Devos les mots se rapportant à la circulation.

B. Ecoutez la chanson de Bourvil et notez au fur et à mesure les termes qui concernent la circulation.

> ### Le visage en feu
>
> J'arrive à un carrefour,
> le feu était au rouge.
> Il n'y avait pas de voitures,
> je passe !
> Seulement, il y avait un agent
> qui faisait le guet.
> Il me siffle.
> Il me dit :
> – Vous êtes passé au rouge !
> – Oui ! Il n'y avait pas de voitures !
> – Ce n'est pas une raison !
> Je dis :
> – Ah si ! Quelquefois,
> le feu est au vert…
> Il y a des voitures et…
> je ne peux pas passer !
> Stupeur de l'agent !
> Il est devenu tout rouge.
> Je lui dis :
> – Vous avez le visage en feu !
> Il est devenu tout vert !
> Alors, je suis passé !
>
> Extrait de *Matière à rire*,
> de Raymond Devos, éd. O. Orban, 1991.

À vous

Choisissez un thème et, par groupes de deux, organisez une discussion. L'un évoque une infraction ou la responsabilité d'un dégât ; l'autre se défend pour prouver son bon droit :
– avec un agent de la circulation pour infraction ;
– avec un contractuel pour stationnement interdit ;
– avec un agent d'assurances à la suite d'un incident : vol, incendie, dégât des eaux, accident…

7. Lisez et analysez

A. Faites une liste de tous les incidents qui peuvent survenir dans des circonstances où les règles de prudence ou les conseils de sécurité ne sont pas respectés.

B. Plusieurs substantifs de ce texte donnent lieu à des verbes. Cherchez-en quelques-uns.

La sécurité, un devoir de vacances

Sans être vraiment dangereuse, la chaleur est désagréable en voiture. Si vous circulez aux heures les plus chaudes de la journée, prévoyez des boissons fraîches (non alcoolisées) en abondance. A défaut d'être équipé d'une climatisation, qui reste une option coûteuse, ouvrez les vitres… mais ne laissez pas vos enfants faire dépasser bras ou jambes ni, a fortiori, se tenir debout pour passer la tête par le toit ouvrant et laisser les cheveux voler dans le vent ! Bien entendu, si vous devez garer votre véhicule, recherchez l'ombre. Mais comme vous n'êtes pas seul à la rechercher et que l'ombre, par définition, est mouvante, le plus sage est encore de protéger votre volant avec un écran de carton : on en trouve dans les magasins spécialisés pour le camping. Avant de vous asseoir, aérez abondamment l'habitacle et glissez une serviette sur les sièges pour éviter de vous transformer, vous et votre famille, en barbecue vivant…

Les pieds… et la tête

Pour beaucoup d'automobilistes, la marche c'est une façon de se mettre en vacances. Débarrassés de leur voiture, ils sont, pour quelques jours ou quelques semaines, les piétons les plus heureux du monde. Mais attention : faire fonctionner ses pieds, cela ne veut pas dire oublier sa tête ! Même en juillet et août, en short et sous le soleil, la vigilance reste de mise quand on marche dans une rue. Respectez donc les règles élémentaires du piéton. Et si vous devez circuler, lors d'une promenade, sur une petite route, n'oubliez pas : il faut toujours marcher sur la gauche de la chaussée, face aux voitures. Evitez à tout prix les heures où la visibilité devient mauvaise et songez qu'en sous-bois, les automobilistes peuvent être momentanément aveuglés s'ils viennent du plein soleil et ne pas vous voir.

Extraits de « La Prévention Routière Santé »,
Santé n° 14, juillet-août 1993.

Par groupes, choisissez un des incidents de la liste établie dans l'activité 7 et faites par écrit le récit de la situation. Employez, autant que possible, les transformations que vous avez apprises : forme passive ou nominalisation.

8 Ecoutez et repérez

Voici une autre situation liée à la circulation :
une chanson de Boby Lapointe.

A. Ecoutez et notez l'ordre dans lequel vous entendez les phrases suivantes :

> Je suis là avec ma tire
> Ma femme cardiaque est au lit avec une attaque
> Et moi qui rapporte le beurre pour mettre dans les épinards
> Il n'est pas content que je le bouscule
> Planté devant mon véhicule la jambe en l'air
> Ça lui fait une belle jambe
> La police est sur les dents
> Au violon mes sanglots longs bercent ma peine
> Mon beurre sera rance quand il aura terminé

POUR VOUS AIDER :
tire = voiture, en argot
mettre du beurre dans les épinards = améliorer sa situation économique
ça fait une belle jambe = c'est un avantage qu'on n'apprécie pas

B. Ecoutez en essayant de percevoir les mots évoquant le corps humain : jambe, dents, gencive, colon, aine

POUR VOUS AIDER :
En disant quelque chose, B. Lapointe essaye de faire entendre autre chose. Par exemple « l'agent gît vite » = « il gît par terre, il est tombé après avoir été bousculé », est homophone de « la gingivite » = « avoir mal aux gencives ». Toutes les chansons de B. Lapointe fonctionnent sur ce système. Vous allez découvrir encore d'autres références…

C. Observez ces deux phrases et comparez-les :
« Mon beurre sera rance quand il aura terminé »
« Mon texte sera complet quand j'aurai fini de l'écrire. »
• Quelle action intervient d'abord ?

Vérifiez vos conclusions

Consultez la formation et la valeur du futur antérieur par rapport au futur dans le précis grammatical.

9 Ecoutez et comparez

Relisez le poème de Verlaine dans Mosaïque 1, page 139, réécoutez-le et dites de quelle façon la fin de la chanson de b. Lapointe y fait allusion.

POUR VOUS AIDER :
Ce poème de Verlaine a inspiré beaucoup de poètes et chansonniers. Vous l'avez constaté au niveau 1 dans une chanson de Gainsbourg, ici chez Boby Lapointe. Il faut dire que même pour la Libération de 1944, la radio depuis Londres avait choisi deux de ses vers comme code déclencheur des opérations.

Seriez-vous capables de fabriquer quelques phrases ambiguës en français ? En groupes, et avec l'aide de votre professeur, amusez-vous à en produire une ou deux.

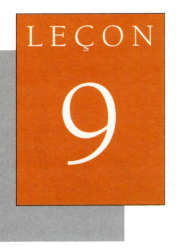

LEÇON 9

Contenus de la leçon

- La négation devant l'infinitif et les termes négatifs sujets
- La comparaison de qualité et de quantité
- Le participe passé employé comme adjectif
- Rythme et intonation dans la lecture poétique
- Régions, langues et accents : l'Est de la France
- Etablir des comparaisons
- Décrire, comparer, énumérer par écrit

1 Ecoutez, lisez et reconnaissez

A. Ecoutez les lectures qui sont faites des deux extraits de poèmes, sans suivre le texte.
- Pouvez-vous distinguer, de par leur sonorité et leur contenu, de quel type de poésie il s'agit ?
- Sur quoi vous basez-vous pour faire cette distinction ?

B. Ecoutez une deuxième fois en regardant le texte et en vérifiant les auteurs, les titres et les dates des poèmes.

O Meuse inépuisable et douce à mon enfance,
Qui passes dans les prés auprès de la maison,
C'est en ce moment-ci que je m'en vais en France :

O ma Meuse, à présent je m'en vais pour de bon.

Extrait de Jeanne d'Arc – A Domrémy –,
drame de Charles Péguy, 1897.

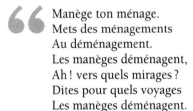
Manège ton ménage.
Mets des ménagements
Au déménagement.
Les manèges déménagent,
Ah ! vers quels mirages ?
Dites pour quels voyages
Les manèges déménagent.

Extrait de « Avenue du Maine »,
Œuvres burlesques et
mystiques de frère Matorel,
de Max Jacob, 1912.

C. Faites une lecture à voix haute des deux poèmes précédents. Imitez d'abord le rythme et les sonorités de l'enregistrement, puis changez l'interprétation à votre guise.

2 Lisez, repérez et répondez

A. Lisez les deux textes suivants et faites trois listes où vous noterez les participes passés qui qualifient les mots :

pays – campagnes – la Lorraine

B. Parmi les participes que vous avez trouvés, dites quels sont ceux qui, dans le texte, sont complétés par un agent (part.p. + par…).

C. Répondez :
- Comment ces deux textes mettent-ils en rapport le passé et le présent de la région ?
- De quel secteur d'activité en crise l'un des textes parle-t-il ? (voir Leçon 6, activité 8, page 36)
- Savez-vous quelles guerres récentes ont concerné l'Alsace et la Lorraine ?

Au sommet du Stromberg, face à la ville de Sierck-les-Bains, les jeunes gens lançaient autrefois dans la Moselle une grande roue entourée de paille enflammée. Rite solaire ou purificatoire ? On en discute encore aujourd'hui. Mais ce mariage du feu et de l'eau au flanc des pentes couvertes de vignobles symbolise les multiples aspects de la terre lorraine, de ces paisibles campagnes si souvent mises à sac, pillées, ravagées par les guerres, de ces vallées tranquilles subitement envahies du fracas des aciéries et qui craignent aujourd'hui d'être rendues au silence. « Meuse endormeuse » et Moselle des hauts-fourneaux, tels sont aujourd'hui les deux pôles entre lesquels la Lorraine cherche encore sa voie. (...)

En l'espace d'un siècle, toute l'histoire économique de la Lorraine a été bouleversée par le prodigieux développement, puis la chute brutale de la sidérurgie. (...)

Extrait de *Pays et gens de France,* de Nanon Gardin, éd. Larousse, 1985.

Pays des dieux primitifs, des elfes et des sorcières, immenses forêts frémissantes où plane encore l'ombre des druides... Pays perdu, lointain, oublié des dieux, relégué aux confins extrêmes du Bassin parisien, adossé à ce livre d'images coloré, enchanteur qu'est l'Alsace, si longtemps, si souvent soumis aux invasions, déchiré par les pouvoirs rivaux des ducs et des rois, du clergé et des laïcs, des empires ennemis, quelle image aujourd'hui donnez-vous de vous-même ?

Cette sombre image, trop longtemps diffusée, des pays qui s'étendent de Neufchâteau à Gérardmer a heureusement fait long feu. Il faut dire que les Vosges ont d'innombrables attraits pour permettre aux citadins surmenés de sacrifier au culte des nouveaux dieux Ecologie et Sport, en passant par toutes les divinités corollaires que sont le ski, la marche, la pêche, la chasse, la voile...

Extrait de *Pays et gens de France,* de Nanon Gardin, éd. Larousse, 1985.

1. Une usine en ruines – 2. Longwy en 1988 – 3. Le Donon

A. Regardez les photos et choisissez un sujet que vous décrirez en énumérant ses caractéristiques.

B. Construisez un court texte à partir de votre description.

3 Ecoutez et comparez

Ecoutez cet extrait d'un poème d'Alfred de Musset et un extrait d'une chanson de Jacques Brel que vous avez entendue dans Mosaïque 2.

• Quels termes négatifs entendez-vous dans la chanson et qui sont présents aussi dans le poème ?
• Quelle est la différence que vous constatez dans leur emploi ?

> Je ne chante ni l'espérance,
> Ni la gloire, ni le bonheur,
> Hélas ! pas même la souffrance.
> La bouche garde le silence
> Pour écouter parler le cœur.
>
> Extrait de *La nuit de mai*, A. de Musset, 1835.

4 Lisez et repérez

A. Repérez dans ce texte les formulations négatives.
• Quelle construction est semblable à celle trouvée dans la chanson de Brel ?

B. Lors de vos repérages, vous avez sans doute remarqué une construction négative suivie d'un infinitif.
• Quelle particularité observez-vous ?

LA BÊTE DES VOSGES EXISTE : ELLE A ÉTÉ FILMÉE

Mi-chien, mi-loup, la bête captée en vidéo par un amateur pourrait être celle qui décime les troupeaux.

Nancy, de notre correspondant

Coucou, la revoilà. « La bête des Vosges » est de retour. Fin mai, un couple a aperçu un animal mi-chien, mi-loup dans la forêt. Impossible de ne pas faire le rapprochement avec ces moutons égorgés dans leur enclos quelques jours plus tôt. Aussitôt, à côté de Neufchâteau, on a reparlé de cette bête qui, régulièrement, vient réveiller des peurs ancestrales.
Les choses se sont précisées le premier juin, lorsqu'un chasseur d'images a réussi à filmer avec son caméscope d'amateur un canidé ressemblant

étrangement à un loup. Ou plutôt à une louve pleine. Serge Merour, membre de l'association Faune-Environnement-Vosges, était venu observer des sangliers dans les environs de Monthureux-le-Sec. Il était 20h56. Soudain, dans son viseur, il aperçoit l'animal sortant d'un fourré. Il filme, malgré la peur qui fait trembler l'image. La bête s'éloigne, se place de profil, puis revient vers le vidéaste. Elle se met en position d'attaque. Serge Merour n'est pas armé, il préfère prendre la fuite. Mais il a réussi à filmer « la bête » pendant 1min45. Grâce à la télévision, ces images ont fait le tour de France.
Depuis, les spécialistes s'interrogent. S'agit-il d'un chien revenu à l'état sauvage ou d'un loup échappé d'un parc ou d'un cirque ? Pour l'instant, nul ne le sait. En attendant une réponse, l'animal sanguinaire continue de faire des ravages. Huit brebis mutilées ont été encore découvertes samedi matin à Commartin-lès-Valois, non loin de Monthureux-le-Sec. Le préfet a été alerté. Quant aux écologistes, ils rappellent que les loups sont protégés par la Convention de Berne de 1979, au même titre que le lynx des Hautes-Vosges ou l'ours des Pyrénées.
Dans les villages vosgiens, les vieilles histoires sont revenues en mémoire. Et l'on évoque cette « bête » qui, de mars 1977 à janvier 1978, a fait périr sous ses crocs plus de trois cents animaux domestiques. A l'époque, des battues géantes avaient été organisées par l'armée, les chasseurs et les gendarmes. Tous les Tartarins du pays étaient venus dans les Vosges pour terrasser l'animal. En vain. Personne n'avait réussi à tirer sur la bête. Un jour, elle est repartie, en laissant derrière elle un peu de sang et une nouvelle légende à raconter aux petits enfants.

Extrait de l'article de Roger Trinca, *Libération* du 13 juin 1994.

■ *Vérifiez vos conclusions*

A vous

Ecrivez un court texte en énumérant les caractéristiques de « la bête ».

APPRENEZ
TERMES NÉGATIFS EN POSITION DE SUJETS
ni   personne + ne + verbe nul (le) aucun (e)
CONSTRUCTION AVEC UN VERBE À L'INFINITIF
pas ne rien + infinitif jamais

5 Lisez et réfléchissez

A partir de cet extrait de roman, rappelez-vous ce que vous savez sur les constructions comparatives. Ici vous pouvez découvrir d'autres formes de comparaison.

• Sur quoi les comparaisons portent-elles : adjectifs, verbes ou substantifs ?
• Quelles sont celles qui comparent la qualité et celles qui comparent la quantité ?

" Je n'ose pas être aussi sérieuse que je le suis. Je n'ose pas être aussi peu sérieuse que je le suis. Je n'ose pas prier autant que je voudrais, chanter autant que je voudrais, me mettre en colère autant que je voudrais, envoyer promener les gens autant que je voudrais, aimer autant que je voudrais, écrire avec autant de force et de mauvais goût que je voudrais, avec autant de naïveté – et de pages – que je voudrais. Dans mes moments d'optimisme, je me dis : je n'ose pas encore.

Extrait de *La maison de papier*, de Françoise Mallet-Joris, éd. Grasset 1970. "

■ *Vérifiez vos conclusions*

APPRENEZ			
LA COMPARAISON PORTE SUR...			
un adjectif	un substantif	un verbe
plus... que moins... que aussi... que	le même... que autant de... que	plus que moins que autant que
... comme	... comme ... différent de	comme

6 Entraînez-vous

Proposez trois phrases à partir des descriptions faites en A VOUS, page 51 et A VOUS, page 53. En vous servant des phrases des uns et des autres, établissez des comparaisons portant sur des adjectifs, sur des noms ou sur des verbes.

7 Ecoutez et retrouvez

■ *Ecoutez les accents*
Vous entendrez deux fois un passage lu d'un des textes présentés en page 51.

• Pouvez-vous reconnaître la version qui est dite avec un accent de l'Est de la France ?

8 Regardez, lisez et reconnaissez

A. Trouvez dans le texte les formes du participe passé des verbes :

troubler – interposer – épingler – préserver – souder – naître

B. Indiquez le substantif qu'elles qualifient.
• Quels en sont les agents ? Sont-ils implicites ou explicites ?

Riche terre frontalière que seules les eaux du Rhin séparent d'autres terres – étrangères celles-là –, l'Alsace est, de tous les pays de France, le plus exposé aux influences et aux invasions d'autres peuples. Pour cela, plus française encore de cœur que le cœur même de la France, elle en devint, lors de périodes troublées, presque l'entier symbole, par la silhouette interposée d'une petite Alsacienne au grand nœud noir épinglé d'une cocarde tricolore.

Les temps se sont calmés et l'histoire avec eux, mais la Marseillaise, née à Strasbourg en une nuit d'avril 1792, demeure l'hymne national, comme demeure aussi le tracé de l'Assemblée constituante pour structurer les terroirs : Bas-Rhin au nord, Haut-Rhin au sud.

Plaines fertiles, pentes douces, collines aux beaux vignobles, montagnes aux forêts sombres se succèdent dans l'un et l'autre département ; y vivent des gens joyeux à la fête, sérieux au travail, unis par une culture riche. (…) Pays préservé, à l'identité bien soudée malgré tous les remous de l'histoire, l'Alsace a sa manière d'être. Maintenir ses traditions, s'accrocher à son particularisme, c'est le moyen de s'intégrer au pays de France auquel elle apporte le don de sa richesse.

Extrait de *Pays et gens de France*, de Pierre Marchant, éd. Larousse, 1983.

---

9 Lisez, regardez, écoutez et combinez

A. Cherchez les photos qui illustrent le petit vocabulaire alsacien.

B. Ecoutez l'enregistrement et cherchez les photos qui illustrent les propos de l'Alsacien interviewé.

C. Relisez le texte présenté dans l'activité 8 et trouvez les rapports avec ce qui est dit dans l'enregistrement.

POUR MIEUX SE METTRE À TABLE EN ALSACE

kouglof = gâteau avec des raisins, des amandes, du kirsch et du sucre glace…
bretzel = pâtisserie salée, se déguste avec la bière
kirsch = eau de vie de cerises
gewürztraminer, traminer, riesling, sylvaner = vins d'Alsace
tokay = vin d'origine hongroise
munster = fromage de la vallée de Munster (forme alsacienne du latin monasterium, monastère)
kelch = tissu à carreaux pour les nappes

1. Un fromage de la région : le Munster
2. Rouget de L'Isle chante la *Marseillaise* 3. Le Kouglof –
4. La Petite France à Strasbourg 5. Andlau et ses vignobles
6. Le musée alsacien à Strasbourg

Organisez une discussion pour comparer l'Est et l'Ouest de la France, les accents, les langues. (voir aussi leçon 4).

LEÇON 10

Evaluation

- Orsay : la gare, le théâtre, le musée.
- La peinture impressionniste. Monet. Giverny.

1 Transformez

On vous donne deux ou trois phrases, vous en faites une seule, en remplaçant quelques noms par des pronoms, de façon à employer des pronoms démonstratifs et relatifs.
– L'agent de la circulation a arrêté le véhicule d'un homme. Cet homme apportait à sa femme du beurre pour les épinards. – Les manifestants ont choisi une avenue. Cette avenue est la plus fréquentée par des Parisiens. – J'avais préparé des tableaux de statistiques. Tu as choisi de présenter ces tableaux. – Les industriels ont décidé de développer des productions. Un grand nombre de pays achètent ces productions. – Les services publics ont branché des communications. Les usagers préfèrent pour leur plaisir quelques-unes de ces communications. Les autres communications rendent service aux usagers dans leur profession.

2 Ecoutez et écrivez

Dictée

3 Posez des questions

Trouvez les questions qui ont donné lieu à ces réponses.
– Le responsable du petit hôtel a décidé de s'informatiser pour rendre son service à la clientèle plus efficace. – L'agence immobilière met à peine trois jours pour satisfaire les commandes de ses clients. – Le Minitel a été créé il y a dix ans. – Les aciéries en Lorraine ont licencié un très grand nombre d'ouvriers à cause de la crise de la sidérurgie. – Les Alsaciennes veulent montrer qu'elles sont françaises en portant une cocarde épinglée au grand nœud noir de leur coiffure.

4 Répondez

Vous répondrez par la négative aux questions suivantes :
– Qu'est-ce que vous aimez, les fleurs rouges ou les plantes vertes ? – Est-ce que quelqu'un est arrivé par le train de 11 heures ? – Est-ce qu'il boit autre chose que du vin ? – Qu'est-ce qui te ferait plaisir ? – Comment la prévention routière évite-t-elle les accidents ?

5 Complétez

Complétez avec des indéfinis.

Même si…… journaux donnaient la nouvelle de sa mort,…… ne s'en est aperçu. Il a fallu…… communiqués pendant le journal télévisé pour que…… téléspectateurs réagissent et envoient…… lettres de condoléances à sa veuve.…… de ses amis n'était présent à son enterrement. Ils étaient…… partis en vacances.

6 Transformez

Eliminez d'abord le sujet en donnant la forme passive ; puis faites une phrase où le verbe deviendra un nom.
- Les étudiants ont occupé l'université.
- Les commerçants ont présenté leur produits agricoles au moment de la foire.
- Des voleurs ont cambriolé la succursale de la Banque du Nord.
- Les agents assurent les voitures et les maisons.
- La presse a publié les résultats du championnat.

7 Répondez et conjuguez

Complétez la réponse et conjuguez le verbe entre parenthèses.
- Quand vous finirez votre travail, qu'est-ce que vous ferez ?
- Quand nous…… notre travail, nous (partir) en vacances.
- Après vos vacances, quel projet vous attend ?
- Quand on…… de vacances, on (commencer) la réalisation d'un nouveau modèle.
- Et ensuite ?
- Quand le nouveau modèle……, nous le (mettre en vente).

A vous

Comparez les deux scènes en les décrivant.

8 Regardez, observez et écoutez

A. Lisez les informations données sur ces deux pages et regardez les photos.
- Quels éléments d'information distinguez-vous sur les images ?

B. Ecoutez l'enregistrement et mettez-le en rapport avec les informations données et les photos présentées.

1

La gare d'Orsay, à Paris, a été construite en 1900 et a desservi le Sud-Ouest puis la banlieue jusqu'en 1973. En 1974, elle a accueilli le théâtre Renaud-Barrault avant d'être transformée en musée qui a ouvert ses portes au public en 1986.
Ce musée, où sont exposées les œuvres d'art de la deuxième moitié du XIXe siècle (1848–1914), est multidisciplinaire et bien connu pour la richesse de sa collection de peintures impressionnistes.

2

Harold et Maude avec Madeleine Renaud.

3

Giverny

Claude Monet (1840 –1926)

Claude Monet est né à Paris et il est mort dans sa maison de Giverny, dans l'Eure. C'est son tableau *Impression, soleil levant,* de 1872, qui a donné son nom à l'école impressionniste. L'écrivain Marcel Proust a fait des descriptions mémorables des *Nymphéas* de Monet.

Le bassin aux nymphéas, harmonie verte, 1899

Jardins en fleurs, 1866

Fleurs de la terre, et aussi fleurs de l'eau, ces tendres nymphéas que le maître a dépeints dans des toiles sublimes dont ce jardin (vraie transposition d'art plus encore que modèle de tableaux, tableau déjà exécuté à même la nature qui s'éclaire en dessous du regard d'un grand peintre) est comme une première et vivante esquisse, tout au moins la palette déjà faite et délicieuse où les tons harmonieux sont préparés.

Extrait d'un texte de Marcel Proust paru dans Le Figaro supplément littéraire, 15 juin 1907.

A vous

Présentez l'œuvre d'un peintre, français ou de votre pays, ainsi que le lieu où il habitait ou qu'il a représenté dans ses tableaux.

A. Ecrivez un brève biographie du peintre et une courte description du lieu.

B. Echangez-vous les textes produits et comparez oralement les œuvres présentées.

LEÇON 11

Révision

- Négation, indéfinis et démonstratifs relatifs
- Formes participes
- Orthographe des sons vocaliques
- Le travail : droits et devoirs, technocratie, impôts
- Dire ses préférences
- Ecrire une lettre de candidature

1 Lisez, repérez et résumez

Découvrez, dans ces textes, les principales lois qui régissent les conditions de travail en France, ainsi que leur chronologie.

A. Repérez les données se rapportant au temps de travail, aux congés, aux prestations sociales, aux syndicats et aux impôts.

B. Expliquez l'évolution du temps de travail et du temps de loisir dans l'histoire.

C. Expliquez les différentes situations des salariés dans l'entreprise, selon le type de contrat qu'ils ont signé.

> Quels sont les différents types de contrats que peut proposer un employeur ?
> Depuis quelques années, les contrats de travail se déclinent sur tous les tons. Il y en a pour chaque cas. Une chose cependant à savoir : quelle que soit la nature du contrat, il instaure un lien de dépendance entre l'employeur et le salarié. Le CDI, ou contrat à durée indéterminée, est le contrat du droit commun. Il sert à pourvoir durablement un emploi permanent de l'entreprise. Sa rupture obéit à des règles très strictes, impliquant soit la démission du salarié, soit le licenciement par l'employeur. Une liberté que ne connaît pas le CDD, ou contrat à durée déterminée. Ce contrat sert à pourvoir exceptionnellement un emploi provisoire dans l'entreprise. Sa durée va de 6 à 24 mois au maximum. Durant ce temps, le salarié n'a pas le droit de démissionner, ni l'employeur de le licencier. Le contrat se termine automatiquement à son terme, sauf renouvellement. Ces caractéristiques s'appliquent également aux contrats d'intérim.
>
> Extraits de *Réponse à tout*, hors série 2ᵉ trimestre 1994.

Affiche du Front populaire

Accords Matignon de 1936 : Lois sur la semaine de 40 heures et sur les 2 semaines de congés payés.

1956 : Loi sur les 3 semaines de congés payés.

1969 : Loi sur les 4 semaines de congés payés.

1981 : Ordonnances sur la semaine de 39 heures et les 5 semaines de congés payés.

D'après *Notes et études documentaires*, n°4696 – 4697 – 4698

Un peu d'histoire

Aux élections d'avril-mai 1936, le Front populaire (alliance électorale des socialistes, radicaux et communistes) obtient la majorité absolue à la Chambre. Les socialistes étant les plus nombreux, leur leader Léon Blum forme un gouvernement qui prend une série de mesures sociales sans précédent en France (...). A la demande du patronat, Léon Blum réunit ses représentants et ceux de la CGT, ce qui aboutit à la signature des Accords Matignon. Ceux-ci reconnaissent le droit syndical, les délégués du personnel élus, prévoient des augmentations de salaires de 7 à 15 %. En outre, le gouvernement favorise les conventions collectives par branches économiques, accorde 12 jours ouvrables de congés payés annuels et limite à 40 heures la durée de la semaine de travail. Le 20 juin 37, le Sénat refusera les pleins pouvoirs financiers au gouvernement. Blum démissionne le 21. Le 13 mars 1938, jour de l'annexion de l'Autriche par Hitler, Blum revient au pouvoir avec un programme ouvertement socialiste : impôt sur le capital, alourdissement de l'impôt sur le revenu, amorce d'un contrôle de changes. Ce dernier cabinet sera renversé 26 jours plus tard par le Sénat. C'est la fin du Front populaire (...). La droite reproche à Léon Blum d'avoir donné une allure provocante à l'augmentation du loisir de l'ouvrier en créant le « ministère de la paresse » de Léo Lagrange. Au contraire, le monde ouvrier a le sentiment que, pour la première fois dans l'histoire française, un gouvernement considère ses problèmes comme prioritaires. Cette situation nouvelle explique l'euphorie qui le gagne durant l'été 36. Bains de mer grâce aux trains spéciaux, camping, voire sorties du dimanche ; pour beaucoup, les premiers congés payés, c'est la découverte d'une autre dimension de la vie.

Extraits de *l'histoire de France,* de G. Labrune et Ph. Toutain, coll. Repères pratiques, éd. Nathan, 1994.

Léon Blum

POUR VOUS AIDER :
CGT = Confédération Générale du Travail (syndicat de salariés, proche du parti communiste)

Scène du film *Les vacances de M. Hulot* de J. Tati

2 Ecoutez et écrivez

■ *Dictée*

3 Lisez, repérez et répondez

> Alors, où elle en est, Tatoune, de ses démarches en faveur de sa copine ? Elle allait pour monter au septième étage, l'étage de ce qu'elle appelle l'administration avec tout ce que ça comporte de distance hautaine, froide, anonyme. L'étage où s'alignent, épaisses moquettes et baies vitrées, les bureaux de ses supérieurs dans tous les sens du mot. Ils semblent appartenir à une autre espèce, ces jeunes cadres dynamiques, tous formés à bonne école, une de celles, HEC, Sup. de Co, où l'on vous apprend à évaluer le personnel en termes de ressources humaines. Tous modelés à l'image ultramoderne, complet de bonne coupe et manteau en poil de chameau (…)
> Elle allait pour monter quand, au détour d'un rayon, elle s'est trouvée nez à nez avec monsieur Max, vous savez cet adorable vieux monsieur, je vous l'ai présenté, d'une intelligence, d'une finesse et d'une bonté rares, le gendre du fondateur, longtemps son successeur, l'oncle de l'actuel PDG, la mémoire et la vision de cette entreprise familiale passée de son temps déjà de l'artisanat à l'industrie. Il lui a tapoté la joue : Comment allez-vous, mon enfant ? Coucicouça, elle a des problèmes et elle aimerait bien lui en toucher un mot. Qu'à cela ne tienne. Elle n'a qu'à passer dans son bureau. (…)
> Elle y est allée et, à peine entrée, elle a vidé son sac, elle lui a tout sorti, comme ça, en vrac, tout ce qu'il sait déjà, tout ce qu'il constate, tout ce qu'il déplore, tout contre quoi il ne peut rien vu qu'il n'est plus rien. Ne pas être obligée de travailler le dimanche les jours où le magasin est ouvert, mais se faire mal voir et mal noter en cas de refus. Etre obligée de jouer à longueur de journée les hôtesses d'accueil, elles-mêmes remplacées par des ordinateurs qui, après s'être fait longtemps tripoter, crachent, quand ils ne sont pas détraqués, un guide mémo en forme de billet de loto que l'heureux gagnant, perplexe, court fourrer sous le nez de la première vendeuse venue : Où je vais avec ce truc-là, mademoiselle ? A la brosserie. Mais, je cherche un lampadaire. Ah ! ben alors, il faut lui redemander à l'ordinateur, il aura mal compris !
>
> – Voyez, monsieur Max, il s'est complètement déshumanisé, le magasin. Entre l'horloge pointeuse, la feuille de paie et le chiffre, on nous a réduites en équations.
> – Je sais, je sais, mon enfant, mais bon, ce n'est sans doute pas pour me dire ça, si joliment dit que ce soit, que vous êtes venue me trouver.
> – Non, c'est pour vous parler de Poupette, enfin.. de Mme Vidal. Si elle a pas envoyé de certificat médical, c'est que…
> – Pourquoi, elle est souffrante, la pauvre enfant ?
> – Non, là, ça va, mais elle a bien failli y passer. Et volontairement encore. Elle a fait une tentative de suicide, vous vous rendez compte un peu, monsieur Max ! Elle en pouvait plus de cette existence de vieux robot sous-payé, sous-employé, mis au rebut par ses enfants. Faudrait qu'elle puisse passer à cinq jours, sauf que là, elle risque le renvoi et que…
> – Attendez, attendez, je ne vous suis pas très bien…
> Tatoune va lui expliquer tout ça dans le détail, sans y entrer, rassurez-vous, et monsieur Max va la rassurer et lui conseiller de s'adresser directement au chef du personnel. Il lui en touchera deux mots.
> Ou plutôt trois. Pas-de-renvoi. La question des cinq jours, il ne la soulèvera même pas, sûr que l'autre la laissera tomber aussi sec. Pourquoi accorder une rallonge à une vendeuse usagée quand on peut prendre sous contrat à durée déterminée, sans prime de rayon ni d'ancienneté, une petite jeune jetable ? Au prix que ça coûte, le Smic horaire, c'est tellement plus économique et puis ça n'encombre pas le magasin les jours où on n'en a pas besoin.
> Ce n'est pas en ces termes qu'il s'exprimera, le directeur du personnel. Un homme amène, charmant, courtois. Il sera sincèrement désolé : La conjoncture actuelle ne se prête, hélas ! pas à… D'ailleurs, Mme Vidal n'a peut-être pas besoin d'un surcroît de travail, là, en ce moment. Qu'elle s'acquitte donc de celui qu'on lui donne, nous n'en demandons pas davantage.
>
> Extrait de *Mademoiselle, s'il vous plaît*, de Claude Sarraute, éd. Flammarion, 1991.

A. Repérez dans le texte tous les mots et expressions qui renvoient d'une part à la direction de l'entreprise, d'autre part à son personnel.

B. Répondez
- De quel type d'entreprise s'agit-il ?
- Qui est monsieur Max ?
- Qui est l'actuel PDG ?
- Quelle évolution dans le temps l'entreprise a-t-elle connue ?
- Quel est le profil du directeur des ressources humaines ?
- Quels bénéfices supplémentaires les salariés fixes ont-ils par rapport aux contrats temporaires ?
- Comment ce texte suggère-t-il les différences d'attitude entre l'ancienne direction et la direction actuelle ?
- Quel est votre avis sur la question ?

4 Ecoutez et répondez

Ecoutez l'enregistrement de la conversation entre Madame Vidal et sa fille.

- Quels passages de l'enregistrement pouvez-vous mettre en rapport avec le texte en 3 ?
- Quels éléments du texte expliquent l'attitude de Madame Vidal par rapport à la décision prise par sa fille ?
- Quelles photos illustrent les descriptions du début de l'enregistrement ?

1. La terrasse de la Samaritaine. 2. Le Printemps. 3. Un grand magasin à Corbeil (91).

5 Lisez, repérez et analysez

A. Repérez dans ce texte les phrases négatives et indiquez pour chacune le sujet du verbe.

B. Repérez les pronoms démonstratifs et relatifs, expliquez qui ils représentent et indiquez, dans les phrases où ils sont employés, le verbe et son sujet.

Un sourire

Un sourire ne coûte rien et produit beaucoup
Il enrichit ceux qui le reçoivent
Sans appauvrir ceux qui le donnent
Il ne dure qu'un instant
Mais son souvenir est parfois éternel
Personne n'est assez riche pour s'en passer
Personne n'est assez pauvre pour ne pas le mériter
Il crée le bonheur au foyer
Il est le signe sensible de l'amitié
Un sourire donne du repos à l'être fatigué

Rend du courage au plus découragé
Il ne peut ni s'acheter, ni se prêter, ni se voler
Car c'est une chose qui n'a de valeur
Qu'à partir du moment où il se donne
Et si quelquefois vous rencontrez une personne
Qui ne sait plus avoir le sourire
Soyez généreux, donnez-lui le vôtre
Car nul n'a autant besoin d'un sourire
Que celui qui ne peut en donner aux autres

Texte affiché chez de nombreux commerçants.

6 Ecoutez et comparez

Ecoutez deux enregistrements : une interview et une chanson traditionnelle chantée par Julien Clerc. Autour du thème du travail et du temps libre, comparez la nature de ces documents et leur contenu.

7 Lisez, découvrez et commentez

Prenez connaissance des textes suivants et répondez.
• Quels types d'impôts existent actuellement en France ?
• Croyez-vous que l'attitude qui consiste à tricher avec le fisc soit proprement française ?
• D'après vous, est-ce que le statut social d'un individu est en rapport avec ses « combines » ?

L'impôt sur le revenu

Instauré en 1914, l'impôt sur le revenu est perçu chaque année sur l'ensemble des revenus d'un foyer fiscal. Les ménages remplissent eux-mêmes chaque année leur déclaration de revenus (pour les salariés, le total des salaires annuels est également déclaré au fisc par les employeurs). Le paiement de l'impôt est effectué par les contribuables – et non pas retenu sur le salaire – en trois échéances ou bien mensuellement après demande de prélèvement automatique sur un compte bancaire.
Les impôts locaux : Ils sont perçus au profit des collectivités locales et représentent globalement une somme plus importante que l'impôt sur le revenu.
La taxe d'habitation : due chaque année par toute personne propriétaire ou locataire, elle est fonction du lieu et du standing de l'habitation.
Les impôts fonciers : payés par le propriétaire d'une habitation ou d'un terrain
La taxe professionnelle : imposée aux entreprises et aux personnes qui exercent une activité professionnelle non salariée. Elle n'est pas fonction des bénéfices réalisés.
Les impôts indirects
Tout ce que prélève l'Etat à partir des amendes et contraventions, mais aussi dans les taxes imposées à l'achat de certains produits (le tabac, par exemple) et les participations à certains jeux de hasard.

D'après *La France d'aujourd'hui*, éd. CLE International, 1993.

LA COMBINE SOUS TOUTES SES FORMES

Payer moins d'impôts, faire sauter ses contraventions ou amener son banquier à négocier : le système D – valeur bien gauloise – devient en temps de crise une question de survie. Pour preuve, l'incroyable succès de ces auteurs qui se positionnent dans le créneau de la combine, de la débrouillardise, voire de l'arnaque ou presque.

(...) Au clin d'œil du Guide de l'emmerdeur de Crossan et Florentin, destiné à tourner en dérision la vétusté de certaines lois inchangées depuis Napoléon, succède Les 110 moyens d'arnaquer l'Etat de Bertrand Deveaux (170 000 exemplaires vendus). Lequel monte en épingle quelques vides juridiques flagrants qui permettent au consommateur d'attaquer sur leurs points faibles, administration et commerçants.

« Tout se négocie, explique l'auteur. La banque, les billets d'avion, le fisc. Et Deveaux d'ajouter : pour les PV ? Aucun problème. Quand vous recevez une contravention, dites que ce n'est pas vous qui conduisiez le véhicule. Et donnez à la place le nom d'une personne pioché dans la rubrique nécrologique d'un quotidien. C'est imparable. »

(...) Quant à Robert Mathieu, ex-inspecteur des impôts, il dénonce lui aussi le système de l'intérieur. Après le succès du Racket fiscal (250 000 exemplaires), l'ancien fonctionnaire milite désormais pour une réforme complète du code fiscal. « A la crise financière et morale, explique-t-il, il faut répondre par une société plus juste. Plus de solidarité entre public et privé, entre fonction publique et contribuables. »

Extraits de *VSD*, N°841 du 14 au 20 octobre 1993.

A vous

A. A la manière de l'interview dans l'activité 6, par groupes de deux, posez des questions sur votre métier actuel ou votre futur métier, en exprimant vos préférences en matière de travail.

B. A partir du modèle de lettre, rédigez votre candidature au poste de votre choix exprimé en A.

Pour une lettre de candidature :

Suite à la petite annonce parue dans (journal et date), je me permets de vous écrire pour poser ma candidature pour le poste de (déf. du poste) que vous proposez.

Je suis actuellement à la recherche d'un emploi.

(raisons d'intérêt personnel pour le poste)

Veuillez trouver ci-joint mon curriculum vitae. Je reste à votre entière disposition pour tout renseignement complémentaire et pour un éventuel entretien.

En vous remerciant de l'attention que vous voudrez bien porter à ma candidature, je vous prie d'agréer, Monsieur, mes salutations distinguées.

Contenus de la leçon

- Pronoms relatifs, variables et invariables
- Régions, langues et accents : le Sud de la France
- Donner une opinion personnelle sur un sujet
- Extraire d'un texte des éléments d'information

1 Regardez, lisez, écoutez et découvrez

A. Lisez l'extrait du poème d'un auteur méridional et faites trois listes où vous noterez les éléments qui évoquent les sens : la vue, l'odorat et l'ouïe. Aidez-vous d'un dictionnaire, si nécessaire. Puis, trouvez les photos qui peuvent correspondre aux éléments notés dans votre première liste.

B. Ecoutez l'enregistrement de cet extrait du poème, suivi d'une interview du sculpteur César.
- Des trois voix entendues, pouvez-vous reconnaître celles qui ont un accent du Midi ?

C. Lisez les deux extraits des textes de Giono et de Daudet.
- A quelles photos correspondent les descriptions faites dans ces textes ?

Mon accent

Ceux qui n'ont pas d'accent, je ne puis que les plaindre !
Emporter de chez soi les accents familiers,
C'est emporter un peu sa terre à ses souliers ! (…)
Avoir l'accent, enfin, c'est, chaque fois qu'on cause,
Parler de son pays en parlant d'autre chose ! (…)
Ecoutez ! En parlant je plante le décor
Du torride Midi dans les brumes du Nord !
Mon accent porte en soi d'adorables mélanges
D'effluves d'orangers et de parfums d'oranges ;
Il évoque à la fois les feuillages bleu-gris
De nos chers oliviers aux vieux troncs rabougris,
Et le petit village où les treilles splendides
Eclaboussent de bleu les blancheurs des bastides !
Cet accent-là, mistral, cigale et tambourin,
A toutes mes chansons donne un même refrain,
Et quand vous l'entendez chanter dans ma parole
Tous les mots que je dis dansent la farandole.

Extrait de La fleur merveilleuse,
de Miguel Zamacois éd. Pasquelle.

1. Les Alpilles ; près de S¹ Rémy. 2. Les Alpilles ; près des Baux.
3. A Cotignac, le cours Fontaine. 4. Les Alpilles ; des oliviers.

> Un joli bois de pins tout étincelant de lumière dégringole devant moi jusqu'au bas de la côte. A l'horizon, les Alpilles découpent leurs crêtes fines… Pas de bruit… A peine, de loin en loin, un son de fifre, un courlis dans les lavandes, un grelot de mules sur la route… Tout ce beau paysage provençal ne vit que par la lumière.
> Et maintenant, comment voulez-vous que je le regrette, votre Paris bruyant et noir ?
>
> Extrait de *Les Lettres de mon moulin*, d'Alphonse Daudet, 1869.

> Il semblait qu'on fût en face d'une formidable escadrille de voiliers… C'étaient des collines de pierres pures, blanches, hautes, pleines de soleil, taillées en mâts, en vergues, en boulins, en affaissement et en gonflement de voiles, toute une marine de rêve pétrifiée dans le ciel bleu.
>
> Jean Giono, à Marseille, à propos du grand cirque formé par des chaînes calcaires entourant la ville, le 16 octobre 1939.

2 Ecoutez et répondez

A. Ecoutez une scène extraite de *Marius*, pièce de théâtre de Marcel Pagnol.
- Que pouvez-vous dire de la façon dont les méridionaux ressentent la ville de Paris ? Complétez votre réponse en y ajoutant des éléments découverts aussi en 1.

B. Vous venez d'identifier l'accent du Midi. Mais sachez qu'en Provence on parle encore une langue autre que le français. Découvrez-la en lisant le texte suivant.

La langue d'oc est le provençal ancien. En dehors du latin, la langue d'oc était, au Moyen Age, la seule langue administrative écrite. Il nous en est resté dictionnaires et grammaires. De nos jours, le provençal n'est pas mort. C'est la première des traditions transmises. La langue est bien vivante. Elle n'a cessé de se renforcer et de s'enrichir, malgré les vicissitudes que lui a imposées l'histoire.

Le provençal se parle encore sur l'ensemble du littoral, dans le comté de Nice, les vallées alpines et la Provence intérieure. Il se parle particulièrement en Camargue. Mais, surtout, il connaît un renouveau chez les jeunes, en tant que langue culturelle léguée par les poètes, grâce à la lutte des anciens. On voit combien était vivace la tradition de la langue dans le pays : « Diéu e prouvènço ! » (Dieu est provençal).

Extrait de *Pays et gens de France*, de Jean-Louis Sivadjian, éd. Larousse, 1984.

POUR VOUS AIDER : langue d'oïl et langue d'oc = langues parlées au Moyen Age, au nord et au sud de la Loire et au sud de la France. « Oïl » et « oc » signifiaient respectivement « oui » dans ces langues. La langue d'oïl comportait plusieurs parlers : picard, bourguignon, anglo-normand, francien, etc. La langue d'oc comportait l'occitan et le provençal.

3 Ecoutez et observez

Ecoutez des extraits d'une chanson de Charles Trenet. Repérez lors de votre écoute les quelques vers transcrits ci-dessous.

A. Observez le premier vers et dites quel pronom relatif introduit la phrase qui sert à qualifier « Vous ».
- Quel est le sujet du verbe « passer » ?
- Quel est l'antécédent du pronom relatif ?

B. Observez le cinquième vers.
- Quelle phrase qualifie ici « Vous » et quel est le pronom relatif qui l'introduit ?
- Est-ce que vous pouvez reconstituer cette phrase sans le pronom relatif qui remplace « Vous ? »

POUR VOUS AIDER : guetter = être attentif à ne pas laisser échapper

Réfléchissez

Si on voulait écrire deux vers en commençant par « Vous », suivis d'une phrase relative le qualifiant, à partir de :
– Je vous aime énormément.
– Je cherche ma voie en vous.
- Quel serait le pronom relatif à employer dans chacun des vers ?
- Quelle différence constatez-vous dans l'emploi de tous ces pronoms relatifs ?

Vous qui passez sans me voir
Sans même dire bonsoir
Donnez-moi un peu d'espoir, ce soir
J'ai tant de peine
Vous dont je guette un regard
Pour quelle raison ce soir
Passez-vous sans me voir

Vérifiez vos conclusions

APPRENEZ
Les pronoms relatifs permettent de lier deux phrases distinctes et d'éviter les répétitions.
nom ou pronom + qui / que / où / dont + phrase qualifiante + phrase principale
sujet = **qui**   objet = **que**   lieu = **où**   nom + de + nom = **dont**

Exemples : *Ce livre d'aventures que j'ai acheté, qui n'a pas d'intrigue, où les personnages sont inconsistants et dont l'histoire est inintéressante, ne m'a pas plu.*

4 Entraînez-vous

A tour de rôle, faites des phrases commençant par :
– Toi… – Vous… – Lui… – Elle…, suivis des trois pronoms relatifs : qui – que – dont.

5 Lisez, repérez et réfléchissez

Il existe d'autres pronoms relatifs qu'on emploie en particulier après des prépositions et qui ont une marque de genre et de nombre. Il s'agit de pronoms du type « lequel ».

A. Cherchez dans le texte de Simenon les pronoms relatifs que vous connaissez, puis cet autre type de pronoms.

B. Pour chacun des pronoms repérés, donnez les phrases reconstituées sans relatif.

Exemple : *Vous, dont je guette un regard,…*
= *Je guette un regard de vous*

C. Donnez la liste de ces nouveaux pronoms, avec toutes les formes possibles.

> Moers alluma les lampes, se servit d'une loupe, d'abord, de pinces, de toute une série d'instruments délicats avant d'examiner le fil et les brins de laine au microscope.
> – Je suppose que vous avez envie de savoir où le vêtement duquel ce bouton a été arraché a été confectionné ?
> – Je veux savoir tout ce qu'il est possible de savoir.
> – Tout d'abord le bouton, malgré son apparence ordinaire, est de très bonne qualité. Ce n'est pas de ceux dont on se sert pour les vêtements en série. Je pense qu'il ne sera pas difficile, demain matin, de découvrir où il a été fabriqué, car les fabriques de boutons ne sont pas nombreuses. Elles ont presque toutes leur bureau rue des Petits-Champs, porte à porte avec les maisons de tissu en gros.
> – Le fil ?
> – Le même que celui dont se servent à peu près tous les tailleurs. Le drap m'intéresse davantage. Comme vous le voyez, la trame en est d'un gris assez banal, mais il s'y mêle un fil bleu clair qui le rend caractéristique. Je jurerais qu'il ne s'agit pas de fabrication française mais d'un tissu importé d'Angleterre. Or, ces importations passent par les mains d'un nombre limité de courtiers dont je puis vous fournir la liste.
> Moers possédait des listes de toutes sortes, des annuaires, des catalogues grâce auxquels il pouvait rapidement déterminer la provenance d'un objet, qu'il s'agisse d'une arme, d'une paire de souliers ou d'un mouchoir de poche. (…)
> – Vous reconnaissez ce tissu ?
> Janvier en avait demandé plusieurs échantillons pour ses collègues.
> – Certainement. Pourquoi ? Vous désirez un complet ?
> – Je désire le nom du client pour lequel vous en avez fait un.
> – Il y a déjà un certain temps de cela.
> – Combien de temps ?
> – C'était à l'automne dernier.
> – Vous ne vous souvenez pas du client ?
> – Je m'en souviens.
> – Qui est-ce ?
> – M. Moncin.
> – Qui est M. Moncin ?
> – Un monsieur très bien, qui s'habille chez moi depuis plusieurs années.
> Lapointe, tremblant, osait à peine y croire. Le miracle se produisait. L'homme qu'on avait tant cherché, qui avait fait couler tant d'encre, à la recherche duquel toutes les forces de police avaient consacré tant d'heures avait soudain un nom. Il allait avoir une adresse, un état civil et bientôt, sans doute prendre forme.
>
> Extrait de *Maigret tend un piège*, de G. Simenon, éd. Presses de la Cité, 1955.

■ Vérifiez vos conclusions

APPRENEZ

PRONOMS RELATIFS			
invariables	variables		
		avec « à »	avec « de »
qui – que dont – où	lequel, laquelle lesquels lesquelles	auquel auxquels auxquelles	duquel desquels desquelles

Exemples : *Tu as pris le livre… qui était sur la table – que j'avais acheté – dont je t'avais parlé – auquel je tenais beaucoup – dans lequel j'avais écrit une dédicace – à l'intérieur duquel il y avait des photos*

6 Regardez, lisez, écoutez et découvrez

A. Identifiez les différentes régions du Sud-Ouest dont parlent les textes et les photos qui les représentent.

B. Ecoutez un extrait de *Cyrano de Bergerac*, d'Edmond Rostand, et découvrez l'accent du Sud-Ouest.

Le phare de Biarritz, la baie d'Hendaye et le col de la Pierre-Saint-Martin délimitent en gros ce Pays basque dont la forme triangulaire occupe la corne sud-ouest du territoire français. Cette campagne où « l'homme sait tout de la mer et de la montagne » si l'on en croit Victor Hugo, cette marche agricole cernée entre la mer et la montagne, ou, plus précisément, entre l'océan Atlantique et la chaîne des Pyrénées, offre un camaïeu de vert où un œil attentif peut discerner les nuances de trois paysages distincts : le littoral, les collines et les montagnes.

D'après *Pays et gens de France* de Pierre Minvielle, éd. Larousse, 1982.

Voyager en Pays basque, c'est parcourir un chemin jalonné de particularismes innombrables. Comme ces chevaux pottocks, qui n'ont pas changé depuis le paléolithique. Comme ces fêtes de village où on chante à gorge déployée les cantiques traditionnels. C'est le Pays basque, avec ses volets teintés au sang de bœuf, ses frontons de pelote dans chaque village, sa langue – omniprésente – originaire, dit-on du Caucase méridional, sa cuisine – les piments d'Espelette, les formidables jambons, l'ardi gasna (fromage de brebis local)…

Extraits de « Tourisme », *Auto Peugeot*, juin 1994.

> Le Midi a le génie naturel. À chaque instant, on est arrêté, à Bordeaux par la vue d'une maison magnifique. La colline, vis-à-vis, à une demi-lieue, sur la rive droite, vient se terminer au fleuve : mamelons successifs dont les crêtes sont couronnées de maisons de campagne et de grands arbres. Cette chaîne de collines s'éloigne de la Garonne et court vers la Dordogne. On la dit couverte de beaux châteaux… (…) De loin, on dirait que les terres sont nues. Les vignes, qui couvrent tout ce qui n'est pas de bois de pins, sont étendues sur de longues lignes de treilles en ligne droite. (…) Un peu plus loin, on entre dans ce vaste désert de sable nommé les Landes.

D'après *Le journal d'un voyage dans le midi de la France*, de Stendhal.

1. La forêt des Landes. 2. Des échassiers de Mimizan.
3. Le lac d'Ayous. 4. À Espelette, une façade pimentée.
5. Biarritz. 6. Championnat de France de grand Chistera.

2

3

" Approche, Bertrandou le fifre, ancien berger ;
Du double étui de cuir tire l'un de tes fifres,
Souffle, et joue à ce tas de goinfres et de piffres
Ces vieux airs du pays, au doux rythme obsesseur,
Dont chaque note est comme une petite sœur,
Dans lesquels restent pris des sons de voix aimées,
Ces airs dont la lenteur est celle des fumées
Que le hameau natal exhale de ses toits,
Ces airs dont la musique a l'air d'être en patois. "

Extrait de *Cyrano de Bergerac*, d'Edmond Rostand, 1897.

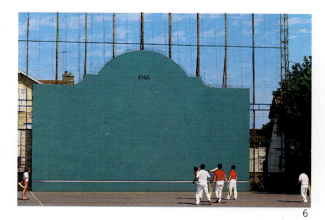

Entre mer et montagne s'étire le moutonnement des collines verdoyantes, mosaïque de terroirs dont l'histoire bâtit deux peuples.

Issus d'une même ethnie pourtant, Basques et Béarnais possèdent une identité bien affirmée qui se traduit par des langues différentes, par des traditions, des coutumes et des habitudes dissemblables. Au fil des siècles, une certaine interpénétration s'est faite cependant, accentuée sans aucun doute par la volonté du législateur d'abord, par l'époque moderne ensuite. Le béarnais n'est pas un patois, déformation populaire et appauvri du français. Ni l'occitan, qui n'a jamais existé sous une forme unique. Les parlers occitans se divisent en rameaux. Le dialecte gascon est l'un d'eux, dont le béarnais est une variété, très pure, du fait de son éloignement de la limite entre pays d'oïl et d'oc. La langue béarnaise a donc sa grammaire, son dictionnaire, ses historiens, ses poètes, même si l'accord n'est pas parfait sur la graphie la plus appropriée.

D'après *Pays et gens de France* de Jean Mastias éd. Larousse, 1982.

PETIT VOCABULAIRE EN BASQUE

Aita = père	Harrichka = caillou	Pottoka = cheval sauvage
Ama = mère	Hedoi = nuage	
Etxe = maison	Itsaso = océan	Uri = pluie
Etxea = la maison	Kadira = chaise	Xu = feu
Gasna = fromage	Pastiza = gâteau	Xua = le feu

À vous

A la manière du travail accompli dans la première partie de la leçon, analysez, faites correspondre, commentez les documents, les enregistrements et les photos. Puis, organisez une discussion sur les langues, les dialectes et les patois, d'après ce que vous avez appris et par rapport à d'autres exemples que vous connaissez.

LEÇON 13

Contenus de la leçon

- Quantification et qualification, superlatifs et termes d'intensification
- Orthographe des sons consonantiques
- Economie et société : crise, chômage, marginalité
- Commenter une situation à partir de documents divers
- Prendre des notes en vue de synthèses

---

1 Ecoutez et écrivez

Dictée

2 Lisez et prenez des notes

Lisez ces six documents sur le chômage en France, en prenant des notes sur l'évolution de celui-ci, sur ses causes, ses conséquences et les moyens officiels d'aide aux chômeurs.

Entre 1974 et 1984, le nombre de chômeurs avait été multiplié par quatre. Il s'est stabilisé entre 1985 et 1990, avant de reprendre sa croissance à partir de 1991. Les conséquences psychologiques du chômage sont aussi dramatiques que ses conséquences financières. Les plus de 50 ans restent beaucoup plus longtemps « sur la touche » que les jeunes. La perte d'un emploi aura donc fait perdre à certains leur famille, leur confiance, leur revenu et la possibilité d'en retrouver un dans des conditions normales. Cela représente beaucoup de conséquences pour une cause dont, le plus souvent, ils n'étaient pas responsables.

(T1)   D'après *Francoscopie 1995* – Gérard Mermet – éd. Larousse, 1994.

Le système d'indemnisation mis en place en France reste sans doute l'un des plus avantageux du monde, mais il a connu de profondes modifications depuis 1983. La moitié environ des chômeurs ne touchent pas ou plus d'indemnités.

(T2)   D'après *Francoscopie 1995* – Gérard Mermet – éd. Larousse, 1994.

POUR VOUS AIDER :
SMIC = salaire minimum interprofessionnel de croissance
ANPE = agence nationale pour l'emploi
CDD = contrat à durée déterminée (voir leçon 11)
être sur la touche = être à l'écart

* 43 % des chômeurs considèrent que le chômage est une épreuve très pénible, 56 % que c'est une épreuve supportable à condition qu'elle ne dure pas trop longtemps.
* 64 % estiment que leur vie a changé (beaucoup ou assez), 35 % peu ou pas du tout.
* 43 % estiment que la société manifeste plutôt de l'indifférence à leur égard, 18 % de la sympathie, 17 % de la solidarité, 7 % de la pitié, 5 % de la défiance.

(T3)   D'après des chiffres de la Sofres, 1991.

UN CHÔMEUR PEUT-IL ACCEPTER UN TRAVAIL RÉMUNÉRÉ SANS PERDRE SES DROITS ?

Il faut que ce soit dans le cadre d'un CDD. Dans ce cas, il doit le signaler à l'ANPE qui suspendra ses indemnités le temps du contrat.

(T4)

Dans une France frappée de plein fouet par le drame du chômage et, en particulier par le chômage des jeunes, il est encore possible d'aborder avec confiance la vie professionnelle. Au cours de l'émission, des jeunes qui ont « réussi leurs études », décroché des diplômes souvent prestigieux, et qui se trouvent aujourd'hui au chômage ou condamnés aux « petits boulots », seront confrontés à d'autres qui ont visé des professions et des formations moins valorisées, mais qui, au terme de leur apprentissage, ont un emploi et peuvent regarder l'avenir sans crainte. Comment se fait-il qu'en France, les candidats se précipitent vers des filières sans débouchés et délaissent celles qui peuvent assurer un emploi ? Comment se fait-il qu'avec plus de 3 millions de chômeurs, on souffre toujours d'une pénurie de main-d'œuvre ?

(T5) Présentation de l'émission « Savoir Plus », du lundi 28 mars 1994, extraite de *Télé Magazine* N°2003.

Les grands bouleversements qui viennent affecter votre carrière professionnelle sont, en général, précédés de signes avant-coureurs : que le problème soit global et affecte toute l'entreprise (cessation d'activité, vente à des nouveaux actionnaires, réorganisation de votre secteur…) ou qu'il soit personnel et ne concerne que vous (mésentente avec votre patron, désaccord sur la politique ou les méthodes employées, affectation récente qui ne vous convient pas…), il est rare qu'on aboutisse à une crise sans de nombreux préalables. Ceux-ci peuvent revêtir des formes très diverses : dans le cas d'un problème global de votre entreprise, la plupart des grandes décisions stratégiques, tels le désinvestissement de certaines activités ou la fermeture de pôles industriels, s'inscrivent dans un plan d'ensemble dont les grandes lignes sont en général connues. (…)

S'il s'agit d'un problème personnel, il existe, là encore, de nombreux signes avant-coureurs de problèmes potentiels : il peut s'agir de mesures formelles, tels une lettre ou un mémorandum de la direction de l'entreprise faisant état des divergences constatées ; la revue annuelle de performances peut être l'occasion de discuter de problèmes perçus par votre hiérarchie à votre égard ; une convocation inattendue chez le directeur des ressources humaines ou une mutation inopportune constituent des indications importantes. (…)

Tout ne va pas toujours pour le mieux dans le meilleur des mondes possibles et il est plus facile de résoudre un problème avant qu'il ne s'envenime. Ignorer les messages que vous adresse l'entreprise est une erreur grave ; il faut y être attentif, analyser leur signification et agir en conséquence.

(T6) Extraits de *L'Express*, 13–19 avril 1990.

À vous

A. Echangez les notes prises par les uns et par les autres dans le groupe et commentez les similitudes ou les différences entre celles-ci.

B. A partir de vos notes et des réflexions faites en groupe, écrivez un court texte de synthèse sur le chômage.

3 Relisez, repérez et réfléchissez

A. Pour quantifier ou intensifier, ainsi que pour comparer, la langue française offre un vaste choix. Repérez dans les textes 1), 3) et 6) les termes qui remplissent cette fonction (exemples : peu, nombreux, le meilleur, trop,…).

B. Donnez un axe allant de rien à une grande intensité ou quantité, sur lequel vous placerez tous les termes repérés.

■ *Vérifiez vos conclusions*
Consultez le précis grammatical.

4 — Lisez, comparez et commentez

Lisez les deux textes sur les nouvelles formes de pauvreté à la fin du XXe siècle. Puis, lisez l'extrait littéraire d'Eugène Sue dont l'intrigue se situe dans les débuts du XIXe siècle.

Les nouveaux pauvres

Alors qu'on avait cru à une élévation générale du niveau de vie, les institutions caritatives ont mis en évidence à partir des années 80 l'importance du phénomène de pauvreté en France. De plus en plus de gens « font la manche » dans la rue, se pressent aux distributions gratuites de nourriture de l'Armée du Salut ou des Restaurants du cœur (fondés par Coluche en 1985).

Ces personnes pauvres ne font pas partie de la population traditionnelle des clochards. Elles se sont trouvées dans des situations difficiles et n'ont pas pu être soutenues par leur entourage. Ce sont souvent des femmes abandonnées, des étrangers, des handicapés, des sortants de prisons.

En décembre 1988, la France, comme beaucoup de pays européens, a adopté le principe d'un revenu minimum pour essayer d'éviter la marginalisation ou l'exclusion totale, il s'agit d'un revenu minimum d'insertion (RMI) : la somme versée est temporaire et assortie d'un dispositif d'insertion professionnelle (stage de formation, aide à la recherche d'un travail, etc.).

Cette aide peut être perçue par toute personne de plus de vingt-cinq ans, ou de moins de vingt-cinq ans avec personne à charge. Elle complète éventuellement des ressources existantes pour atteindre le minimum fixé par la loi. En 1990, un demi-million de personnes reçoivent le RMI.

D'après *La France d'aujourd'hui*, éd. CLE International, 1993.

- Quelles réflexions vous suggère la comparaison de ces textes ?
- Qu'est-ce qui a changé avec l'évolution de la société ?
- Quelles sont les situations inimaginables à notre époque ?

La pauvreté a changé de visage. La protection sociale a profité aux personnes âgées et aux familles nombreuses. Ce sont les jeunes qui sont le plus touchés par la pauvreté, en particulier ceux qui ont quitté le système scolaire sans qualification.

D'après *La France d'aujourd'hui*, éd. CLE International, 1993.

1

2

3

" J'étais blottie sous la pile de bois, lorsque j'entends un chien aboyer. Pendant que le chien jappait, une grosse voix se met à dire : « Mon chien aboie ! il y a quelqu'un de caché dans le chantier ». C'est des voleurs, reprend une autre voix... (...)
Le chien accourt sur moi, j'ai peur d'être mordue, et je me mets à crier de toutes mes forces. « Tiens, dit la voix, on dirait les cris d'un enfant... » On rappelle le chien, on va chercher une lanterne ; je sors de mon trou, je me trouve en face d'un gros homme et d'un garçon en blouse. « Qu'est-ce que tu fais dans mon chantier, petite voleuse ? » me dit ce gros homme d'un air méchant. « Mon bon monsieur, je n'ai pas mangé depuis deux jours (...) ; ne sachant pas où coucher, j'ai passé par dessous votre porte, j'ai dormi la nuit dans vos écorces, sous vos piles de bois, ne croyant faire de mal à personne. » (...)
« – Je ne suis pas dupe de ça, c'est une petite voleuse, elle vient me voler mes bûches. (...) si elle ne vient pas pour son compte, c'est tout de même. Les voleurs ont comme ça des enfants qu'ils envoient espionner et se cacher, pour ouvrir la porte aux autres. Il faut la mener chez le commissaire. »
– On me mène chez le commissaire. Je défile mon chapelet ; je m'accuse d'être vagabonde ; on m'envoie en prison ; je suis citée à la correctionnelle ; condamnée, toujours comme vagabonde, à rester jusqu'à seize ans dans une maison de correction. Je remercie bien les juges de leur bonté... Dame !... tu penses, dans la prison... j'avais à manger ; on ne me battait pas, c'était pour moi un paradis... "

Extrait de *Les mystères de Paris*, de Eugène Sue, 1842.

1. L'Armée du Salut. 2. Un des journaux des sans abri.
3. Dans un foyer de sans-abri. 4. Coluche.

5 Ecoutez et repérez

Repérez l'emploi du temps du « lézard » et présentez-le sous forme d'agenda officiel de sa journée.

6 Entraînez-vous

Faites des phrases définissant la situation de personnes marginalisées. Vous devez utiliser des termes de quantification, de comparaison ou d'intensification.

Avec les contenus découverts jusqu'ici, et avec des éléments personnels que vous apporterez, commentez en groupe ce propos de Tristan Bernard :

" On ne prête qu'aux riches. Et on a raison : les pauvres remboursent difficilement.

Tristan Bernard ; romancier et auteur dramatique français (1866 –1947). "

7 Ecoutez, lisez et faites correspondre

Trouvez la signification des mots, sigles ou expressions suivants. La lecture des documents présentés ici et l'écoute de l'interview enregistrée devraient vous aider.

baratin – baron – boulot – camelot – clochard – combine – démerde – déprime – fauché – filer – galérer – papillon – Parigot – pervenche – PV – raide – RER – Rmiste – SDF – squatter – truc

– terme familier pour Parisien
– vendeur de produits sans grande valeur
– à l'origine, une astuce, mais souvent employé à la place de « chose »
– discours moyennement mensonger pour convaincre
– rigide ; employé pour « sans argent »
– du verbe « faucher » = couper à la faux ; employé pour « sans argent »
– en argot, complice
– astuce peu légale pour parvenir à ses fins
– sans abri ou sans domicile fixe
– travail
– allusion aux travaux forcés des galériens ; avoir du mal à s'en sortir

– qui reçoit un revenu minimum
– état de dépression ; appliqué aussi à des situations financières difficiles
– terme vulgaire pour « débrouillardise »
– vagabond, hors de la société
– s'installer quelque part illégalement
– réseau express régional, traversant Paris et allant en banlieue
– amende, contravention, procès-verbal
– fleur de couleur bleu-mauve ; nom donné aux contractuelles habillées en bleu
– insecte volant ou petit papier d'avis de contravention
– familièrement, partir vite ou passer/donner quelque chose à quelqu'un

« C'EST LA CRISE – BOUGEZ-VOUS ! »

Petits boulots, bons plans, combines, toutes les idées nouvelles pour ne pas baisser les bras.
SDF, ils étaient les exclus de la crise. Sans toit, sans boulot, sans avenir, ils galéraient depuis des mois ou des années. Ils s'en sont sortis. Gardien de rue, cireur de chaussures, récupérateur de ferraille… ils ont trouvé, parfois inventé, un de ces petits boulots qui, avec un peu de chance, peut devenir un vrai métier. Comme eux, ils sont nombreux ceux qui, chômeurs, Rmistes ou cadres en activité s'ingénient à trouver des parades à la grande « déprime » de cette fin de siècle. En faisant preuve de faculté d'adaptation, d'imagination et de cette qualité essentiellement française qu'est l'art de la « démerde ». Et surtout d'une formidable dose d'optimisme !

Extraits de *VSD*, N° 841, du 14 au 20 octobre 1993.

MACADAM…

« Macadam Journal », le journal des sans-domicile fixe, a fleuri sur le pavé parisien au mois de mai 1993. Vendu à 100 000 exemplaires pour le premier numéro, près de 400 000 acheteurs s'arrachent le numéro de septembre. Les SDF achètent ce journal 4 francs afin de le revendre 10. Pour beaucoup, c'est l'ultime bouée de sauvetage. Antoine Leclercq, 33 ans, dont dix-huit ans dans la peau d'un SDF : Macadam est arrivé au bon moment car je n'y croyais plus. Il faut dire aux gens qu'un SDF n'est pas un clochard. » Eric Klamma approuve : « Grâce à Macadam, j'oublie un peu l'enfer des Halles. » Marc Gross gère le team revendeurs. « J'ai commencé comme vendeur. Je suis passé à "La grande famille" de Canal +. Après l'émission, ce fut fantastique. Les gens me faisaient des signes amicaux. J'étais compris. » Jean-Michel, son diplôme d'études supérieures de comptabilité en poche, squatte le RER.
« Nous gagnons en moyenne 200 francs par jour. Grâce aux contacts dans la rue, on me propose du boulot. » Belckacem, 48 ans : « Avec les ventes du journal, j'ai pu m'acheter une tente. »

Extraits de *VSD*, N° 841 du 14 au 20 octobre 1993.

PHILIPPE, PLUS RAPIDE QUE LES PERVENCHES

« C'était il y a un an. Je me suis assis au bistrot pour prendre un café, se souvient-il. J'ai regardé le manège des pervenches. Elles alignaient PV sur PV. Et là, le flash. L'idée ».
Un groupe de dames en bleu remonte la rue de Sontay (Paris, XVIe). Il fouille dans sa poche. Il glisse des pièces de 1 franc dans la fente de l'horodateur. En quelques secondes les tickets fleurissent sur les pare-brise, épargnant aux voitures les papillons verts des contractuelles. Les mois ont passé. Philippe est toujours là. Dans cette rue qui l'a adopté. (...) « Mes clients habituels me filent les clés de voiture » savoure d'un ton gouailleur celui qui est certainement le seul SDF de France à s'occuper d'un parc de grosses cylindrées type BMW, R25, 605 ou Mercedes. « Mais je ne demande rien à personne. Les gens donnent ce qu'ils veulent ». Une journée de travail dans la rue de Sontay lui rapporte en moyenne 170 francs. Les riverains se sont trouvé un gardien de rue. D'abord installé dans une cave, prêtée par le cordonnier, Philippe dispose maintenant d'une petite pièce laissée à disposition par une gardienne d'immeuble.

Extraits de *VSD*, N°841, du 14 au 20 octobre 1993.

8 Entraînez-vous

A. Par groupes, choisissez un document présenté à l'activité 7 et préparez par écrit une série de questions sur son contenu.

B. Les groupes se posent les questions préparées les uns aux autres. Un membre de chaque groupe note les réponses données.

A partir des notes prises en 8, préparez un texte de synthèse que vous compléterez avec votre travail de toute la leçon. Votre texte doit présenter les problèmes dus à la crise et le chômage qui en découle. Il doit conclure en proposant des moyens pour s'en sortir.

LEÇON 14

Contenus de la leçon

- Expression de la durée et des relations dans le temps
- Le conditionnel comme futur dans le passé
- Les pronoms possessifs
- L'orthographe des semi-voyelles
- Jeux de hasard : PMU, loteries, lotos, et autres
- Comparer et fabriquer des publicités, écrites et radiophoniques

1 Lisez, découvrez et répondez

Nous avons parlé dans les leçons précédentes du travail, de la crise économique et des finances de l'Etat venant des impôts. Dégagez des textes suivants trois thèmes : l'envie d'avoir de l'argent, les possibilités d'en gagner ou d'en perdre et l'intérêt de l'Etat pour développer ces autres formes de dépenses.

A. Répondez :
• Quel est le plus ancien des jeux de hasard organisé par l'Etat ?
• Quels sont les principaux jeux de pronostic ?
• Quelle est la différence entre ces jeux et les jeux dans les casinos et les machines à sous ?
• Pourquoi les gens jouent-ils ?
• A votre avis, depuis quand développe-t-on de plus en plus les jeux de hasard de La Française des Jeux ?

B. Inventoriez les différents jeux et expliquez en quoi ils consistent.

« Jeux d'argent en Europe »

Les paris sur les courses hippiques sont les plus répandus, surtout au Royaume-Uni, devant la France et l'Italie. Les loteries (y compris le Loto) ont de très nombreux adeptes en Espagne et en Allemagne. Les paris sur le football passionnent les Italiens qui leur consacrent chaque année le double des Britanniques et le triple des Espagnols.
C'est la France qui compte le plus de casinos, mais elle n'arrive qu'au sixième rang européen pour les recettes, derrière la Grande-Bretagne, l'Allemagne, l'Espagne, l'Italie, le Portugal.
Les machines à sous sont autorisées sans restriction en Allemagne, Pays-Bas, Portugal, Luxembourg, Italie, Grèce, Espagne. Elles sont soumises à certaines conditions en France et en Grande-Bretagne.

D'après *Euroscopie* – Gérard Mermet – éd. Larousse, 1991.

« Les joueurs cherchent autant à rêver qu'à s'enrichir »

Le plaisir de jouer est souvent aussi important que l'appât du gain. Pour les amateurs de tiercé, le plaisir consiste à retrouver chaque dimanche les copains au bistrot. Car le jeu n'est pas une activité solitaire ; il est bien souvent un acte social, un prétexte à se réunir autour d'un thème.
Les jeux modernes fournissent de nouveaux supports aux rêves de fortune. Avec le Loto ou le tiercé, chacun peut établir sa combinaison personnelle et livrer son propre combat contre le hasard.

D'après *Francoscopie 1993* – Gérard Mermet – éd. Larousse, 1991.

« Les Français jouent, l'Etat gagne »

Des millions de Français investissent chaque année des milliards de francs aux grands jeux populaires de hasard ou de pronostic organisés, proposés et gérés par l'Etat, par l'intermédiaire de la *Française des Jeux*. Ils engagent de petites sommes qui ne grèvent pas un budget et qui permettent de rêver à la fortune ! Pour l'Etat, il s'agit de sommes importantes qui viennent alimenter ses finances.

• **La Loterie nationale** a été instituée en 1933 et elle est morte discrètement en 1991. Elle est remplacée par des produits de conception plus moderne et plus ludique.

• **Le PMU** (pari mutuel urbain), créé en 1954, a sérieusement concurrencé la loterie nationale. Les joueurs ont même leur presse spécialisée : *Paris-Turf, Tiercé-Magazine, Spéciale Dernière*.
Au classique tiercé s'est ajouté en 1976 le quarté, avec une espérance de gain plus importante, puis le quarté plus en 1987. Fin 1989 arrivait le quinté, qui a permis à quelques joueurs chanceux de devenir millionnaires.

• **Le Loto** est né en 1976. Il arrive en seconde position derrière les courses de chevaux, mais concerne davantage de joueurs. Plus de 12 millions de bulletins sont déposés chaque semaine dans les 13 500 points de vente (bureaux de tabac, kiosques et boutiques). On joue en cochant des numéros sur une grille. La mise moyenne est de 20 francs par bulletin et le tirage a lieu deux fois par semaine, le mercredi et le samedi.

• **Le Loto sportif** est un pari sur les matches de football. Il est créé en 1985 et semble avoir trouvé son régime de croisière, après des débuts difficiles.

• **Le Tac O Tac** est né en 1984. On peut découvrir si l'on a gagné en grattant sur place le numéro du billet et en attendant le tirage au sort du jeudi suivant.

• Dans la logique de ce dernier une nouvelle génération est arrivée à partir de 1989 : les « jeux instantanés », sortes de planches à gratter (**Cash, Surf, Banco**, etc.). Leur succès s'explique par le fait que les joueurs savent tout de suite s'ils ont gagné et peuvent être réglés immédiatement par le point de vente ou, pour les gros gains, par un centre de paiement agréé. Né en 1991, le **Millionnaire** a connu un véritable triomphe populaire, du fait de la chance offerte aux gagnants de passer à la télévision et de gagner jusqu'à un million de francs.

Les jeux auront apporté à l'Etat près de 20 milliards de francs en 1993. Ces recettes, pudiquement appelées « recettes de poche » dans le budget général, représentent l'équivalent de trois fois l'impôt de solidarité sur la fortune. Le prélèvement varie selon les jeux ; il est de 29 % sur les mises reçues par le PMU et atteint 47 % sur celles du Loto. Le Code civil français refuse la notion de jeu et le Code pénal interdit les jeux d'argent et de hasard. Mais une loi de 1907 permet des dérogations pour les jeux organisés ou autorisés par l'Etat (134 casinos sont autorisés en France).

D'après *Francoscopie 1995* – Gérard Mermet – éd. Larousse, 1994
et *La France Aujourd'hui*, éd. CLE International, 1993.

2 Ecoutez et repérez

A. Ecoutez une publicité radiophonique de la Loterie nationale et un horoscope radiophonique.
• Quels sont les rapports entre ces deux documents ?
• Avez-vous pris note des lots proposés par la publicité de la loterie ?

B. Ecoutez de nouveau l'horoscope et notez tous les possessifs ou expressions équivalentes. Imaginez les formes manquantes.

Vérifiez vos conclusions

Consultez le précis grammatical pour compléter la liste des pronoms possessifs et des formes qui expriment l'appartenance.

3 Entraînez-vous

A partir des modèles « Mon signe du zodiaque est la Balance. Quel est le tien ? » et « Ma journée de chance est le vendredi, quelle est la tienne ? », faites des phrases à tour de rôle, en variant les personnes, les jours et les signes.

4 Lisez, repérez et classez

A. Notez tous les verbes conjugués, utilisés dans cet extrait de Simenon, et classez-les par temps.

> – En somme, Madame Lachaume, votre départ signifiait, pour la famille, comme pour la biscuiterie, l'écroulement définitif.
> – Je vous ai dit que je leur aurais laissé de l'argent.
> – De quoi tenir longtemps ?
> – En tous cas un an.
> Maigret se souvenait de la mention gravée sur la plaque de cuivre : Maison fondée en 1817.
> Un siècle et demi, presque. Qu'était-ce qu'un an en comparaison ? Pendant un siècle et demi, les Lachaume avaient tenu bon et, tout d'un coup, parce qu'une Paulette avait rencontré un publiciste aux dents longues...
> – Avez-vous rédigé un testament.
> – Non.
> – Pourquoi ?
> – D'abord, parce que je n'ai pas de famille. Ensuite, parce que je comptais me remarier dès que cela me serait permis.
> – Votre contrat de mariage prévoit que la fortune ira au dernier vivant des époux ?
> – Oui.
> – Depuis combien de temps avez-vous peur ? (...)
> – Depuis une semaine, depuis la lettre interceptée, et surtout depuis que j'avais aperçu Léonard quai de Bourbon, j'avais peur... (...)
> – Aucun argument des Lachaume n'aurait pu vous retenir ?
> – Non. Je me suis sacrifiée assez longtemps...
> Pour une fois, ce mot, dans la bouche d'une femme, n'avait rien d'exagéré. Combien de temps une fois mariée, avait-elle pu se faire illusion sur le rôle qu'elle jouait dans la maison patricienne du quai de la Gare ?
> Elle ne s'était pas révoltée. Elle avait fait de son mieux pour renflouer l'affaire, pour boucher les trous tout au moins, et empêcher l'écroulement définitif. (...)
> – C'est surtout Léonard qui m'effrayait, car c'était lui qui, à tout prix, maintenait la maison debout... Un jour, il y a longtemps, comme j'hésitais à lui remettre une somme plus forte que les autres, il m'avait tenu un discours dans lequel il comparait les grosses affaires commerciales aux vieilles familles de la noblesse...
> « – Nous n'avons pas le droit, disait-il, l'œil dur, de laisser tomber une maison comme la nôtre... Je ferais n'importe quoi pour l'éviter...
> « Cela m'est revenu récemment à l'esprit... J'ai failli quitter la maison tout de suite, sans rien dire, et m'installer à l'hôtel en attendant que le divorce soit prononcé... »
> – Qu'est-ce qui vous en a empêchée ?
> – Je ne sais pas. Je tenais à jouer le jeu jusqu'au bout, à ce que tout soit régulier... C'est difficile à expliquer... Il faut avoir vécu dans cette maison-là pendant des années pour comprendre...
>
> Extrait de *Maigret et les témoins récalcitrants*, de G. Simenon, éd. Presses de la Cité, 1959.

B. Notez tous les termes qui désignent la durée. Ensuite, en regardant de nouveau le texte, distinguez ceux qui indiquent un point de départ suivi d'une durée, dans le passé, jusqu'au moment présent ou vers l'avenir.

C. Notez également les différentes constructions à partir des termes classés en B. et regardez aussi les temps des verbes employés dans les phrases qui les contiennent.

D. Avec tous ces éléments, vous pouvez aisément construire un axe temporel sur lequel vous situerez tous les rapports temporels contenus dans ce texte.

• Quels temps ont, d'après vous, la valeur d'un futur dans le passé ?

POUR VOUS AIDER :
Le moment présent : l'interrogatoire subi par madame Lachaume. Elle parle à la fois du passé et de ses projets, aboutis, à venir ou frustrés.

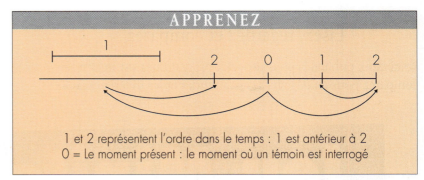

1 et 2 représentent l'ordre dans le temps : 1 est antérieur à 2
0 = Le moment présent : le moment où un témoin est interrogé

Exemples : *Quand j'étais jeune, j'imaginais que je deviendrais le patron de l'entreprise à la mort de mon père. Quand je quitterai ce bureau, vous aurez appris toute la vérité.*

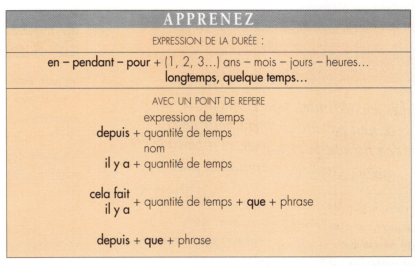

Exemples : *J'avais peur depuis une semaine, depuis la lettre interceptée, depuis que j'avais aperçu... Un jour, il y a longtemps, il m'avait dit... Il y a un an que je t'attends.*

Vérifiez vos conclusions

5 Ecoutez et repérez 📼

Relevez dans la chanson les termes désignant les rapports temporels.

6 Lisez, regardez et comparez

Voici deux publicités pour des jeux programmés sur le Minitel : lisez les textes, regardez la présentation et comparez pour en dégager les similitudes et les différences.

Jeu Minitel — PUBLI-JEUX

Comment être sûr de gagner gros ?

Les jeux Minitel, tout le monde le sait, ce n'est pas uniquement pour jouer, c'est surtout pour gagner, et si possible gagner gros ! Alors, comment faire ?

Il suffit simplement de jouer sur le jeu Minitel qui cumule tous les avantages : la certitude de gagner, la rapidité des gains en bénéficiant du nouveau tarif, des jeux amusants et des cadeaux de qualité. Ce jeu Minitel existe, il s'appelle 3615 BOCAPLUS.

Pour la qualité des jeux, vous serez servi. Tous les meilleurs jeux du moment, avec notamment le MAXIMOT, le MOT LE PLUS LONG, le YAM'S, le TETRIS, le CASSE-BRIQUES ou les grilles de MOTS FLECHES, et en juin, gagnez des centaines de milliers de points aux seconds…

• Les meilleurs jeux du Minitel : JEUX OLYMPLUS !

Publicité dans *TéléMagazine*, juin 1994.

Comment faire pour gagner cash ?

Les jeux Minitel, vous le savez, ce n'est pas seulement un jeu, c'est aussi pour gagner. Seulement, beaucoup promettent, la plupart donnent peu ou pas du tout. Alors, où jouer pour en profiter le plus ? 3615 TOUCADO cumule tous les avantages du minitel : il vous reverse directement de l'argent, vous profitez intégralement du nouveau tarif et, exceptionnellement en juin, TOUCADO organise sa grande fête pour que vous soyez certain de gagner encore plus rapidement.

Les meilleurs jeux du Minitel Sur 3615 TOUCADO, vous retrouverez les meilleurs jeux du moment, avec notamment : les MOTS FLECHES, les ANAGRAMMES, le LETRAMIX, le DICODELIRE, le POKER DE, le YAM'S, le TETRIS, la DICTEE, le KASBRIK, le JIM CADO et trois nouveaux jeux en duel.

Publicité dans *Réponse à tout*, juin 1994.

7 Ecoutez et écrivez

Dictée

8   Lisez et expliquez

Lisez le texte suivant, repérez les temps des verbes utilisés et expliquez leur emploi.
• Quelle valeur le conditionnel a-t-il ici ?

LE HASARD PRÉFABRIQUÉ

Programmer l'imprévisible ? Les virtuoses de l'informatique ont relevé le défi. Jusqu'à concevoir des machines à faire pâlir d'envie les casinos. La loterie informatisée : dans de nombreux jeux électroniques, l'horloge de l'ordinateur précise au millième de seconde près, permet de « créer » le hasard. Pour le tirage d'une loterie, c'est au millième de seconde qu'on crée le chiffre gagnant. Un joueur qui parviendrait à contrôler le lancement du tirage au millième de seconde près gagnerait à tous les coups.

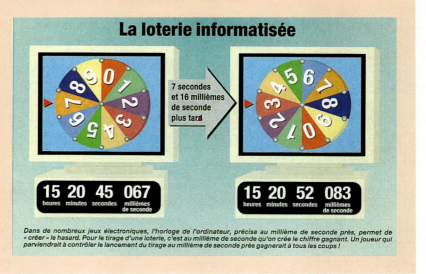

La loterie informatisée

7 secondes et 16 millièmes de seconde plus tard

Dans de nombreux jeux électroniques, l'horloge de l'ordinateur, précise au millième de seconde près, permet de « créer » le hasard. Pour le tirage d'une loterie, c'est au millième de seconde qu'on crée le chiffre gagnant. Un joueur qui parviendrait à contrôler le lancement du tirage au millième de seconde près gagnerait à tous les coups !

Extrait de *Sciences et avenir*, juin 1994.

À vous

A. Réécoutez la publicité de la Loterie nationale et fabriquez, par groupes, une publicité radiophonique pour l'un ou l'autre des jeux minitel.

B. À la manière des extraits publicitaires, faites des publicités écrites de jeux de hasard ou de pronostic découverts en pages 78–79.

LEÇON 15

Evaluation

- Deux lieux parisiens, leur évolution, leurs fonctions diverses : La Villette et Bercy

1 Ecrivez les questions

Imaginez les questions qui auraient pour réponses les phrases du texte.

Madame Lachaume avait peur parce qu'elle se méfiait de son beau-frère. La situation financière de leur entreprise familiale était critique. Elle avait été créée au siècle dernier.

Pendant 130 ans elle avait fonctionné avec succès. Aujourd'hui ils étaient au bord de la faillite à cause des nombreuses dettes.

2 Répondez

Répondez aux questions par des formes négatives.

– Qui est arrivé au château ?
– Qu'est-ce qui était prévu ?
– Veux-tu une boisson chaude ou froide ?
– Est-ce que le frère et la sœur sont partis à l'heure ?
– Est-ce qu'il prend plus de deux morceaux de sucre dans son café ?

3 Complétez

Complétez les phrases du texte avec les mots suivants :

assez – beaucoup – certains – nombreuses – peu – quelques – très – trop

…… jours, ils se sentaient fatigués. Ce travail leur demandait …… d'efforts et ils ne jouissaient que de …… de temps libre. …… bons résultats les avaient encouragés au début, mais maintenant ils rencontraient de …… difficultés. Ce qu'on leur demandait était …… difficile pour eux et ils croyaient ne pas avoir …… de force pour arriver au bout.

4 Ecoutez et écrivez

Dictée

5 Transformez

Modifiez ces phrases en employant des pronoms démonstratifs et possessifs pour remplacer les termes déjà connus.
– Cette décision du directeur lui semblait étrange. Sa décision à lui aurait été bien différente.
– Laissez-moi prendre mes livres et emportez les livres qui vous appartiennent.
– Alors, tu n'aimes pas ces peintures. Tu préfères peut-être les peintures qui sont à côté ?

6 Conjuguez

A. Conjuguez les verbes entre parenthèses au futur ou au futur antérieur.

B. Mettez les verbes au présent, à l'imparfait, et modifiez en conséquence les futurs.

Ce jeune demandeur d'emploi qui attend son tour est content. Bientôt on (l'appeler) dans le bureau et l'employé (lui proposer) un poste qu'on (trouver) pour lui.
Tous les membres de la famille s'excitent autour de la voiture qui les (conduire) sur la route des vacances. Quand ils (arriver) à l'hôtel, ils (s'installer) dans les chambres qu'on (réserver) pour eux.

7 Racontez

Imaginez la situation présentée dans les dessins et racontez son déroulement. Puis, en refermant le livre, racontez les faits au passé.

8 Lisez et découvrez

Découvrez les lieux à l'aide des photos. Lisez les textes qui résument leur évolution dans le temps.
- D'après les documents présentés, quelles sont aujourd'hui leurs diverses fonctions ?
- Quel est leur point commun ?
- Quelles sont les différences ?

La Villette : ancienne commune de la banlieue parisienne, rattachée à Paris en 1861 et faisant partie du XIXe arrondissement. Une vaste opération d'urbanisme y fut lancée dès 1958. Les abattoirs furent rénovés et réorganisés. Reconnus déficitaires, ils furent abandonnés en 1974 et détruits à partir de 1980.

Bercy : quartier de Paris sur la rive droite de la Seine. Anciens entrepôts pour les vins. Le quartier fait l'objet de grands travaux d'urbanisme.

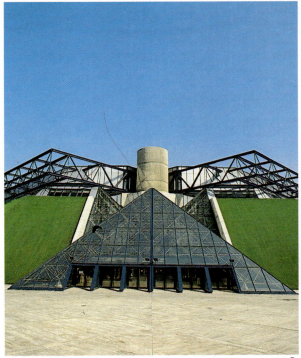

1. A l'intérieur de la Cité des Sciences. 2. Le cinéma en plein air. 3. Le Zénith. 4. La Cité des Sciences de la Villette. 5, 6, 7, 8. Le Palais Omnisports de Bercy

Par groupes, choisissez un des sites illustrés et présentez-le. Vous imaginerez un événement qui pourrait s'y dérouler et pour lequel il faudrait prévoir : affiches, messages de publicité à la radio, programmes, etc.

LEÇON 16

Contenus de la leçon

- Révision des formes de l'interrogation, de la comparaison et des valeurs du conditionnel
- Récapitulatif de l'orthographe des consonnes
- Le système éducatif en France, ses avantages et ses inconvénients
- Discuter en faisant des comparaisons
- Analyser différents types de textes

1 Lisez et distinguez

A. Lisez les quatre extraits suivants et dites pour chacun s'il s'agit d'un texte de presse, d'un récapitulatif historique, d'une information en bref ou d'une information basée sur des statistiques.

B. Imaginez l'origine de ces textes.

C. Après ces classements, écrivez une ou deux phrases qui résument l'information contenue dans chacun des textes.

Une même dictée, proposée aux élèves de 12 – 13 ans en 1875 et 1987 a montré que les élèves faisaient en moyenne pratiquement le même nombre de fautes.

Créé en 1808 par Napoléon, le baccalauréat ne concernait en 1900 que 1 % de la génération scolarisée. La proportion atteignait 5 % en 1950, 11 % en 1960, 20 % en 1970, et 26 % en 1980. Elle est d'environ 45 % en 1994. Le baccalauréat est aujourd'hui devenu le visa nécessaire à l'entrée dans la vie professionnelle, la clé qui ouvre les portes de l'université et entrouvre celle des grandes écoles.

D'après *Francoscopie 1995* – Gérard Mermet –, éd. Larousse, 1994.

L'INSCRIPTION A L'UNIVERSITE

Aujourd'hui, l'inscription à l'université est largement conditionnée par le Minitel. En effet, les systèmes « Ravel » en Ile-de-France et « Okapi » en province permettent de recenser et de valider les vœux des lycéens de classe terminale pour leur inscription en faculté.

Mais, comme dans tous les systèmes de ce type, des erreurs peuvent se glisser dans la saisie des données ou dans la procédure de présélection. Quant aux erreurs de hiérarchisation des souhaits du futur étudiant, elles sont plus difficiles à rattraper. Le candidat étudiant risque donc de ne pas trouver une place dans la faculté souhaitée et le rectorat est tenu de lui trouver une place dans une autre université.

D'après *Que Choisir*, 1994.

La Révolution française affirmait dès 1793 le principe du droit à l'enseignement pour tous sans distinction de naissance ou de fortune. Ce principe devient réalité sous la IIIe République. L'instruction est généralisée avec les lois de Jules Ferry (1881 –1882) dont les grands principes sont toujours en vigueur : l'école est obligatoire, à partir de 6 ans, et (depuis 1959) jusqu'à 16 ans. L'enseignement public est gratuit. Les livres sont fournis aux élèves, seules restent à la charge des familles les fournitures scolaires, les dépenses de cantine ou d'internat. L'enseignement public est laïc, c'est-à-dire neutre en matière de religion et de politique. Le principe de liberté de l'enseignement existe, puisque les parents peuvent envoyer leurs enfants dans des écoles privées, confessionnelles ou non.

D'après *La France d'aujourd'hui*, éd. CLE International, 1993.

2 Ecoutez et repérez 🎧

A. Ecoutez un extrait d'un conte de Courteline (1858 – 1929) et notez toutes les formes d'interrogation différentes qui s'y trouvent.

B. Classez ces formes et vérifiez vos conclusions en consultant le précis grammatical.

Prenez connaissance de l'organisation du système éducatif français présentée dans ce texte.

A. En groupes, préparez par écrit des questions que vous poserez ensuite aux autres groupes, sous forme de test de connaissances.

B. Comparez oralement, en trois ou quatre temps, les différentes étapes de la scolarisation en France et dans votre pays.

LE SYSTEME ÉDUCATIF SE DIVISE EN QUATRE GRANDS SECTEURS :

l'école maternelle, l'école primaire, l'enseignement secondaire et l'enseignement supérieur.

L'école maternelle

Elle accueille les enfants à partir de deux ans – dans la limite des places disponibles – et jusqu'à six ans. L'enseignement préélémentaire n'est pas obligatoire, mais pratiquement tous les enfants de trois à six ans vont à l'école.

L'enseignement primaire

L'école primaire – ou école élémentaire – dure actuellement cinq années, soit de six à onze ans :
– le cours préparatoire (CP) ;
– le cours élémentaire 1re année (CE1) ;
– le cours élémentaire 2e année (CE2) ;
– le cours moyen 1re année (CM1) ;
– le cours moyen 2e année (CM2).
Autrefois ces cours étaient désignés comme 11e, 10e, 9e, 8e, 7e. Toutes les classes sont aujourd'hui mixtes ; c'est le même instituteur qui enseigne toutes les matières et, en principe, il est interdit de donner aux enfants du travail à faire à la maison.

Le collège

– 6e et 5e : le cycle d'observation, c'est le collège pour tous. A la fin de la classe de 5e, certains enfants qui ont des problèmes d'adaptation sont orientés vers des sections d'enseignement spécialisé.
– 4e et 3e : le cycle d'orientation. A la fin de la classe de 3e les élèves passent un examen : le brevet des collèges (BEPC).

L'enseignement professionnel

Les lycées professionnels (LEP) préparent en deux ans à un diplôme professionnel :
– le CAP (certificat d'aptitude professionnelle) correspondant à un métier précis ;
– le BEP (brevet d'enseignement professionnel) qui forme à un ensemble d'activités.

Le lycée

Il prépare en trois années au baccalauréat :
– la seconde, classe indéterminée ;
– la première, qui comporte plusieurs filières menant aux différentes options du baccalauréat ;
– la terminale, qui s'achève par le passage du baccalauréat, diplôme qui conduit normalement vers des études supérieures.

L'enseignement supérieur court

– Les sections des techniciens supérieurs qui préparent au BTS (brevet de technicien supérieur).
– Les instituts universitaires de technologie (IUT) qui débouchent sur un DUT (diplôme universitaire de technologie).
– Les écoles spécialisées, qui préparent en deux ou trois ans aux professions de la santé et du secteur social.

L'enseignement supérieur long

Les universités sont les seuls établissements qui accueillent tous les candidats sans faire de sélection.
– Le premier cycle prépare en deux ans au DEUG (diplôme d'études universitaires générales).
– Le second cycle, qui prépare à la licence et à la maîtrise.
– Le troisième cycle qui prépare au DESS (diplôme d'études supérieures spécialisées) préparé en un an et le DEA (diplôme d'études approfondies) après lequel il est possible de faire une thèse de doctorat.

Les grandes écoles

Le système des grandes écoles est très spécifique à la France et il est totalement distinct du système universitaire.
Les grandes écoles ne dépendent pas de l'Education nationale, mais d'autres ministères ou bien d'organismes privés. On y accède par des concours difficiles qui se préparent dans les « classes préparatoires » situées dans certains lycées.
Parmi les grandes écoles, certaines sont plus prestigieuses que d'autres.
La plus cotée des écoles d'ingénieurs est Polytechnique ; viennent ensuite Centrale, Les Mines, Ponts et Chaussées, SUPELEC, Arts et Métiers, etc.
Les écoles de gestion sont HEC, ESSEC, ESCAE, ENSAE.
L'ENA est l'école des très hauts cadres de l'Administration.
Les grandes écoles constituent un véritable vivier pour toute l'élite politique et économique en France.

D'après La France d'aujourd'hui, éd. CLE International, 1993.

3 Ecoutez et écrivez

■ Dictée
Corrigez la dictée en groupe et faites un récapitulatif des sons consonantiques et de leurs correspondances graphiques.

A vous

Lisez les quatre textes proposés, regardez les photos et consultez les légendes.
Puis, à l'aide des connaissances acquises sur le système éducatif en France et des contenus de ces trois textes, écrivez, par groupes, un court texte sur un des problèmes liés à l'organisation de l'éducation en vue de la préparation à la vie active.

LA DOUBLE VIE DES ÉTUDIANTS SALARIÉS

Le calot sur la tête et le geste prompt, Jean-Luc actionne le percolateur d'un air distrait. Mais à quoi pense donc ce serveur modèle, entre la monnaie qu'il faut rendre et les soucis d'arrière-cuisine ? Aux clients qui se bousculent ou à sa licence d'histoire qu'il ne veut pas rater une seconde fois ? Aux examens qui approchent ou à ses fins de mois difficiles ? Car Jean-Luc fait partie de ces milliers d'étudiants qui vivent à califourchon entre l'université et la vie professionnelle, potaches un jour et salariés le lendemain, tour à tour studieux et laborieux. Ils sont nombreux à mener de front études et activité professionnelle.

La vie des étudiants salariés n'est pas toujours facile. Ainsi, Tania se souvient avec une grimace des quatre heures de transport perdues pour se rendre dans un bureau de la banlieue parisienne. D'autres, comme Mireille, n'ont pas toujours pu concilier une activité salariée avec le minimum d'assiduité nécessaire pour éviter de se faire « coller » en fin d'année. Trop absorbée par quatorze heures de surveillance dans un externat, elle a eu le sentiment de se rendre à l'université en « touriste », durant son année de licence en droit. « Très vite, ajoute-t-elle, j'ai perdu pied, j'étais épuisée et j'ai fini par redoubler. »

Les services sociaux et médicaux des universités connaissent bien le problème de la fatigue engendrée par cette double vie. « Avant les partiels, au moment où ils ont des devoirs à rendre, nous voyons arriver beaucoup d'étudiants travailleurs dans notre service, souligne Jeanine Millet, infirmière à Paris-VIII. Ils viennent chercher des fortifiants car ils sont surmenés, parfois au bord de la dépression. »

D'où la rancœur de certains étudiants qui se plaignent de l'incompréhension de leurs professeurs, mais aussi le souci qu'ont plusieurs établissements d'aménager leurs horaires pour ce public encore mal connu.

Extrait du *Monde*, 23 mai 1991.

1

2

Les grandes écoles

Face aux universités, en principe ouvertes à tous les bacheliers, les grandes écoles françaises forment un club très fermé. Beaucoup d'étudiants rêvent d'y être un jour admis. Il leur faudra pour cela franchir plusieurs obstacles : d'abord le bac (de préférence avec mention), puis deux années de préparation spéciale, avant le concours d'entrée. Une fois admis dans le sanctuaire, l'étudiant devra encore mériter d'en sortir avec les honneurs, qui prennent ici la forme d'un diplôme et d'un bon rang de sortie(…) Pourtant, l'existence d'un système sans équivalent dans le monde, ne semble plus fonctionner aussi bien. La forte croissance du chômage des cadres n'a pas épargné les plus diplômés d'entre eux, d'HEC à Polytechnique. Les entreprises, qui les achetaient à prix d'or à leur sortie de l'école, leur préfèrent parfois des jeunes moins brillants mais plus « agressifs »… et moins coûteux.

AU LYCÉE PROFESSIONNEL D'ERAGNY-SUR-OISE,
Les lycéens ont la parole.

Passant une grande partie de leur vie au lycée, les élèves sont très attachés à la qualité humaine des relations. Ainsi, ils apprécient l'initiative d'un de leurs professeurs qui a institué des séances de relaxation : « c'est bien, c'est cool ». Par contre, ils sont un peu déçus de ne pas avoir obtenu qu'une assistante sociale ouvre des permanences « pour qu'on puisse aller la voir, lui parler de nos problèmes sans que tout le monde le sache ».

A discuter avec les lycéens, on est frappé par leur sens des responsabilités. Et, somme toute, par leur investissement dans la vie du lycée. « Les gens ne connaissent pas les bacs professionnels » note amèrement Youssef. C'est pourtant l'objectif qu'ils se fixent après le BEP. Ils sont finalement fiers de la filière qu'ils suivent et ne veulent surtout pas qu'on l'assimile à une filière d'échec.

Extraits de *La revue de Cergy-Pontoise*, hiver 1991.

Le système éducatif fait de plus en plus de mécontents

Elèves et enseignants souffrent apparemment d'un même malaise, qu'ils expriment parfois dans la rue. S'ils ne manifestent pas ensemble, il est clair que certaines causes de leur mécontentement sont semblables : insalubrité des locaux (lycées ou facultés) ; insuffisance de crédits ; inadaptation des réformes ; insécurité ambiante ; absence de communication. Mais la revendication essentielle des élèves, souvent non exprimée, concerne leur insertion dans la vie professionnelle et sociale ; le chômage ne peut en aucun cas constituer un point de passage obligé pour commencer sa carrière. Celle des enseignants est de retrouver la considération générale dont ils bénéficiaient dans la société, eu égard à l'importance de leur mission.

D'après *Francoscopie 1995* – Gérard Mermet –, éd. Larousse 1994.

1, 2. Manifestation d'étudiants contre le projet Devaquet en 1987. 3, 4. Manifestation d'étudiants contre le projet CIP en 1994. 5. Manifestation d'étudiants en mai 1968.

4 Lisez et repérez

A. Repérez dans l'extrait du texte d'Alexandre Jardin tous les conditionnels employés.
B. Précisez les temps des verbes, autres que le conditionnel, qui se trouvent dans le texte.

C. Formulez oralement des hypothèses sur la valeur des conditionnels repérés, d'après leur emploi dans le texte et en fonction des autres temps trouvés. Aidez-vous du précis grammatical.

> Sur la route, Camille réitéra l'invitation à dîner de ses collègues ; mais le Zèbre la déclina à nouveau. Elle s'y rendrait seule. Il regardait déjà son mariage avec une salariée de l'Education nationale comme une collaboration avec l'ennemi et ne voulait à aucun prix se fourvoyer davantage en frayant avec des professeurs (…).
> Le Zèbre tenait l'Ecole dans son ensemble pour responsable d'un vaste complot destiné à ruiner dans l'œuf la fantaisie des citoyens. Il était persuadé que dans un monde déscolarisé la couleur grise serait illicite, les billets de banque arboreraient des effigies souriantes et l'Etat, enfin régénéré, aurait pour fonction essentielle de fesser les cuistres. Mais le Zèbre n'avait rien d'un utopiste. Il savait qu'hélas plus d'une génération courberait encore l'échine sur des pupitres, avant le démantèlement intégral du système éducatif.
> Il avait bien essayé de soustraire ses enfants à la Pieuvre – c'est ainsi qu'il nommait l'Education nationale – mais en vain ; il avait dû s'incliner devant Camille qui exigeait, pensait-il, un lavage de cerveau laïc et obligatoire pour leurs petits.
>
> <div align="right">Extrait de <i>Le Zèbre</i> d'Alexandre Jardin, éd. Gallimard, 1988.</div>

5 Lisez, écoutez et comparez

Voici un extrait de roman, un sketch humoristique et une chanson : prenez-en connaissance. Puis définissez oralement le portrait d'un « cancre » de votre choix.

> A l'école, le jour de l'examen,
> tous mes petits camarades avaient peur
> de ne pas réussir !
> Moi, je n'avais pas peur !
> Ils se présentaient, tout tremblants, à l'examen.
> Moi, j'étais confiant !
> J'étais sûr de rater !
> Et ça ne ratait pas !
> L'examen, je le ratais haut la main !
> J'ai toujours réussi à rater tous mes examens.
>
> <div align="right">Extrait de <i>Je me suis fait tout seul</i>,
de Raymond Devos, éd. Olivier Orban, 1991.</div>

> Ai-je été si mal élevé ? C'était une sorte de tradition de la maison, une loi de compensation instaurée par des êtres fragiles, que de célébrer les avanies. Enfant, je fus parfois fêté quand je ramenais des mauvaises notes, pour me consoler de n'en pas avoir de bonnes (mon parrain, estimant le phénix comblé d'assez d'honneur, me donnait dix francs chaque fois que j'étais dernier) ou quand je m'évadais d'un collège, pour prévenir le désenchantement des lendemains.
>
> <div align="right">Extrait de <i>Monsieur Jadis ou l'école du soir</i>,
d'Antoine Blondin, éd. de la Table Ronde, 1970.</div>

Lisez les quatre textes suivants.

A. Poursuivez la comparaison entre les systèmes éducatifs et organisez une discussion enrichie par les informations trouvées dans ces derniers textes.

B. Ecrivez un court texte pour exprimer votre opinion personnelle en matière d'éducation.

Du fait de la durée des vacances scolaires (en moyenne 17 semaines), la France est le pays où les élèves ont le moins de jours de classe dans l'année : 180 contre 240 au Japon, 215 en Italie, 200 au Royaume-Uni, au Danemark, 180 aux Etats-Unis. Les horaires hebdomadaires sont en revanche plus chargés : 27 heures par semaine dans le primaire contre 18 aux Etats-Unis et au Japon, 23 en moyenne au Danemark, 21 au Royaume-Uni, 20 en Allemagne. Dans le secondaire, les Français ont 30,5 heures de cours, contre 33 en Allemagne, 30 en Italie et au Danemark, 26 au Japon, 22 au Royaume-Uni.

D'après *Francoscopie 1995* – Gérard Mermet –, éd. Larousse 1994.

Toutes les enquêtes montrent que les filles réussissent mieux à l'école que les garçons. Dès le CP, elles sont moins nombreuses à redoubler. Elles représentent 52 % des élèves de quatrième, 55 % en terminale et 57 % du nombre des reçus au baccalauréat. Parmi les causes avancées, on peut citer leur plus grande maturité, leur « meilleur rendement » scolaire à capacités égales dû à une plus grande application dans le travail. On constate cependant toujours un décalage entre la réussite scolaire et la réussite professionnelle.

D'après *Francoscopie 1995* – Gérard Mermet –, éd. Larousse 1994.

Les sciences sont les disciplines qui occupent le plus de temps (327 heures) devant les langues étrangères (203), les lettres (français, philosophie, latin, grec, 165 heures), les sciences humaines (histoire, géographie, sciences économiques et sociales, 157), les disciplines professionnelles (147), l'éducation physique (73), les autres (arts, informatique…, 15).

D'après *Francoscopie 1995* – Gérard Mermet –, éd. Larousse 1994.

La hiérarchie des disciplines dépend des particularismes nationaux. Si les matières enseignées dans la CE sont pratiquement identiques, le contenu des programmes varie selon les pays. L'importance accordée aux matières littéraires semble être liée à l'existence d'une forte tradition culturelle, comme dans les pays latins, à l'exception de la France (pays de Descartes) où les mathématiques jouent un rôle prépondérant et servent très tôt de critère de sélection des élèves.

D'après *Euroscopie*, éd. Larousse 1993.

Photo de Doisneau

LEÇON 17

Contenus de la leçon

- Révision des pronoms relatifs
- Révision des formes négatives, passives et de la nominalisation
- Révision des changements de prononciation dus aux accents
- Histoire : les processus de colonisation et de décolonisation
- Opposer des thèses dans une discussion
- Construire des tableaux récapitulatifs

1 Lisez, repérez et découvrez

Lisez ces textes qui retracent l'histoire de la colonisation, depuis l'antiquité jusqu'à nos jours.

A. Repérez dans les textes les emplois des pronoms relatifs, les formes négatives, les formes passives, les substantifs nominalisés à partir de verbes. Consultez le précis grammatical, pour vérifier le récapitulatif des formes repérées.

B. Faites correspondre les faits historiques mentionnés dans les textes aux pays et continents représentés sur la carte.

« Coup de torchon » film de B. Tavernier

L'IMPÉRIALISME ANTIQUE

L'histoire ancienne nous offre des modèles d'impérialisme d'un type conquérant, où l'on voit une nation, conduite par un chef ambitieux, étendre sa domination non seulement sur les nations voisines, mais aussi loin de ses métropoles. Il n'était pas question, alors, de marchés économiques, le système de production étant limité à une économie de subsistance. Mais aucune de ces grandes expansions territoriales ne mérite d'être appelée « conquête coloniale ». Cette expression ne peut s'appliquer dans l'Antiquité, qu'aux Phéniciens et aux Grecs.

LES DÉBUTS DU COLONIALISME EUROPÉEN

Le mouvement colonialiste a pris son essor à la fin du XVe siècle, à partir de l'Europe occidentale. Les grandes routes maritimes ont été ouvertes par les navigateurs portugais et espagnols et les premières implantations d'outre-mer ont eu lieu au tout début du XVIe siècle. A partir de cette époque, l'expansion coloniale européenne est irrésistible. Les Européens ont conquis tout le continent américain, l'Afrique, l'Océanie, et la plus grande partie de l'Asie. Les colonies ainsi constituées se sont émancipées bien avant que le mouvement colonisateur ne prenne fin. Le point de départ de cette désagrégation des empires coloniaux est la Déclaration d'indépendance des Etats-Unis en 1776. D'autres mouvements d'émancipation s'ensuivent dès le début du XIXe siècle et jusqu'au XXe siècle.

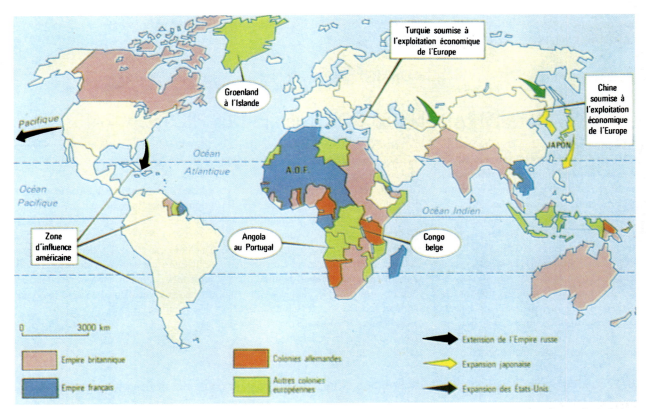

Les empires coloniaux

AU DÉBUT DU XIXᵉ SIECLE

A partir du XIXᵉ siècle, la France n'est pas une puissance coloniale. Elle a perdu, après la guerre de Sept Ans, les vastes territoires d'outre-mer (Canada, Inde) qu'elle espérait exploiter et coloniser. Il ne lui reste que la Louisiane, quelques îles et quelques comptoirs, occupés depuis le XVIIᵉ siècle.
Différents accords internationaux, signés entre 1814 et 1816 ont fixé ce petit empire colonial français qui peut se décrire en quelques lignes :
– Les îles de la Guadeloupe et de la Martinique, exploitées depuis 1635.
– En Amérique du Sud, la Guyane où la France est installée depuis 1637. Cette colonie végète jusqu'à ce que le gouvernement de Napoléon III installe à Cayenne une colonie pénitentiaire (le bagne) en 1852.
– Dans l'Atlantique Nord, à proximité de Terre-Neuve, la France possède l'archipel de Saint-Pierre-et-Miquelon où un port avait été installé avant 1670.
– Dans l'océan Indien, les Français sont installés dans l'île Bourbon depuis 1638 qui prit le nom de Réunion en 1848.
– Cinq établissements en Inde : Chandernagor, Pondichéry, Kàrikàl, Mahé et Yanaon, restitués à l'Inde entre 1952 et 1956.
– Le comptoir de Saint-Louis, depuis 1638, à l'embouchure du fleuve Sénégal.

Sous la Monarchie de Juillet, l'expansion coloniale s'est faite en Algérie, en Afrique noire, dans l'océan Pacifique.

Sous le Second Empire, on assiste à l'achèvement de la conquête de l'Algérie, à l'extension de l'occupation du Sénégal, à la conquête de la Cochinchine, du Cambodge et de la Nouvelle-Calédonie. L'expansion coloniale en Afrique et en Extrême-Orient s'est inscrite dans la ligne du développement économique français, car Napoléon III avait compris que la puissance des Etats devait se fonder sur celle de leur économie et non sur celle de leurs armées. En 1870, l'empire colonial français est dix fois plus étendu que celui de 1816.

Sous la Troisième République, la France se taille la part du lion – avec la Grande-Bretagne – en Afrique noire, conquiert Madagascar, l'Indochine et étend sa domination à la Tunisie et au Maroc.
En 1914, l'empire colonial français couvre plus de 11 millions de kilomètres carrés et compte environ 50 millions d'habitants.

D'après *L'histoire du Monde de 1815 à 1983, L'époque contemporaine,* de Roger Caratini, éd. Nathan 1984, pour l'édition française.

2 Ecoutez, répétez et écrivez

■ *Répétez les mots.* ■ *Ecrivez les mots.*

3 Lisez, écoutez et notez

A. Lisez le texte suivant et notez les phrases relatives. Précisez les antécédents des pronoms.

L'ADMINISTRATION DES COLONIES ET DES PROTECTORATS

Techniquement, l'empire colonial français de la IIIe République comprend des colonies proprement dites, des protectorats et des territoires sous mandat. En principe, les protectorats conservent leur autonomie politique, mais le régime de fait ressemble souvent au régime des colonies ; dans les territoires sous mandat le statut est, selon les cas, celui des protectorats ou celui des colonies. Les populations autochtones ont qualité de sujets ou de protégés français. Ils conservent leur organisation sociale, leurs coutumes, leurs religions, etc., mais ils n'ont pas de droits politiques, à l'exception des indigènes des quatre anciennes colonies (Martinique, Guadeloupe, Guyane, Réunion) ; seuls les colons français sont citoyens électeurs.

Les colonies gouvernées par décrets, sont le lot de quelques spécialistes du ministère de l'Intérieur (pour l'Algérie), du ministère des Affaires étrangères (pour la Tunisie, le Maroc et le protectorat du Levant) et du ministère des Colonies. Dans chaque colonie, le chef tout-puissant est le gouverneur, nommé par le ministère des Colonies, dont les représentants, en brousse, sont les administrateurs. Les indigènes sont en général méprisés par les colons blancs, qui les exploitent plus qu'ils ne les aident à se développer. Toutefois, soit dans le cadre d'une politique gouvernementale, soit sur des initiatives individuelles, on voit se développer entre 1918 et 1939, une politique de mise en valeur à long terme (création de voies de communication, d'écoles, d'hôpitaux, etc.). Ces réalisations, dont certaines vont se terminer sous la IVe République, n'empêchent pas, au lendemain de la première guerre mondiale, la montée des nationalismes coloniaux, qui ont été l'un des moteurs de la décolonisation, après la seconde guerre mondiale.

D'après *L'histoire du Monde de 1815 à 1983, L'époque contemporaine*, de Roger Caratini, éd. Nathan, 1984, pour l'édition française.

B. Ecoutez un poème de Léopold Sédar Senghor. Notez les phrases qui contiennent des pronoms relatifs et précisez leurs antécédents.

Prenez connaissance des textes présentés. Notez pour chacun les périodes historiques et les pays concernés. A l'aide de vos notes, bâtissez un tableau récapitulatif de la colonisation française.

L'EMPIRE COLONIAL AFRICAIN

Au début du XXe siècle ces territoires constitueront l'Afrique-Occidentale française (1904) et l'Afrique-Equatoriale française (1910), ainsi réparties :
– en A-OF : Sénégal, Mauritanie, Soudan français, Guinée, Côte-d'Ivoire, Haute-Volta, Dahomey, Niger ;
– en A-EF : Gabon, Moyen-Congo, Oubangui-Chari, Tchad.
A cela, il faut ajouter la Côte française des Somalis et, dans l'océan Indien, Madagascar et ses dépendances (Comores et terres Australes) et l'île de la Réunion.
Enfin, la France a reçu sous mandat, les possessions allemandes du Cameroun (1919) et du Togo (1922).

L'ESSOR DES NATIONALISMES

Le mouvement prend officiellement naissance en 1920, au Congrès des peuples opprimés de l'Orient, qui se tient à Bakou, en URSS. Déjà apparaissent les signes avant-coureurs d'une libération prochaine (qui n'interviendra qu'après la seconde guerre mondiale). Le christianisme proclame l'égalité devant Dieu des Blancs et des Noirs ; le marxisme considère l'impérialisme colonial comme un des maux du capitalisme. A côté de ces idéologies, il faut citer la naissance dans les années 30 du « panafricanisme », dont les racines sont à rechercher aux Etats-Unis. La différence des aspirations à la décolonisation en Asie et en Afrique est caractéristique. En Asie, les leaders agissent à l'intérieur de leur communauté (comme Gandhi, par exemple ou Hô Chi Minh) ils fomentent des grèves, des manifestations qui vont de la simple résistance passive à l'émeute. En Afrique, le nationalisme reste l'affaire de quelques intellectuels africains qui organisent des congrès panafricains, où l'on débat essentiellement de questions théoriques et idéologiques (Paris 1919, Londres 1921 et 1923, New York 1927). Ces quelques remarques expliquent la diversité des processus de décolonisation, et les contradictions qui en résultent. Les nations qui se sont débarrassées du joug colonial par des guerres parfois longues et meurtrières, comme ce fut le cas en Algérie, ont eu tout naturellement tendance à se détacher définitivement de leurs anciens colonisateurs, et à se rapprocher des grands Etats qui les avaient soutenus dans leurs combats, à savoir l'URSS ou la Chine. Quant aux nations qui sont parvenues à leur indépendance par des moyens politiques, elles sont, pour la plupart, restées dans la zone d'influence de la France et de la Grande-Bretagne, et il s'est développé, dans ces jeunes Etats, un « néo-colonialisme » de caractère économique et politique.

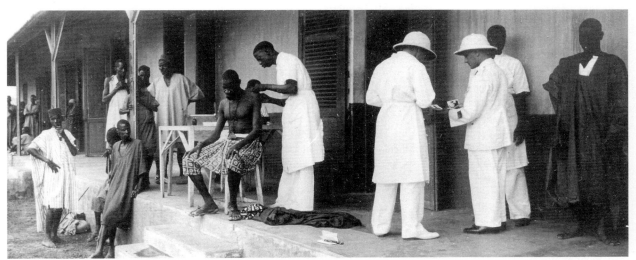

Visite de malades à l'institut central de la lèpre à Bamako en 1939

LA FIN DE L'EMPIRE COLONIAL FRANÇAIS

La doctrine coloniale française a totalement changé de direction en 1944, lorsque de Gaulle, dans un discours prononcé à Brazzaville, définit les nouvelles bases de ce qui allait devenir l'Union française, créée ensuite par la Constitution de 1946. La France et l'ensemble de ses colonies constituent une vaste unité politique comprenant d'une part la République française et d'autre part des « territoires » et des « départements » d'outre-mer, dont les habitants sont tous, de droit, citoyens français, ainsi que des Etats et territoires associés, qui conservent leurs institutions locales. Cette solution est à la fois assimilatrice et fédérale. On voit alors siéger au Parlement, soit comme députés, soit comme sénateurs, des représentants des anciennes colonies françaises comme le Sénégalais Léopold Senghor, qui participera au gouvernement Edgar Faure en 1955-1956. Cependant cette assimilation n'est que formelle. En fait, en Indochine comme en Afrique, le dernier mot restait à l'administration colonisatrice, ou parfois même aux colons. Comme la Grande-Bretagne, la France traite le problème de la décolonisation militairement ou politiquement selon les cas. Le processus de décolonisation se précipite par l'avènement de de Gaulle au pouvoir en 1958. A « l'Union française », la Constitution de la Ve République substitue la « Communauté », association formée de la France, des départements et territoires d'outre-mer (DOM-TOM) et des dépendances françaises en Afrique, constituées en Etats. L'amendement de la Constitution du 4 juin 1960 donne en outre aux Etats membres de la Communauté la possibilité de devenir totalement indépendants, ce qui fut fait pour les treize Etats membres. A l'issue de ce vaste processus de décolonisation, militaire ou politique, la Communauté française est réduite, en 1960, à la France métropolitaine, divisée en 96 départements (y compris la Corse), aux 5 départements d'outre-mer (Guadeloupe, Guyane, Martinique, Réunion, Saint-Pierre-et-Miquelon) et aux 4 territoires d'outre-mer (Nouvelle-Calédonie, Polynésie française, terres Australes et Antarctiques françaises, Wallis-et-Futuna), ensemble auquel s'ajoute l'île de Mayotte (une des Comores).

D'après *L'histoire du Monde de 1815 à 1983, L'epoque contemporaine*, de Roger Caratini, éd. Nathan, 1984, pour l'édition française.

4 Lisez et distinguez

Lisez le texte sur la décolonisation française et regardez le récapitulatif sur la guerre d'Algérie. Puis complétez votre propre tableau avec les nouvelles données découvertes ici.

LA DÉCOLONISATION, MILITAIRE OU POLITIQUE

Plusieurs pays africains deviennent indépendants au cours de la même année 1960 : le Cameroun, la Côte-d'Ivoire, le Dahomey, la Haute-Volta, le Mali, la Mauritanie, le Niger, la Centre-Afrique, le Sénégal, le Tchad, le Togo, le Congo et le Gabon. Seul Djibouti resta une possession française jusqu'en 1977. Les processus de décolonisation qui ont exigé une véritable guerre entre la France et les colonies intéressées ont été, par ordre chronologique, l'Indochine française, la Guinée et l'Algérie. La bataille décisive de Diên Biên Phu (13 mars – 7 mai 1954) est un désastre pour les Français et met fin à la guerre d'Indochine. Les conséquences politiques de la défaite française sont tirées en juillet 1954, à la conférence de Genève, dont l'initiative revient à Pierre Mendès France. La conférence, tout en accordant l'indépendance au Viêt-nam, prévoit la division provisoire du pays en deux zones en attendant les élections générales. Ces élections n'auront jamais lieu et le Viêt-nam restera divisé en deux zones : le Viêt-nam du Nord, contrôlé par Hô Chi Minh, d'obédience communiste, et le Viêt-nam du Sud qui se met sous la protection des Etats-Unis après le départ de la France, protection dont on connaît la suite. En Guinée les choses ont été moins pénibles. Sékou Touré, député à l'Assemblée nationale française s'oppose à l'entrée de son pays dans la Communauté et le fait accéder à l'indépendance totale en 1958. C'est en Algérie que la décolonisation a été la plus difficile. La guerre de Libération débute officiellement en 1954 et c'est seulement après un colloque entre ministres français et algériens en février 1962 qu'on aboutit aux accords d'Evian et au cessez-le-feu. Au Maroc et en Tunisie, les choses ont été plus simples, car il s'agissait de territoires dans lesquels l'implantation française n'était pas aussi ancienne, ni aussi importante qu'en Algérie. Le mouvement pour l'indépendance du Maroc est conduit après la guerre par le sultan Muhammad V. Il faut pourtant attendre le 3 mars 1956 pour que soit proclamée l'indépendance. Quant à la Tunisie, transformée en champ de bataille pendant la guerre de 1939-1945, elle accède à l'indépendance en mars 1956 et Bourguiba devient chef du gouvernement.

D'après *L'histoire du Monde de 1815 à 1983, L'époque contemporaine,* de Roger Caratini, éd. Nathan, 1984, pour l'édition française.

CHRONOLOGIE DE LA GUERRE D'ALGÉRIE

Novembre 1954 – Début de l'insurrection. – **1955** – Envoi du contingent en Algérie. Manifestation de soldats refusant de partir. – **1956-1957** – Le gouvernement français refuse toute négociation avant l'arrêt des combats. 900 000 hommes engagés du côté français. On a recours parfois à la torture. – **Mai 1958** – Coup de force à Alger. Retour au pouvoir du général de Gaulle. – **Septembre 1958** – Formation du gouvernement provisoire de la République algérienne. – **1958-1961** – La guerre s'éternise et s'étend en France. Echec des négociations, les Algériens exigeant l'indépendance totale. – **Août 1961** – Début des attentats de l'OAS, organisation de l'armée secrète, favorable à « l'Algérie française ». – **Mars 1962** – Conférence d'Evian : cessez-le-feu. « Chasse aux musulmans » organisée par l'OAS dans les villes algériennes. – **Septembre 1962** – Indépendance de l'Algérie. Départ massif des Français d'Algérie.

« Le coup de sirocco » film d'A. Arcady.

5 Ecoutez et répondez

Ecoutez un extrait d'un poème de Tahar Ben Jelloun.
- De quel pays parle-t-il et quelles villes y sont nommées ?
- Contre qui ce poème exprime-t-il sa rage ?

Distinguez les thèmes présentés dans les textes suivants. Puis, organisez une discussion sur les motivations de la colonisation et ses conséquences. Alimentez votre discussion des connaissances acquises dans l'ensemble de la leçon.

LES MOTIVATIONS DES COLONISATIONS

Deux façons de concevoir les motivations économiques de la colonisation :
1 – on peut voir dans l'impérialisme colonial un besoin d'investissement de capitaux excédentaires ; ce fut la thèse de Lénine ;
2 – on peut aussi la considérer comme une conséquence de la révolution industrielle après 1878, c'est-à-dire comme une conquête de marchés.
D'autres théories tendent à montrer que la cause prépondérante de la constitution des grands empires coloniaux du XIXe siècle a été du domaine non pas économique mais politique et, à la limite, psychologique.
Les Etats européens, leurs dirigeants et les opinions publiques (plus ou moins manipulées) avaient besoin, à la fin du XIXe siècle, de débouchés, de gloire, de grandeur et de puissance. Ces besoins ne pouvaient plus être assouvis sur le continent européen lui-même, ni sur le continent américain écarté de l'Europe désormais et protégé par la puissance naissante des Etats-Unis. Il ne leur restait que deux champs d'action : l'Afrique et l'Asie pour l'essentiel.

LES MENTALITÉS

Il est bien difficile pour un historien de déterminer quelle était la part du colonialisme et celle de l'anticolonialisme dans l'opinion publique et dans les milieux politiques au XIXe siècle et au début du XXe siècle.
A la fin du XIXe siècle et au début du XXe siècle il y a, certes, des réactions anticolonialistes dans l'opinion publique (par exemple à l'égard de la guerre du Tonkin en France), dans les milieux conservateurs et même chez les politiques avisés ; l'anticolonialisme doctrinal n'apparaît que chez les socialistes les plus avancés, mêlé à des considérations antimilitaristes (par exemple chez Jean Jaurès, à propos du Maroc). L'opinion sur le colonialisme se radicalise en France et change de camp lors des guerres d'Indochine et d'Algérie. C'est la droite, voire l'extrême droite, qui va alors défendre farouchement le maintien des colonies. Il a bien fallu la force d'apaisement d'un de Gaulle pour que l'opinion publique conservatrice accepte ces deux pertes.
Comme on le voit, la problématique du colonialisme est vaste. Il est difficile de découvrir ses véritables intentions, ses véritables mécanismes. L'étude scientifique du colonialisme reste sans doute à faire.

D'après *L'histoire du Monde de 1815 à 1983, L'epoque contemporaine*, de Roger Caratini, éd. Nathan, 1984, pour l'édition française

« Indochine » film de R. Wargnier

LEÇON 18

Contenus de la leçon

- Mots et expressions de cause et de concession
- Quelques constructions comportant le verbe « avoir »
- Sensibilisation au « a » dit postérieur
- La santé en France et le système de Sécurité sociale
- Choisir un problème et examiner ses différents aspects ou solutions
- Elaborer un texte traitant d'un thème vu sous différents angles

1 Lisez, écoutez et répondez

Voici un court extrait des pensées philosophiques de Courteline, ainsi que des extraits d'une scène de la pièce de théâtre *Knock* de Jules Romains. Lisez le début et écoutez la suite de l'enregistrement de la scène.

- Quels rapprochements pouvez-vous faire entre ces deux extraits ?
- Quelles conceptions de l'attitude des médecins s'en dégagent ?

"J'affirme avoir entendu, entre un malade et son médecin, le bref et éloquent dialogue dont j'apporte ci-dessous les termes.
– Plus de tabac !
– Je ne fume jamais.
– Plus d'alcool !
– Je n'en ai jamais pris.
– Plus de vin !
– Je ne bois que de l'eau.
– Aimez-vous les pommes de terre frites ?
– Beaucoup, docteur.
– N'en mangez plus."

Extrait de *La philosophie de Georges Courteline*, de Georges Courteline (1858-1929).

"LE TAMBOUR : Quand on allait le voir, il ne trouvait pas.
KNOCK : Qu'est-ce qu'il ne trouvait pas ?
LE TAMBOUR : Ce que vous aviez. Neuf fois sur dix, il vous renvoyait en vous disant : « Ce n'est rien du tout. Vous serez sur pied demain, mon ami. »
KNOCK : Vraiment ! (…) Comme si l'on venait pour ça !
LE TAMBOUR : Et puis il vous indiquait des remèdes de quatre sous ; quelquefois une simple tisane. Vous pensez bien que les gens qui payent huit francs pour une consultation n'aiment pas trop qu'on leur indique un remède de quatre sous. Et le plus bête n'a pas besoin du médecin pour boire une camomille."

Extrait de *Knock,* Acte II, scène I, de Jules Romains, 1924.

2 Entraînez-vous

À tour de rôle, proposez un commentaire en une ou deux phrases, inspiré des textes ci-dessus, dans lequel vous emploierez l'expression « alors » ou « quand même ».

3 Lisez et comparez

Voici deux extraits de textes littéraires qui présentent une réflexion d'un auteur sur son propre corps. Dites ce qui différencie ces deux approches de la description (objectivité ou subjectivité, interne ou externe, norme ou exception, valeurs positive ou négative,…).

Cette dent de devant cariée me poussait ses aiguilles très haut dans sa racine, presque sous le nez. Sale sensation ! Et la magie ? Sans doute, mais il faut alors aller se loger en masse presque sous le nez. Quel déséquilibre ! Et j'hésitais, occupé ailleurs, à une étude sur le langage.

Sur ces entrefaites une vieille otite, qui dormait depuis trois ans, se réveilla et sa menue perforation dans le fond de mon oreille.

Il fallait donc bien me décider ? Mouillé, autant se jeter à l'eau. Bousculé en sa position d'équilibre, autant en chercher une autre.

Donc, je lâche l'étude et me concentre. En trois ou quatre minutes, j'efface la souffrance de l'otite (j'en connaissais le chemin). Pour la dent il me fallut deux fois plus de temps. Une si drôle de place qu'elle occupait, presque sous le nez. Enfin elle disparaît.

C'est toujours pareil ; la seule première fois est une surprise. La difficulté est de trouver l'endroit où l'on souffre. S'étant rassemblé, on se dirige dans cette direction, à tâtons dans sa nuit, cherchant à le circonscrire (les énervés n'ayant pas de concentration sentent le mal partout), puis, à mesure qu'on l'entame, le visant avec plus de soin, car il devient petit, petit, dix fois plus petit qu'une pointe d'épingle ; vous veillez cependant sur lui sans lâcher, avec une attention croissante, lui lançant votre euphorie jusqu'à ce que vous n'ayez plus aucun point de souffrance devant vous. C'est que vous l'avez bien trouvé.

Maintenant, il faut y rester sans peine. A cinq minutes d'effort doit succéder une heure et demie deux heures de calme et d'insensibilité. Je parle pour les hommes pas spécialement forts ni doués ; c'est d'ailleurs « mon temps ». (A cause de l'inflammation des tissus, il subsiste une sensation de pression, de petit bloc isolé, comme il subsiste après l'injection d'un liquide anesthésique.)

Extrait de « Entre centre et absence », *Lointain intérieur*, de Henri Michaux éd. Gallimard, 1963.

Je n'avais jamais vu de film avec ces indiennes qui portent ces mêmes chapeaux à bord plat et des tresses par le devant de leur corps. Ce jour-là j'ai aussi des tresses, je ne les ai pas relevées comme je le fais d'habitude, mais ce ne sont pas les mêmes. J'ai deux longues tresses par le devant de mon corps comme ces femmes de cinéma que je n'ai jamais vues mais ce sont des tresses d'enfant. Depuis que j'ai le chapeau, pour pouvoir le mettre je ne relève plus mes cheveux. Depuis quelque temps je tire fort sur mes cheveux, je les coiffe en arrière, je voudrais qu'ils soient plats, qu'on les voie moins. Chaque soir je les peigne et je refais mes nattes avant de me coucher comme ma mère m'a appris. Mes cheveux sont lourds, souples, douloureux, une masse cuivrée qui m'arrive aux reins. On dit souvent que c'est ce que j'ai de plus beau et moi j'entends que ça signifie que je ne suis pas belle.

Extrait de *L'amant*, de Marguerite Duras, éd. Gallimard, 1984.

4 Entraînez-vous

Comme dans l'activité 2, proposez à tour de rôle un commentaire inspiré des textes ci-dessus, dans lequel vous emploierez les expressions « avoir à… » et « n'avoir qu'à… ».

5 Ecoutez et commentez

Ecoutez cette brève scène de « Le petit malade » de Courteline et, à la manière des activités 2 et 4, faites-en un commentaire à tour de rôle en employant l'expression « avoir beau ».

6 Lisez et résumez

Proposez par écrit, pour chacun des textes informatifs suivants, deux ou trois phrases exprimant des rapports de cause relevés dans les textes.

Les maux de la vie moderne

48 % des Français disent souffrir de nervosité, 30 % d'insomnie, 46 % de mal au dos. Leur consommation de tranquillisants ou somnifères est deux fois plus élevée que celle des Américains, trois fois plus que celle des Britanniques ou des Néerlandais.

La fatigue et le stress sont des indicateurs de l'état de la société. L'accumulation de difficultés ou de frustrations dans la vie professionnelle, familiale ou personnelle en est la cause principale. Dans la vie moderne, chacun doit jouer plusieurs rôles dans une même journée, assumer tour à tour les responsabilités d'employé ou de patron, de parent ou d'époux. L'obligation de résultat, la surcharge de travail, les problèmes de communication ou la solitude sont souvent épuisants dans une société qui ne pardonne pas les faiblesses ou les erreurs. Les nuisances de l'environnement (bruit, pollutions, agressivité ambiante) ajoutent à cette difficulté.

D'après *Francoscopie 1995* – Gérard Mermet –, éd. Larousse, 1994.

Les médecines douces

Un français sur trois recourt aux « médecines alternatives » Les Français ont redécouvert depuis quelques années les vertus des médecines anciennes (homéopathie, phytothérapie, aromathérapie, etc.) ou « exotiques » (acupuncture). Ils les utilisent à la place ou, le plus souvent, en complément des médecines conventionnelles. Le succès de ces médecines différentes peut s'expliquer par la montée des préoccupations écologiques et la volonté des Français d'être moins dépendants de leur médecin habituel. Il traduit aussi une volonté de lutter contre la surmédicalisation caractéristique des années récentes. Enfin, l'aspect moins rationnel et scientifique des médecines douces exerce sans aucun doute une attirance sur certains malades. Les médecins sont d'ailleurs de plus en plus nombreux à s'y intéresser. On compterait en France 20 000 homéopathes, 15 000 acupuncteurs. Aux motivations commerciales s'ajoute souvent la volonté de parvenir à des résultats lorsque les techniques scientifiques s'avèrent inefficaces.

D'après *Francoscopie 1995* – Gérard Mermet –, éd. Larousse 1994.

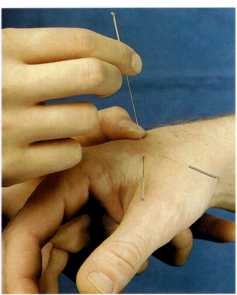

Quatre pays, quatre médecines

Les pratiques médicales ne sont pas universelles. En voici quelques exemples spectaculaires :
– Lorsque les Français souffrent de spasmophilie, les Allemands sont atteints d'une dystonie neurovégétative, les Anglais d'une névrose légère et les Américains d'une angoisse passagère.
– Dans un même groupe de patients, les médecins anglais diagnostiquent 23 % de maniaco-dépressifs, les Allemands 14 % et les Français 5 %.
– L'hypotension est considérée comme une maladie en Allemagne et comme un signe de bonne santé aux Etats-Unis.
– En Grande-Bretagne, on surveille ses intestins, en France son foie.
– Un Américian a deux fois plus de « chances » qu'un Britannique de se faire opérer et six fois plus de subir un pontage coronarien.
– Les durées de consultation s'échelonnent entre quatre-vingts secondes minimum en Allemagne et vingt minutes aux Etats-Unis.
– La posologie (doses de médicaments prescrites) varie de un à vingt selon les pays.

D'après une étude comparative effectuée par Lynn Payer, biochimiste et journaliste médicale à l'International Herald Tribune.

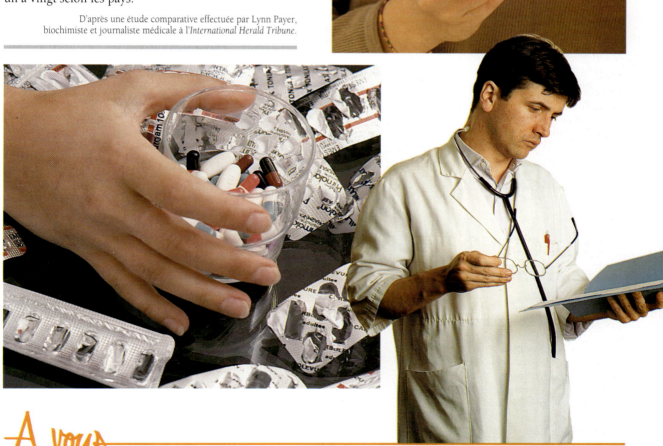

A vous

Ecrivez des légendes en forme de commentaires pour accompagner les photos, en tenant compte du contenu des textes ci-dessus.

7 — Ecoutez, répétez et écrivez

■ *Ecoutez et répétez les mots*   ■ *Ecoutez et écrivez les phrases*

8 — Lisez, regardez et découvrez

Prenez connaissance de l'organisation du système de santé en France.

QUI A DROIT À LA SÉCURITÉ SOCIALE ?

■ Toute personne qui exerce une activité professionnelle est assurée sociale et donc obligatoirement couverte par l'assurance maladie, de même que son conjoint et ses enfants.

■ Les chômeurs indemnisés, les retraités, les stagiaires en formation professionnelle sont assimilés à des salariés.

■ Les bénéficiaires du revenu minimum d'insertion (RMI) sont affiliés automatiquement et gratuitement à l'assurance maladie.

■ Les étudiants bénéficient de la Sécurité sociale de leurs parents jusqu'à vingt ans ou de la Sécurité sociale étudiante. Mais les jeunes qui abandonnent l'école cessent à dix-sept ans d'être ayants droit.

■ Les quelques personnes qui ne relèvent d'aucun régime obligatoire peuvent payer une cotisation pour souscrire à une assurance personnelle (gérée par le régime général des salariés).

D'après *La France d'aujourd'hui*, éd. CLE International, 1993.

SYSTEME DE SANTÉ EN FRANCE

Système d'assurance obligatoire pour tous les salariés. Cotisations prélevées sur les salaires. Régimes spéciaux pour certains salariés (fonctionnaires, cheminots...) et non salariés (artisans, commerçants, agriculteurs, professions libérales...). Régimes complémentaires (mutuelles, organismes professionnels ou privés) pour les remboursements ou la prise en charge de certains risques. Assistance médicale pour la population dépourvue de droits ou de ressources (environ 2 %). Libre choix du médecin. Prise en charge de 75 % des consultations médicales, de 80 % des frais hospitaliers (parfois 100 %) et 70 % ou 40 % des frais de médicaments.

D'après *Euroscopie* – Gérard Mermet –, éd. Larousse, 1991-1992.

QUI PAYE ?

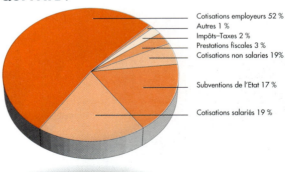

Cotisations employeurs 52 %
Autres 1 %
Impôts–Taxes 2 %
Prestations fiscales 3 %
Cotisations non salariés 19%
Subventions de l'Etat 17 %
Cotisations salariés 19 %

LE SECTEUR PUBLIC HOSPITALIER

Au contraire des cliniques, soumises aux règles du droit privé, les hôpitaux obéissent aux prescriptions du droit administratif.
L'hôpital public est tenu d'accueillir les malades le jour comme la nuit, éventuellement en urgence. A supposer qu'il ne puisse pas admettre un malade dans ses services – par manque de place, saturation ou inadaptation des structures –, l'hôpital doit faire en sorte de faire admettre un malade dans un autre établissement de santé du service public hospitalier, établissements tels que les CHU (Centres hospitaliers universitaires), les CHR (Centres hospitaliers régionaux) ou autres établissements hospitaliers publics de moyen séjour.

Extrait de *Que Choisir*, 1994.

Les vaccinations obligatoires

Compte tenu des dangers que représentent certaines maladies, la législation impose quatre vaccinations
– contre la tuberculose (BCG) ;
– contre le tétanos, la poliomyélite et la diphtérie, on utilise généralement des vaccins associés, en y ajoutant souvent le vaccin contre la coqueluche.

LE CARNET DE SANTÉ

À vous

A. Chaque groupe choisit un thème lié à la santé. Le problème sera traité selon une perspective comparative. Chaque groupe expose le problème choisi à un autre en faisant l'inventaire des solutions possibles ou des différentes façons d'aborder le problème selon les pays.

B. A partir des discussions, élaborez un texte en rapport avec le thème choisi par votre groupe. Vous devez énoncer le problème, examiner ses différents aspects, donner des possibilités de solutions distinctes.

LEÇON 19

Contenus de la leçon

- Relations causales et temporelles
- Expression de l'antériorité, de la simultanéité et de la postériorité
- Le gérondif
- Accents orthographiques et diacritiques
- Sensibilisation à la culture dans les pays francophones
- Rendre compte d'un événement au travers de ses causes et de son déroulement dans le temps
- Organiser un texte de manière chronologique

---

1 Lisez, écoutez et commentez

Lisez et écoutez trois poèmes qui appartiennent à la littérature africaine, algérienne et canadienne.

A. Découvrez l'origine de leurs auteurs et essayez de déceler des éléments qui pourraient la caractériser.

B. Repérez, dans le poème de Diop, les expressions grammaticales qui situent les actions dans le temps. Puis justifiez l'emploi des temps des verbes.

Passage de l'inconnu

Fuyez ! Ne laissez rien !
Pas une trace obscure
sur le roc ! La mer est passée.

Que la lumière joue,
la mémoire ne dure
que l'instant d'un baiser.

Ton visage… Etait-il
mitoyen de l'aurore
ou crispé dans sa nuit ?

Cheveux fous ! De mon cœur
il ne reste qu'un cri
que le soleil dévore.

Extraits de Les Désordres, de Jean Sénac,
éd. Présence Africaine, 1981.

POUR VOUS AIDER :
Jean Sénac (1926-1973), citoyen algérien par sa naissance et par sa volonté, il choisit le parti de la Révolution nationale à ses débuts et meurt mystérieusement assassiné à Alger.

1. Le Sahara en Algérie. 2. Envol de mouettes au Sénégal. 3. Bull river au Canada.

Viatique

Dans un des trois canaris
des trois canaris où reviennent certains soirs
les âmes satisfaites et sereines,
les souffles des ancêtres,
des ancêtres qui furent des hommes
des aïeux qui furent des sages,
Mère a trempé trois doigts,
trois doigts de sa main gauche :
le pouce, l'index et le majeur ;
moi j'ai trempé trois doigts :
trois doigts de la main droite :
le pouce, l'index et le majeur.

Avec ses trois doigts rouges de sang,
de sang de chien,
de sang de taureau,
de sang de bouc,
Mère m'a touché par trois fois.
Elle a touché mon front avec son pouce,
avec l'index mon sein gauche
et mon nombril avec son majeur.

Moi j'ai tendu mes doigts rouges de sang,
de sang de chien,
de sang de taureau,
de sang de bouc.

J'ai tendu mes trois doigts aux vents
aux vents du Nord, aux vents du Levant
aux vents du Sud, aux vents du couchant ;
Et j'ai levé mes trois doigts vers la Lune,
vers la Lune pleine, la Lune pleine et nue
Quand elle fut au fond du plus grand canari.

Après j'ai enfoncé mes trois doigts dans le sable
dans le sable qui s'était refroidi.
Alors Mère a dit : « Va par le Monde, Va !
Dans la vie ils seront sur tes pas. »

Depuis je vais
je vais par les sentiers
par les sentiers et sur les routes,
par-delà la mer et plus loin, plus loin encore,
par-delà la mer et par-delà l'au-delà ;
Et lorsque j'approche les méchants,
les Hommes au cœur noir,
lorsque j'approche les envieux,
les hommes au cœur noir
Devant moi s'avancent les Souffles des Aïeux.

Extraits de *Leurres et Lueurs*, de Birago Diop,
éd. Présence africaine, 1967.

POUR VOUS AIDER :
canaris = ici, récipients de terre cuite.
Diop Birago est un poète sénégalais, conteur et chercheur
de la littérature orale africaine. Il est né à Dakar en 1906.

Dans les lointains…

Dans les lointains de ma rencontre des hommes
le cœur serré comme les maisons d'Europe
avec les maigres mots frileux de mes héritages
avec la pauvreté natale de ma pensée rocheuse

j'avance en poésie comme un cheval de trait
tel celui-là de jadis dans les labours de fond
qui avait l'oreille dressée à se saisir réel
les frais matins d'été dans les mondes brumeux

Extrait de *L'homme rapaillé*, de Gaston Miron,
éd. de La Découverte, 1970.

POUR VOUS AIDER :
Gaston Miron, né au Québec en 1928, est professeur à l'Ecole des
Beaux-Arts de Montréal. Miron a lutté pour chasser le bilinguisme
officiel de son pays. Il n'a pas hésité à se faire polémiste, éditeur et
globe-trotter du « Québec libre ».

2 Lisez et repérez

Repérez dans ce récit humoristique les éléments qui situent les actions dans le temps et ceux qui expriment des relations de cause ou de conséquence.
• Parmi les éléments repérés ici et en 1. B., quels sont ceux qui peuvent exprimer à la fois une relation causale et temporelle ?

■ Vérifiez vos conclusions
Consultez le précis grammatical pour un récapitulatif des relations causales et temporelles.

Une forme olympique

Tous les matins, Monsieur faisait remplir sa piscine de béton liquide. Du béton à prise rapide.
Et tous les matins, Monsieur plongeait pour un 100 mètres de nage libre.
Et tous les matins, les valets de Monsieur venaient le dégager à coups de marteaux piqueurs.
Jusqu'au jour où Madame, dérangée dans le demi-sommeil de son avachissement quotidien, et plus qu'excédée par le picorement dantesque de ces trop bruyantes machines, suggéra à Monsieur de lutter plutôt contre du lait, du bon lait bien crémeux et tout aussi liquide que le béton.
Monsieur donc (ou même mieux : par conséquent) changea d'élément, et, beaucoup plus libre de ses mouvements, décupla tellement ses forces qu'il finit, après plusieurs aller-retour, par être pris dans le beurre. Et ainsi, avec tout ce beurre, Madame n'eut aucun mal à faire, le plus tranquillement du monde, sa grasse matinée.

Extrait de *L'humour des poètes,* de Jean-Marc Natel, éd. Le Cherche midi, 1981.

3 Ecoutez et répondez

Ecoutez cet extrait d'une chanson de Guy Béart.
• Quelles actions effectue-t-il ? Quelles sont celles qui sont effectuées simultanément ?
Pour marquer la simultanéité de deux actions on emploie le mode gérondif.

APPRENEZ
FORMATION DU GÉRONDIF
« EN » = PARTICIPE PRÉSENT

4 Entraînez-vous

A partir des actions notées en 3, faites des phrases qui expriment la simultanéité. Employez les verbes : chanter, siffler, se promener, penser à autre chose,...

5 Lisez, divisez et résumez

Divisez le texte en différentes parties en fonction du déroulement chronologique des faits racontés. Donnez un sous-titre à chacune des parties.

Orchestre-vélos

Avec des bidouillages enfantins sur le véhicule le plus usité au monde, l'artiste Pascal Dufaux et le compositeur Michel Smith ont conçu un étonnant orchestre sur selle.
(...) Au festival de musique de Victoriaville, c'était le baptême public de cet orchestre, avec son vélo-orgue, ses vélos-vents, ses remorques de haut-parleurs et ses batteries de percussions roulantes. Un chapitre de plus dans l'ouvrage sans frontières des bricoleurs sonores.
Très exactement, c'est la renaissance de l'orchestre, né en 1992, lors du 7e Printemps électro-acoustique de Montréal. La manifestation était placée sous le signe de l'écologie et un orchestre d'instruments originaux, monté sur roues et actionné par l'énergie musculaire, symbolisait bien ce thème. Les deux artistes du projet, Pascal Dufaux et le compositeur Michel Smith, mirent en commun leurs idées. Le premier concevait des installations sonores des sortes de vielles à roues métalliques motorisées, le second travaillait beaucoup pour le théâtre. Ensemble, ils ont conçu des instruments étonnants. Il y avait des vélos-cordes, reprenant le principe du sillet qui vient cliqueter sur les rayons des roues (...). Il y avait des vélos surmontés d'une énorme manche à air qui captait le souffle et canalisait l'air sur des tuyaux à anche, comme des hautbois parallèles. Si l'on ajoute des icônes porte-voix et des magnétos pour les musiciens-cyclistes, des haut-parleurs montés sur de longues perches comme des girafes électro-acoustiques, le défilé avait de l'allure. L'ensemble tenait de la nostalgie : des bricolages enfantins sur le véhicule le plus partagé du monde, le vélo, mais auxquels musicien et plasticien donnaient une apparence, une expression décuplée. Pour les promeneurs du parc Lafontaine de Montréal ces engins sonores dispensaient une musique bizarre. Ils leur faisaient sentir, par leur chant spécial et leur chorégraphie organisée, ce sur quoi les compositeurs modernes travaillent : densité, éparpillement, spatialisation. Mais dans un contexte drolatique. Pédagogie légère, succès assuré.
Deux ans plus tard, l'orchestre reprend la route. Inévitablement l'expérience à ôté aux deux compères la naïveté initiale. (...) Entre-temps, Smith et Dufaux ont mûri leurs idées. Dufaux, surtout, à conçu une chapelle acoustique sur les bords du fleuve Saint-Laurent (...). Les deux artistes ont basculé de l'écologie au concert. (...) Mais si les vélos sont toujours des véhicules, ils n'alimentent quasiment plus le geste instrumental. (...) Des claviers ici sur vélo-vent, des pistons là sur le vélo-anche permettent quant à eux une musique plus élaborée (...) Le compositeur à profité de ces dispositifs électro-acoustiques pour intégrer une musique préenregistrée dans le défilé de ces nouveaux vélos et les marier au jeu « live » des instruments. Du coup, d'autres problèmes surgissent. Notamment celui des micros, prêts à amplifier aussi les grincements de la chaîne, les couinements de la selle et les brinquebalements de tout le véhicule. Et celui du choix des musiciens auxquels on demande d'être chanteur, instrumentiste et sportif.

Extrait de *Libération*, 13 juin 1994.

6 Écoutez et écrivez

■ *Dictée*

---

7 Lisez, divisez et résumez

Comme dans l'activité 5, divisez le texte en différentes parties en fonction du déroulement logique des idées présentées. Donnez un sous-titre à chacune des parties.

CINEMA

Propos tenus par Idrissa Ouedraogo, cinéaste burkinabé, auteur de Yaaba, Tilaï et de Samba Traoré, lors d'une interview

Le cinéma, à tort ou à raison est considéré comme un luxe. Les films coûtent très cher et vu la faiblesse de notre marché, ne sont jamais amortis financièrement.

Aujourd'hui qu'il faut tisser des accords de coproduction, se mettre autour d'une table et parler, nous sommes en position de dépendance. On n'a rien à donner en échange. Il n'y a pas de producteurs, pas de techniciens, pas de salles… Si on avait perçu plus vite l'importance du cinéma en tant qu'industrie, on aurait pu former des gens compétents, avoir des infrastructures. En Afrique, il faut tout amener, le rythme de production baisse de manière dramatique.

Il y a beaucoup de jeunes cinéastes, comme en France, en Belgique ou partout ailleurs, mais ils souffrent d'un cruel manque de moyens. Je crois qu'il faut absolument dépasser le cadre des politiques nationales, ouvrir nos esprits vers l'extérieur. Notre vision du cinéma doit devenir plus universelle. C'est la seule façon de faire réellement connaître notre travail…

Il faut arrêter d'enfermer le cinéma africain dans des clichés réducteurs : les contes traditionnels ou la lenteur. Ce qu'on appelle contemplation provient surtout du manque de moyens qui nous empêche d'aller plus vite. C'est tout. Un jour on fera des superproductions en Afrique si l'on arrive à se tourner vers les hommes d'affaires, si on a les moyens de nos ambitions. Alors seulement la production sera variée et l'on verra le véritable cinéma africain… Si on ne fait pas de rupture, on tourne en rond, et au bout du compte on meurt. Moi, je reste dans le débat pratique de la survie du cinéma en Afrique : l'essence même de nos films, si on oublie la démagogie, c'est d'être montrés. Or le public africain, qui vit à 95 % dans des zones rurales, ne les voit quasiment pas. S'il n'y a pas de marché du cinéma en Afrique, il faut s'adresser aux autres. Et jusqu'à présent les films africains ont énormément de mal à s'exporter – dans le meilleur des cas, ils restent une semaine à l'affiche dans une petite salle parisienne spécialisée. Autrement dit, ils ne rapportent rien par rapport à leur coût de production. C'est une situation extrêmement dangereuse. On ne peut pas indéfiniment dépenser des millions sans jamais rendre des comptes. Il faut donc revoir les choses dans leur ensemble : au niveau du fond, du scénario et de la forme, de la technique. Pour *Samba Traoré*, c'est la première fois que j'ai travaillé avec des acteurs professionnels, que j'ai pu les éclairer correctement, et l'histoire se nourrit de cette modernité. Le film a très bien marché à Ouagadougou, ce qui est encourageant. Le public est sensible à cette évolution.

On ne se débarrasse pas aussi facilement de la philosophie, de l'histoire dans lesquelles on a baigné. Aujourd'hui, je peux à peine commencer à être moi-même, à raconter ce que je veux, sans être en permanence le cul entre deux chaises, entre l'Afrique et l'Europe. L'Afrique francophone a trop longtemps voulu prouver qu'elle possédait une identité propre. C'est une attitude de complexé, un héritage de la colonisation française. On nous a tellement dit et répété que nous n'avions pas de culture, pas de civilisation, qu'on s'est complètement renfermés sur nous-mêmes. Et on n'a pas vu le temps passer. L'espèce de culpabilité sur laquelle vivait la culture africaine ne joue plus. Aujourd'hui, les jeunes qui n'ont pas connu la colonisation ne se reconnaissent plus dans ce carcan intellectuel.

Je vais tourner à Paris mon prochain film, *Le Cri du cœur*… Est-ce que le fait d'avoir fait l'IDHEC veut dire que mes films sont français ? Le cinéma appartient à l'universel. Tant pis pour ceux qui veulent tirer les choses en arrière. Chacun défend ses propres fantasmes et Dieu sait s'il y en a en Afrique. Et là encore, si le cinéma est créatif, si c'est une idée, c'est aussi une technique. C'est comme une voiture : peu à peu on apprend, et au bout du compte on ne va pas se contenter d'un vieux tacot si on peut avoir mieux. La machine répond à l'homme, pas à la couleur ni à la culture.

On verra bien si ces idées font tache d'huile, s'il y a une prise de conscience des cinéastes. Il y en a qui essayent, comme Raul Peck, ou encore Pierre Yameogo, qui a présenté son film *Wendeii* à Cannes dans le cadre d'« Un certain regard. »

Extrait de *Politis*, juillet-août 1993.

1. Scène du film Samba Traoré. 2. Scène du film Yaaba. 3. Scène du film Tilaï.

À vous

A. Formez trois groupes. Chaque groupe préparera un compte rendu oral des faits racontés dans le poème de Diop, dans l'article sur les vélos-concerts et dans les propos du cinéaste Ouedraogo.

B. Pendant les comptes rendus oraux, les autres groupes prennent des notes. Le livre fermé, et seulement à partir des notes prises, écrivez ensuite un texte qui expose les faits rapportés par l'un des groupes sur un axe chronologique.

LEÇON 20

Evaluation

- La Comédie française et les acteurs et actrices de cinéma
- Le Palais Royal et la sculpture contemporaine

1 Repérez et classez

Soulignez dans le texte suivant les expressions de la cause et du temps. Classez-les.

Dès qu'il aura fini son travail, il se mettra à préparer le repas alors qu'elle continuera à regarder la télé. C'est parce qu'ils sont d'accord qu'ils ne se disputent jamais. Depuis qu'ils vivent ensemble c'est toujours lui qui prépare à manger pour qu'elle puisse faire tout ce qu'elle veut. Alors, tout va bien. Elle est tellement convaincante, qu'il ferait n'importe quoi pour lui faire plaisir.

2 Complétez

Complétez avec : « quand même » ou « avoir beau ». Conjuguez le verbe « avoir » au temps qui convient.
– Il pleuvait, mais nous sommes …… sortis.
– Ils …… s'entraîner, ils ne gagnaient jamais la course. Ils ont …… obtenu un troisième prix.
– Tu ne devrais pas te décourager, …….
– Elle …… lui expliquer, il n'a pas compris.
– Vous étiez …… les meilleurs. Nous …… nous efforcer, vous avez remporté …… toutes les médailles.
– Tu …… le supplier, il n'acceptera pas.

3 Transformez

Mettez ces phrases au passé.
– Je préfère celui qui se trouve au fond de la vitrine.
– Il achète celle qu'il aime le plus.
– Rencontrez-vous ceux qui vous cherchent ?
– Tu dis ce que tu veux et tu fais ce qui te plaît.
– Celles que vous trouvez bien sont encore en vente.

4 Conjuguez

Complétez avec « avoir à » ou « n'avoir qu'à ». Mettez le verbe « avoir » au temps qui convient.
– Qu'est-ce que tu …… faire pour demain ? – Tu …… me demander et je t'aiderai. – Dis-lui que pour faire marcher le lave-vaisselle, il …… appuyer sur ce bouton. – Si vous …… beaucoup …… dire, vous pouvez déjà commencer. – On …… un pas …… faire pour être au bout du tunnel.

5 Faites des phrases

A. Employez : « quand… », « lorsque… », « pendant que… », « au moment où… »

B. Employez : « avant que… », « jusqu'à ce que… », « en attendant que… »

C. Employez : « après que… », « dès que… », « depuis que… », « une fois que… »

6 Ecoutez et écrivez

■ *Dictée*

7 Terminez les phrases

Imaginez la suite des phrases suivantes en employant le gérondif.

– Il est venu dans sa voiture…
– Elle prend son bain tous les jours…
– Nous sommes partis de là…
– Personne ne dit la vérité…
– Je n'ai rien acheté…
– Vous traversez souvent la rue…

A vous

A. Imaginez que vous êtes présentateur de télévision et que vous devez commenter l'image montrée à l'écran.

B. Après vos commentaires oraux, faites un court texte qui puisse accompagner chacun l'image.

8 Lisez, regardez et découvrez

A l'aide des photos et des textes, découvrez deux nouveaux lieux dans Paris.

- Quelles manifestations artistiques sont liées à ces lieux ?
- Quels auteurs dramatiques français pouvez-vous citer ?
- Quels autres comédiens français pouvez-vous citer ?
- Quels sculpteurs français connaissez-vous ?

Le Palais Royal

Ensemble de bâtiments et de jardins, à Paris. Bâti et aménagé par Richelieu sur les plans de J. Lemercier (1633), le Palais-Cardinal comprenait une salle de théâtre (détruite en 1753). Légué au roi par Richelieu dès 1636, il est devenu Palais-Royal en 1643, quand Anne d'Autriche l'a habité.

A la suite d'un incendie, le palais fut considérablement modifié pour Philippe d'Orléans. Victor Louis aménagea les jardins flanqués de maisons à arcades ; les « galeries de Bois » devinrent un rendez-vous d'affaires et de galanterie très fréquenté. De 1787 à 1790 ont également été construits le théâtre du Palais Royal et la salle du Théâtre-Français (Comédie française).

Foyer d'agitation populaire sous la Révolution française, le Palais-Royal est revenu aux Orléans sous Louis XVIII. Fontaine a alors édifié la double colonnade de la galerie d'Orléans. Incendiés sous la Commune, les bâtiments ont été restaurés de 1872 à 1876 et abritent aujourd'hui le Conseil d'Etat et l'administration des Beaux-Arts.

1. Les colonnes de Buren. 2. Le Palais Royal à Paris.

Comédie française
Société des comédiens français constituée en 1680 par la fusion de l'ancienne troupe de Molière avec celles du théâtre du Marais et de l'hôtel de Bourgogne. Dissoute en 1792, reconstituée en 1804, la Comédie française est riche d'une histoire qui se confond avec celle de la littérature dramatique française.

3. Le Malade Imaginaire de Molière. 4. Ondine de J. Giraudoux avec Isabelle Adjani. 5. La Comédie Française vers 1791.

Par groupes, choisissez un des beaux-arts. Vous le présenterez en parlant de manière détaillée des artistes et interprètes de votre pays exerçant l'art choisi.
Pour votre exposé oral, aidez-vous de photos ou dessins et de tableaux récapitulatifs que vous aurez préparés en groupe.

LEÇON 21

Contenus de la leçon

- Révision des pronoms démonstratifs et relatifs
- Révision de la qualification et de la description
- Récapitulatif des accents orthographiques
- Organisation de l'Etat français ; les Institutions
- Commenter les informations contenues dans un tableau
- Rédiger un texte à partir de ces informations

1 Ecoutez et écrivez

■ *Dictée*

2 Lisez et répondez

Après une lecture rapide, en diagonale, des deux textes présentés, répondez aux questions :

- Quel texte a été écrit au XIXe siècle ?
- Quel texte a été écrit au XXe siècle ?
- Lequel parle des députés, représentants du peuple ?
- Lequel parle d'un ministère, du bureau d'un ministre et des jeunes technocrates ?

" Sans effort, je me retrouvai dans une pièce dépouillée, meublée d'une table ovale autour de laquelle une dizaine de buvards étaient répartis avec austérité. Là, d'ici à quelques heures, allait se tenir un conseil matinal dans la familiarité des plus proches collaborateurs. (On se lève sans que sa mère ait à intervenir ; on fait un peu de gymnastique ; les toasts vous sautent tout rôtis dans la bouche ; on embrasse la femme et les enfants qu'on accompagnera dimanche à la piscine ; une voiture munie d'un coupe-file vous emporte au bureau ; déjà on fourmille de suggestions ; on n'arrive pas les mains vides ; on a le dossier dans la tête ; et l'on déborde sur ce tapis vert du trop-plein d'allégresse aride d'un jeune prodige de la technocratie.) Je hâtai ma promotion en me dirigeant d'emblée vers un battant matelassé, qui portait sur un bandeau d'émail, l'inscription *Bureau de M. le Ministre*. Sur ma lancée, un instinct infaillible me conduisit aussitôt à faire dégouliner la lumière des torchères et des lampes à pampilles sur les trésors du Mobilier national. Je ne doutais pas que les tapis fussent d'Aubusson, les tapisseries des Gobelins, les vases de Sèvres, mais tout mon regard fut d'abord appelé sur le vaste plateau de la table, patiné par des générations de grands-commis, où s'étalait dans un isolement prépondérant un sous-main en maroquin fauve, que tout désignait comme le fameux portefeuille ministériel. "

Extrait de *Monsieur Jadis*, d'Antoine Blondin, éd. de la Table Ronde, 1970.

Va t'asseoir !

Quel triste métier, vraiment, que celui d'homme politique !

Je ne veux point parler, bien entendu, des saltimbanques de la chose, de ceux qui font uniquement du trapèze avec les élections. Ceux-là ne sont jamais à plaindre, quoi qu'il arrive, et ils forment assurément la grosse majorité des Parlements. (…)

Parlons des autres, des convaincus, des naïfs, des honnêtes, de ceux qui croient à la politique, au peuple, aux principes, au progrès, à la sagesse, à la puissance de la raison, à toutes les blagues sonores et vénérables, qui forment le fond de la malle politique d'un républicain sincère.

Oh ! les pauvres diables, quelle tête piteuse ils doivent faire le jour où le peuple souverain leur dit plaisamment, dans un moment de caprice et de gaieté : « Va t'asseoir ! »

Ils ont travaillé avec conscience, étudié, pioché : ils sentent vraiment battre leur cœur en prononçant ce mot « la République » ; car ils ont collaboré à sa naissance et à son élevage ; et voilà que ce grand Manitou de suffrage universel leur crie au nez : « Va t'asseoir. »

Et ils vont s'asseoir au milieu de leurs familles abasourdies. Ils rentrent dans leurs foyers à la façon des troupiers réformés pour une infirmité quelconque.

Oh ! le misérable député que les électeurs viennent d'envoyer s'asseoir ! Il a l'aspect aplati et navrant d'un ballon crevé, tombé du ciel.

Il lui reste pour toute consolation, la faculté de faire imprimer sur ses cartes de visite : « M. X…, ex-représentant du peuple. » – Mais il est devenu celui dont on dit avec un sourire : « Vous savez bien, c'est ce pauvre X…, l'ancien député. – Ah ! oui, « va t'asseoir. »

Et il me semble les voir, en ce moment, assis par tous les départements de France, ces lamentables Refusés, qui regardent d'un air piteux partir pour Paris leurs rivaux, avec un chapeau neuf et des papiers sous le bras.

Extrait de Chroniques mondaines, *de Guy de Maupassant, 1876-1890.*

3 Relisez et repérez

A. Relisez le texte de Blondin et notez tous les éléments qui font partie de la description des lieux.

B. Relisez le texte de Guy de Maupassant et repérez toutes les phrases où interviennent des pronoms démonstratifs ou relatifs.

4 Entraînez-vous

Faites des phrases, à tour de rôle, en commentant le contenu des textes. Ces phrases commenceront, si possible, par des amorces du type :

C'est ce que… – Il parle de ceux qui… – Celui que… – etc.

À vous

Formez deux groupes. L'un préparera le récit oral du début de la journée d'un homme politique en exercice. L'autre, celui du retour chez lui d'un homme politique en disgrâce.

Notez d'abord par écrit toutes les idées qui surgissent dans le groupe. Construisez ensuite la scène ensemble. Puis présentez-la à l'autre groupe, d'abord en la décrivant, puis, en la jouant.

5 Lisez, regardez et faites correspondre

Lisez le texte d'introduction historique au régime de la Ve. République et celui concernant les Institutions de l'Etat. Regardez les tableaux et schémas ci-contre. Expriment-ils les mêmes informations que les textes ? De quelle manière ? Apportent-ils des compléments d'information ?
Expliquez le rapport entre les consultations électorales et les divisions administratives françaises.

Les Institutions

Le Chef d'Etat, c'est le président de la République, élu pour sept ans au suffrage universel, à la majorité absolue. Il est chef de l'exécutif et il nomme et révoque le Premier ministre. Il peut dissoudre l'Assemblée nationale et soumettre des projets de loi importants à un référendum.

Le gouvernement : Le Premier ministre dirige l'action du gouvernement composé de ministres et de secrétaires d'Etat nommés et révoqués par le président sur proposition du Premier ministre. Il est responsable devant le Parlement avec qui il partage l'initiative des lois.

Le Parlement : Il est composé de deux chambres : l'Assemblée nationale et le Sénat.
Les 577 députés de l'Assemblée nationale sont élus pour cinq ans au scrutin uninominal majoritaire à deux tours. Les 317 sénateurs sont élus pour neuf ans au suffrage indirect par un collège composé des députés, conseillers généraux, maires et conseillers municipaux et renouvelables par tiers tous les trois ans. Les projets des lois sont soumis aux deux chambres.

Autres institutions : Conseil constitutionnel ; Conseil d'Etat ; Conseil économique et social ; Conseil supérieur de la magistrature ; Haute Cour de justice ; Cour des comptes…

Les élections : Elles ont lieu le dimanche. Le droit de vote est à partir de 18 ans.

Service militaire : Il est obligatoire pour les hommes (10 mois depuis 1991).

D'après *Euroscopie*, 1993 – Gérard Mermet – éd. Larousse, 1991.

La Ve République et le régime de la France

Le général de Gaulle qui a toujours condamné la IVe République (« régime d'assemblée, régime des partis ») veut un Etat fort et respecté où les pouvoirs séparés, équilibrés, ne se paralysent pas. Dès son retour au pouvoir, le général donne la priorité à la réforme des institutions. En septembre 1958, lors d'un référendum sur la Constitution de la Ve République, il obtient 79,2 % de oui. La nouvelle Constitution instaure un régime parlementaire mais avec des aspects présidentialistes. La France vit donc, depuis 1958, sous le régime de la cinquième République. C'est un régime parlementaire de type présidentiel.
• Le pouvoir exécutif est partagé entre le président de la République et le Premier ministre.
• Le pouvoir législatif est exercé par le Parlement, composé de deux assemblées : l'Assemblée nationale et le Sénat.
L'Etat « à la française » présente des caractéristiques particulières, résultant d'une longue tradition : c'est un Etat fort, qui domine l'ensemble de la vie politique, économique et sociale et la plupart des décisions sont prises au niveau national à Paris.

D'après *L'histoire de France*, coll. Repères pratiques, éd. Nathan 1986 et *La France d'aujourd'hui*, éd. CLE International, 1993.

1. La cérémonie des vœux à l'Élysée. 2. Le Sénat. 3. L'Assemblée nationale.

LES DIFFÉRENTES CONSULTATIONS ÉLECTORALES

▲ **Elections présidentielles :**
▶ Election du président de la République.
Tous les sept ans.
Suffrage universel direct.

▲ **Elections législatives :**
▶ Election des députés.
Tous les cinq ans.
Suffrage universel direct.

▲ **Elections européennes :**
▶ Election des députés au Parlement européen.
Tous les cinq ans.
Suffrage universel direct.

▲ **Elections sénatoriales :**
▶ Election des sénateurs.
Tous les trois ans, renouvellement par tiers.
Suffrage indirect.

▲ **Elections municipales :**
▶ Election des conseillers municipaux dans chaque commune.
Tous les six ans.
Suffrage universel direct.

▲ **Elections cantonales :**
▶ Election d'un conseiller général par canton.
Tous les trois ans, renouvellement de chaque conseil général par moitié.
Suffrage universel direct.

▲ **Elections régionales :**
▶ Election des conseillers régionaux.
Tous les six ans.
Suffrage universel direct.

▲ **Les référendums :**
▶ Le président de la République consulte directement les électeurs sur une question précise portant sur l'organisation des pouvoirs publics. La réponse est « oui » ou « non ».

LES DIVISIONS ADMINISTRATIVES FRANÇAISES

▲ **Le territoire national**
Il comprend la France métropolitaine (continentale et Corse), 4 départements d'outre-mer et 4 territoires d'outre-mer. La France compte 58 027 300 habitants (janvier 1995).

▲ **La région**
Collectivité locale qui regroupe plusieurs départements. 26 régions, dont 4 en outre-mer.

▲ **Le département**
Division administrative du territoire français. 100 départements dont 4 en outre-mer.

▲ **L'arrondissement**
Division territoriale qui regroupe plusieurs cantons. La France compte 339 arrondissements dont 12 en outre-mer.

▲ **Le canton**
Division territoriale de l'arrondissement. On trouve en général au chef-lieu de canton une gendarmerie et une perception. La France compte 3 839 cantons dont 124 en outre-mer (Le canton correspond parfois à une seule commune).

▲ **La commune**
Unité de base de la division du territoire. 36 547 communes dont 114 en outre-mer.

Extraits de Les institutions de la France, « Repères pratiques Nathan », 1988 et 1994.

En vous inspirant des documents présentés, établissez des documents similaires expliquant l'organisation de l'Etat dans votre pays.

6 Lisez, écoutez et commentez

A. Découvrez, dans le texte et le tableau, les informations concernant le service militaire en France.

B. Ecoutez la chanson de Boris Vian. Définissez ce qu'est un objecteur de conscience et la différence entre un objecteur de conscience et un déserteur.

Le Service National Actif

75 %	seulement de jeunes sont appelés au service militaire.
18 à 20 %	d'entre eux sont exemptés pour des raisons médicales.
5 à 6 %	d'entre eux sont dispensés à titre de compensation (pupille de la nation) pour des raisons administratives (double nationalité, résident à l'étranger) ou sociales.
0,5 %	d'entre eux sont objecteurs de conscience. Opposés à l'usage des armes, ils effectuent, après reconnaissance de leur statut, un service civil de 24 mois.

La loi Jourdan de 1798 a établi le principe de la conscription, c'est-à-dire l'obligation d'effectuer un service militaire. La loi du 21 mars 1905 a rendu le service militaire obligatoire pour tous les hommes, pendant 12 mois. Il est de 10 mois depuis 1991.

D'après *La géographie de la France* de G. Labrunne, coll. Repères pratiques, éd. Nathan 1994.

7 Lisez, faites correspondre et commentez

Lisez le texte qui exprime le sentiment de certains journalistes étrangers à l'égard du régime de la Ve République.
A l'aide des informations recueillies en pages 118 et 119, expliquez les raisons des remarques faites, en donnant votre propre opinion sur les questions soulevées dans le texte.

Présidents de la Ve République
1. Charles de Gaulle, décembre 1958. 2. Georges Pompidou, juin 1969
3. Valéry Giscard d'Estaing, mai 1974. 4. François Mitterrand, mai 1981 et mai 1988. 5. Jacques Chirac, mai 1995.

LE RÉGIME FRANÇAIS VU DE L'ÉTRANGER

Quoiqu'une immense majorité de Français semble persuadée de vivre dans un régime démocratique et républicain, le reste du monde ne partage pas d'emblée ce point de vue. Pour nombre d'observateurs, la France n'est rien d'autre qu'une vieille monarchie qui s'ignore. Catalogue raisonné de leurs arguments les plus frappants :

• Le président est un roi. La Constitution de la Ve République a sacralisé la fonction présidentielle au point que le président concentre entre ses mains des pouvoirs plus étendus que n'en pourrait rêver un président des Etats-Unis. Il a un Etat fort et centralisé à sa disposition – le plus structuré d'Europe. Il bénéficie d'une irresponsabilité toute monarchique : son Premier ministre-fusible le rend parfaitement intouchable.

• Le président fascine autant qu'un roi. L'impressionnante liste de bouquins consacrés au président, d'ailleurs tous des best-sellers, prouve une fascination maniaque du peuple français pour son chef.

Extrait de
Les dossiers du Canard :
Les Français vus d'ailleurs
« Made in France »,
juillet 1993.

• Le président se comporte comme un roi. La pompe des manifestations officielles, l'abondance des fastes et dorures, voilà qui stupéfie les observateurs étrangers (et le bicentenaire de la Révolution fêté à Versailles avec les chefs des Etats les plus riches du monde les a sidérés).

• Le président est l'héritier des rois. Dix siècles de monarchie ça marque. Les noms à particule continuent d'impressionner les masses, l'anniversaire de l'exécution de Louis XVI a donné lieu à des grands mea culpa médiatiques (non, nous n'aurions pas voté sa mort !).

• La France se joue la comédie de la grandeur. Depuis la perte de l'Algérie, dernier fleuron de son empire colonial, la France n'est plus qu'une puissance moyenne. Elle s'accroche d'autant plus au souvenir, au fantasme, au rêve de grandeur nationale. Mais que nous reste-t-il ? La TRES GRANDE Bibliothèque, la GRANDE Arche de la Défense, la (petite) pyramide du GRAND Louvre...

• La France est un des pays les plus inégalitaires d'Europe. Toutes les études successives du Centre d'études et des coûts (Cerc) tendent à le prouver. Féroce centralisme parisien. Nouveaux féodaux, les énarques, qui se réservent places, titres et privilèges.

3

4

5

A vous

Organisez une discussion où vous dégagerez les différences entre le régime français et celui de votre pays, en mettant en avant les avantages et les inconvénients que vous trouvez à chacun.

Contenus de la leçon

- Constructions utilisées pour l'expression de l'opinion et du sentiment
- Modes des verbes
- Sensibilisation aux parlers créoles
- Départements d'outre-mer : Guadeloupe, Martinique, la Réunion
- Formuler une série de questions, à l'oral et par écrit, pour cerner un sujet

1 Ecoutez, repérez et faites correspondre

A. Ecoutez un extrait d'un poème de Charles Baudelaire, sur la Réunion – où il avait séjourné –, et faites correspondre les substantifs aux mots ou phrases qui les qualifient.

arbres	dame	aux charmes ignorés	parfumé
charmes	pays	créole	que le soleil caresse
dais		d'arbres ignorés	tout empourprés

B. Ecoutez un extrait d'un poème de Leconte de Lisle, à propos de la Réunion – son pays natal –, et faites correspondre comme dans A.

bambous	silence	de midi	naturelles
filtrations	sources	des sources	pleine d'ombre
gorge		enflammé	
		grêles	

C. Réécoutez les deux extraits et transcrivez-les à l'aide des éléments que vous avez fait correspondre dans A. et B.
Quelques autres mots pour vous aider :

palmiers – paresse – soleil – yeux – zénith

2 Lisez, regardez et posez des questions

Prenez connaissance des informations contenues dans les textes, photos, cartes et schémas suivants.

A. Formulez, par écrit, toutes les questions qui d'après vous peuvent être posées afin de dégager les principales informations de ces documents.

B. Oralement, mettez en commun toutes les questions.

C. Composez, en groupe, à partir de toutes vos productions, un ensemble de questions qui pourrait tenir lieu de test ou d'examen sur le sujet.

A PROPOS DES DOM-TOM

Les départements et territoires d'outre-mer (DOM-TOM) ont pour la France une importance stratégique, culturelle et économique. De leur côté, leur dépendance économique à l'égard de la France est importante et l'héritage colonial les marque très fortement. Le français, langue officielle n'est souvent pas la langue usuelle. Le créole est parlé presque partout.

TROIS DOM

La Martinique, la Guadeloupe et la Réunion présentent de nombreux traits communs.

Des îles volcaniques

Ces îles, excepté la Grande-Terre de la Guadeloupe, sont marquées par un volcanisme toujours actif. Les craintes d'une éruption à la Soufrière (Guadeloupe) ont nécessité, en 1976, l'évacuation de 70 000 habitants de Basse-Terre. La montagne Pelée a tué en 1902 les 30 000 habitants de Saint-Pierre de la Martinique. Seul le piton de la Fournaise (la Réunion) paraît moins menaçant. Les volcans laissent peu de place aux plaines reléguées sur le littoral ou au fond des vallées.

Des démographies parallèles

Les populations créoles (nées dans les îles) sont issues d'un important métissage, ce qui n'empêche pas l'existence d'une hiérarchie sociale fondée sur les appartenances ethniques. Les densités sont fortes sur les trois îles : 227 habitants/km² en Guadeloupe, 239 à la Réunion, 319 en Martinique. En métropole seuls 11 départements dépassent 227 h/km². Les moins de 20 ans représentent 37 % des effectifs (26,5 % en métropole). Le nombre moyen d'enfants par femme est passé de plus de cinq en 1967 à moins de trois aujourd'hui. Mais la mortalité a chuté dans le même temps et l'accroissement naturel est resté nettement positif. Cela provoque une importante émigration vers la métropole où le nombre de natifs des DOM-TOM a été multiplié par 15 en 35 ans.

Des économies dépendantes

L'activité économique des îles est entièrement tournée vers la métropole. L'agriculture essaie de développer, à côté de productions traditionnelles héritées de l'économie de plantation (canne à sucre, rhum, banane), la culture de fruits tropicaux (avocat, citron vert) et de primeurs (aubergine) à destination du marché métropolitain. L'industrie est presque inexistante. Elle souffre d'une totale dépendance énergétique pour les hydrocarbures importés et de surcoûts salariaux : la main-d'œuvre est plus chère que dans les pays voisins. Les trois-quarts du produit intérieur brut sont constitués par les aides et salaires versés depuis la métropole. Le tourisme apporte une contribution intéressante, sauf à la Réunion où il est encore embryonnaire.

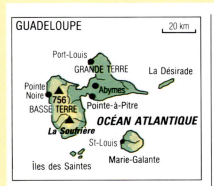

■ Guadeloupe

superficie : 1 702 km²
population : 387 000 h
densité : 227 h/km²
à 8 h 30 d'avion de Paris

Population active par secteur		part du PNB produite
agriculture	10 %	8 %
industrie	18 %	12 %
services	72 %	80 %

ressources : canne à sucre, rhum, banane, ciment, tourisme.

■ Martinique

superficie : 1 128 km²
population : 360 000 h
densité : 319 h/km²
à 8 h 30 d'avion de Paris

Population active par secteur		part du PNB produite
agriculture	10 %	6 %
industrie	15 %	11 %
services	75 %	83 %

ressources : rhum, banane, ananas, pétrole raffiné, ciment, tourisme.

■ Réunion

superficie : 2 510 km²
population : 598 000 h
densité : 239 h/km²
à 14 h 20 d'avion de Paris

Population active par secteur		part du PNB produite
agriculture	9 %	7 %
industrie	23 %	26 %
services	68 %	67 %

ressources : sucre de canne, parfum, rhum, vanille.

Extraits de *La géographie de la France*, de G. Labrune, coll. Repères pratiques, éd. Nathan, 1994 et *La France de toujours*, éd. CLE International, 1987.

3 Entraînez-vous

Faites des phrases qui expriment la perception, l'opinion, l'espoir, le souhait, le regret, le doute, la crainte... Pour le contenu de toutes vos phrases, vous devez vous inspirer des éléments extraits des trois textes présentés.

POUR VOUS AIDER :

TABLEAU RÉCAPITULATIF DES CONSTRUCTIONS EXPRIMANT L'OPINION

	+Infinitif	+Phrase à l'indicatif	+Phrase au subjonctif
perception	entendre voir sentir	voir que sentir que	
opinion certitude	croire penser savoir	croire que penser que savoir que être sûr que	
espoir	espérer compter	espérer que compter que	
souhait	vouloir aimer souhaiter préférer		vouloir que aimer que souhaiter que préférer que
regret	regretter de		regretter que*
doute	ne pas penser ne pas croire		ne pas penser que ne pas être sûr que
crainte	avoir peur de craindre de		avoir peur que* craindre que*

* Ces constructions peuvent être suivies d'une phrase comportant un « ne » explétif (voir le précis grammatical)

Au carrefour de la route de Saint-Pierre et de celle qui descend à gauche, vers la pointe des Nègres, un automobiliste montre, sur le terre-plein, une poule morte, soigneusement disposée au milieu d'une sorte de petit mausolée de plantes, avec des bouteilles et un fragment de bougie... des choses qui ne laissent aucun doute sur la destination magique d'une telle disposition. A quelles fins ? Peu importe. Cela se passe devant une grande surface, pratiquement dans Fort-de-France où l'on en voit bien d'autres, paraît-il.

1. Du manioc. 2. Jeune femme tamisant de la farine de manioc en Côte d'Ivoire. 3. Un iguane. Avec une chair d'une extrême délicatesse, ce reptile inoffensif aurait été voué à une disparition certaine si des mesures de protection n'avaient pas été prises en sa faveur.

Le manioc doit subir une série de préparations avant de devenir comestible. On commence d'abord par râper cette grosse racine, puis par en presser la pulpe pour en extraire le jus toxique. Selon l'usage que l'on veut en faire, la masse farineuse ainsi obtenue est cuite de différentes manières, déshydratée par dessiccation ou même grillée doucement, puis réduite à une espèce de poudre à gros grains que, sur les tables populaires, on jette par petites poignées directement dans l'assiette, où la sauce vient la gonfler comme de la mie de pain.

" Parce qu'ils rient, d'un bonheur simple et content de peu, parce que la mélodie des sons, des couleurs, des brises et des formes les enivrent, une infinie bonté, quelques sursauts aveugles qui parfois les jettent aux fureurs originelles, ennoblit ces hommes... Et l'on se prend à penser que, de tous ces sortilèges, le plus étrange et le plus puissant peut-être est dans la race plus encore que dans la nature. Tant de gaieté, d'intelligence, de bonté, de courage, tant de vie nue, épanouie, et – on allait l'oublier – tant d'amour de l'enfance, au-dessus encore de toute cette magie de candeur et de volupté... se peut-il qu'en ce point minuscule du monde, il puisse faire si bon d'exister parmi les hommes ! "

D'après *Martiniquaise* de Jean Grès, cité par Louis Doucet
Départements d'outre-mer, par Louis Doucet, coll. *Pays et gens de France,* éd. Larousse, 1984.

4 Ecoutez et repérez 📼

Ecoutez un dialogue sur le parler créole de la Réunion et notez la signification des expressions suivantes :
être mal bordé – une bertelle – marié avec un pied'riz – un z'oreille

5 Ecoutez, lisez, posez des questions et répondez

Deux grands écrivains antillais, Chamoiseau et Glissant, décrivent des lieux et des gens qu'ils connaissent bien.
Prenez connaissance de leurs textes, puis posez-vous mutuellement des questions sur leur contenu.

> Annette Bonamitan, née Sonore, était la fille de Julia Etoilus. Son père, un nègre laïque détenteur d'un brevet incompréhensible et d'un poste d'instituteur dans la commune du Marigot, détruisit sa carrière dans une tranchée française de la guerre quatorze où pièce d'entre nous ne l'avait envoyé. J'aurais pu raconter en cinémascope cette histoire d'amour entre le laïque instructionné et la dame Etoilus qui de l'alphabet ignorait même les blancs entre les vingt-six lettres, mais le détour serait risqué.
> (…) Ti-Cirique avait déclaré un jour qu'au vu du Larousse illustré, nous étions – en français – une communauté. Eh bien, dans cette communauté, le chocolat de communion c'était Marie-Clémence. Si sa langue s'avérait redoutable (elle fonctionnait sans jours fériés) sa manière d'être, de dire bonjour et de vous questionner était d'une douceur exquise. Sans méchanceté aucune, avec le naturel de son esprit, elle exposait l'intimité des existences aux sentinelles de la curiosité. Personne ne désirant être plus exposé que quiconque, chacun alimentait Marie-Clémence avec ce qu'il ne fallait pas savoir sur les autres. Les équilibres ainsi respectés, elle nous devenait une soudure bienfaisante et dispensait juste l'aigreur nécessaire pour passionner la vie.
>
> Extrait de *Texaco*, de Patrick Chamoiseau, éd. Gallimard, 1992.

1

2

3

4

1. St Pierre (La Réunion). 2. St Denis (La Réunion). 3. St Pierre (Martinique). 4. A Pointe à Pitre (Guadeloupe). 5. Plantation de bananes (Martinique). 6. Un cocotier (Martinique). 7. Coupe de la canne à sucre (Martinique). 8. La Soufrière (Guadeloupe).

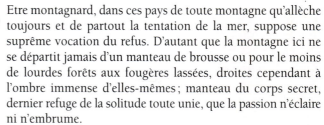

" Etre montagnard, dans ces pays de toute montagne qu'allèche toujours et de partout la tentation de la mer, suppose une suprême vocation du refus. D'autant que la montagne ici ne se départit jamais d'un manteau de brousse ou pour le moins de lourdes forêts aux fougères lassées, droites cependant à l'ombre immense d'elles-mêmes ; manteau du corps secret, dernier refuge de la solitude toute unie, que la passion n'éclaire ni n'embrume.

(...) Le soleil venait d'apparaître (Thaël l'avait devancé) derrière les remblais énormes auxquels s'agrippait la route ; remblais où les canalisations de métal noir aménagées pour la descente des cannes à sucre semblaient de loin des toboggans, effrayants à force d'avoir été redressés et maintenus droits et rigides. Tournoyant sur l'appui du pied gauche, Thaël fit le toboggan avec la main droite, balancée comme un poids. Moulin – rivière – goyaves – pluie – route – remblais – soleil – moulin – rivièrgoyaves – pluie... "

Extrait de La Lézarde, d'Edouard Glissant, éd. Le Seuil, 1958.

À vous

Formez des groupes. Chaque groupe choisira un des DOM et, à l'aide de tous les documents et du travail réalisé dans la leçon, préparera une sorte d'épreuve écrite et orale sur le sujet choisi, qui sera proposée aux autres groupes.

LEÇON 23

Contenus de la leçon

- Le discours rapporté et la concordance des temps
- Orthographe des doubles consonnes
- Le logement et le marché immobilier
- Convaincre des avantages d'un lieu en le décrivant
- Rapporter par écrit les propos d'autrui, directement ou indirectement

1 Ecoutez et répondez

A. Ecoutez deux documents radiophoniques et dites à quel genre ils appartiennent : publicité – flash d'information – interview – reportage – jeu… ?
B. Dites si les affirmations suivantes sont vraies ou fausses et précisez en quoi et pourquoi.
– L'immeuble qui s'est effondré était en cours de construction.
– C'était un immeuble d'habitations de luxe.
– C'est l'abbé Pierre qui est interviewé.
– A l'école, on ne fait aucune différence entre les enfants, quelle que soit leur provenance.

2 Lisez et repérez

Après la lecture silencieuse des deux textes suivants, dégagez les passages où l'on cite des propos de quelqu'un.

Un immeuble d'EDF réquisitionné par les « sans-logis »

En plein cœur de Paris, au 8, rue Condorcet dans le IXe arrondissement, le DAL (Droit au Logement), le CDSL (Comité des Sans-Logis) et, pour la première fois, la CGT ont réquisitionné un immeuble vide depuis deux ans, appartenant à la Ville de Paris et loué à EDF en 1955.
Soutenus par 200 manifestants et des personnalités telles que l'abbé Pierre, les professeurs Jacquard et Schwartzenberg, la Ligue des Droits de l'homme, le MRAP, le parti communiste, les Verts…, ils ont installé 46 personnes sans logement dont 16 enfants. Emmaüs, comme à l'accoutumée fournit matelas, couvertures et premiers équipements. (…)
On retiendra cette histoire d'une habituée des manifs parisiennes. « Pour moi le plus émouvant et le plus exaltant des moments de l'occupation ne dure que quelques minutes, à l'instant précis où s'ouvrent l'une après l'autre les fenêtres des étages, qu'apparaissent les banderoles sur l'immeuble et que les manifestants scandent *"application de la loi de réquisition"*… Plus de deux cents ans après la Révolution, le cœur de Paris sait encore vibrer. »

D'après *Le Réverbère*, Michel Vergely, juillet 1994.

Recherche studio désespérément

Trouver un logement reste, pour de nombreux jeunes qui aspirent à leur autonomie, une opération quasi impossible quelles qu'en soient les raisons : situation précaire sur le plan professionnel, familial, social ou financier. L'association pour le logement des jeunes (APOLO J) est née en 1985 pour combler une insuffisance de petites infrastructures dans le parc immobilier de la ville d'Evry. Son rôle ? Permettre aux 18/25 ans d'accéder au logement d'une manière éducative et progressive. L'initiative d'APOLO J est pour le moins originale ; elle consiste en un partenariat avec les principaux bailleurs que sont les sociétés HLM. Ces derniers louent des appartements à l'association qui en assume loyers et charges. Ces logements sont ensuite mis à la disposition des jeunes en difficulté après étude de leurs candidatures. A la différence des FJT (Foyer de jeunes travailleurs) – ces derniers étant trop souvent d'ordre concentrationnaire pour une jeunesse en galère –, l'innovation d'APOLO J consiste en une dilution de ses structures d'accueil dans le tissu urbain. Cela a pour effet bénéfique d'améliorer la réinsertion en évitant le phénomène ghetto des FJT « Il fallait rassurer les propriétaires et gestionnaires. Ceci en leur expliquant que les jeunes ne doivent pas être les boucs émissaires des difficultés économiques actuelles. Le dire, c'est bien ; le faire, c'est ce que nous avons fait. » précise Béatrice Lepage, directrice d'APOLO J. (…)

Depuis plusieurs années, une dégradation des capacités des jeunes à effectuer des démarches d'ordre administratif est constatée. Ces nombreuses difficultés se matérialisent par une redevance impayée envers APOLO J. Dans ce cas la philosophie de l'association ne consiste pas à expulser le résident, mais à travailler avec lui en lui proposant un échéancier afin qu'il puisse honorer sa créance, et en lui apprenant surtout à mieux gérer son budget. Apprendre à apprendre, tel est le leitmotiv d'APOLO J. Les activités d'insertion professionnelle prennent une part importante dans le rôle d'accompagnement social, notamment pour la recherche d'emploi. L'association met à la disposition de ses résidents journaux et téléphone. Une aide leur est également apportée pour l'élaboration d'un CV ou pour la préparation d'un entretien d'embauche. « Il est fondamental de les insérer dans le circuit du logement par le logement. Notre philosophie de l'accompagnement social ne consiste ni à assister les jeunes, ni à les déresponsabiliser mais à les aider au sens le plus précis du terme », souligne Ait Aoudia, responsable du développement social. « Il vaut mieux donner la liberté aux gens, et les aider à la gérer, plutôt que de leur faire de vagues promesses », conclut Béatrice Lepage. Ne serait-ce pas là une définition plus juste de la réinsertion ?.

D'après *Le Réverbère*, Roger Cozette, juillet 1994

3 Réfléchissez et transformez

A l'aide des tableaux récapitulatifs des structures et concordances du discours rapporté, transformez à l'oral et par écrit, selon les consignes suivantes.

A. Rapportez oralement, à partir des deux documents de l'activité 1, les propos du journaliste qui décrit l'accident et ceux des parents interviewés.

B. Rapportez par écrit les propos des personnes cités dans les textes de l'activité 2.

POUR VOUS AIDER

CONCORDANCES DANS LE DISCOURS INDIRECT

pour rapporter une affirmation	DIRE, répondre, répliquer, affirmer, rappeler …	**que** + phrase à l'indicatif
pour rapporter une question	DEMANDER, chercher à savoir …	**si**
pour rapporter un ordre	DIRE, demander, conseiller, suggérer …	**de** + infinitif

[au présent] il dit que :
- Marie est arrivée [antériorité : pass.comp.]
- Julie arrive [simultanéité : présent]
- Claire arrivera [postériorité : futur]

[au passé] il a dit que :
- Marie était arrivée [antériorité : plus-que-parfait]
- Julie arrivait [simultanéité : imparfait]
- Claire arriverait [postériorité : conditionnel]

Lisez et cherchez

Lisez cet extrait d'un texte de Georges Perec dans lequel il décrit toutes les actions liées à un déménagement. Cherchez dans un dictionnaire la signification des verbes que vous ne connaissez pas.

Déménager

« Quitter un appartement. Vider les lieux. Décamper. Faire place nette. Débarrasser le plancher.
Inventorier, ranger, classer, trier.
Eliminer, jeter, fourguer.
Casser.
Brûler.
Descendre, desceller, déclouer, décoller, dévisser, décrocher.
Débrancher, détacher, couper, tirer, démonter, plier, couper.
Rouler.
Empaqueter, emballer, sangler, nouer, empiler, rassembler, entasser, ficeler, envelopper, protéger, recouvrir, entourer, serrer.
Enlever, porter, soulever.
Balayer.
Fermer.
Partir. »

Extrait de *Espèces d'espaces*, de Georges Perec ; éd. Galilée, 1993.

Prenez connaissance des documents.
Par groupes, fabriquez des documents publicitaires en vous inspirant de la publicité de l'agence immobilière « Belle demeure ». Vous ferez vos propres publicités avec des éléments choisis dans les autres documents, pour établir les lieux, les organismes, les actions (achat,…).

BELLE DEMEURE
AGENT IMMOBILIER

Vendre ou acheter son logement n'est pas chose courante. C'est pourquoi vous ressentez le besoin d'avoir à vos côtés un partenaire, quelqu'un en qui vous pouvez avoir confiance. Votre famille peut se trouver confrontée à des choix délicats en matière immobilière et être face aux problèmes suivants :

☐ Acheter son premier logement (appartement ou maison).
☐ Revendre son premier logement ; celui-ci étant devenu trop petit du fait du développement de votre famille et acheter un logement plus grand.
☐ Acheter une résidence secondaire ou la vendre.
☐ Vendre sa résidence actuelle, etc

L'Ile de France constitue un rempart où les valeurs immobilières représentent un patrimoine toujours d'actualité. Par ailleurs, les aménagements à venir dans toute la région seront sans doute à même d'apporter les solutions aux problèmes de congestion que l'on rencontre ici ou là. Ainsi le renforcement des villes moyennes en pôles autonomes fera de Melun, Meaux et Mantes les centres secondaires indispensables à l'harmonieuse répartition des flux économiques de la population.

Et, dans ce même esprit, les sites stratégiques de Roissy et de Massy-Saclay, interconnectés avec les cinq villes nouvelles (Melun-Sénart, Marne-la-Vallée, Cergy-Pontoise, Saint-Quentin-en-Yvelines et Evry), feront apparaître une première grande couronne prête à soulager, et à rendre plus agréable, la vie quotidienne au centre de l'agglomération parisienne.

☞ INFOS PRATIQUES

Vous trouverez ci-dessous un certain nombre de renseignements pratiques. Vous avez besoin de conseils, d'informations, de documents officiels... Voici des organismes publics qui peuvent vous aider.

LA MAIRIE

- Dans le cas où vous souhaitez louer un logement de type HLM (Habitation à Loyer Modéré) vous pouvez contacter la mairie de votre future habitation ainsi que L'OFFICE DE HLM.
- Dans le cas où vous achetez, la Mairie de la commune où vous souhaitez habiter vous fournira LE PLAN D'URBANISME sur votre demande.

L'ASSOCIATION DEPARTEMENTALE POUR L'INFORMATION POUR L'INFORMATION SUR LE LOGEMENT *

Vous renseignera dans le cas où vous louez un logement. Vous obtiendrez des informations sur l'évolution des loyers, vos obligations en tant que locataire et vos droits...
* BEAUVAIS : 44.48.61.30

LA PREFECTURE *

Elle peut intervenir dans le cadre d'un litige dans le cas où vous êtes locataire (commission de conciliation).
* BEAUVAIS : (16) 44.48.48.20

LE CENTRE DES IMPOTS *

- Dans le cas où vous achetez, il doit OBLIGATOIREMENT enregistrer la promesse de vente du bien.
- Dans le cadre de travaux d'amélioration de l'habitat, le centre des impôts peut vous accorder un allègement fiscal.
- Dans le cas où vous quittez votre logement, adressez-vous au Centre des impôts dont vous dépendiez.

LA DELEGATION REGIONALE DE L'AGENCE FRANCAISE POUR LA MAITRISE DE L'ENERGIE *

Peut vous informer sur les moyens d'économiser de l'énergie.
* PARIS : (1) 47.65.20.00

LA DIRECTION DEPARTEMENTALE DE L'EQUIPEMENT *

Vous informera sur les économies d'énergie et vous renseignera sur les prêts qui peuvent vous être accordés (PAP, PC...) si vous achetez.
* BEAUVAIS : (16) 44.48.48.66

LA DELEGATION LOCALE DE L'ANAH *

(l'Agence Nationale pour l'Amélioration de l'Habitat)
Peut vous accorder des subventions dans le cas où vous effectuez des travaux d'amélioration de votre logement.
* BEAUVAIS : (16) 44.48.48.66.

VOTRE ASSURANCE "DOMMAGE OUVRAGE"

Peut intervenir en cas de défauts de construction lors de travaux d'amélioration de l'habitat.

VOTRE CAISSE D'ALLOCATIONS FAMILIALES *

Vous informera sur les conditions d'obtention des allocations logement, de l'APL (l'aide personnalisée au logement).

5 Ecoutez et écrivez

Dictée

6 Lisez et analysez

Dégagez de cet extrait d'un texte de Balzac les différentes parties qui organisent la description des lieux : la maison – le jardin – le voisinage – la rivière…

> La maison était divisée en deux parties égales. D'un côté, sur la cour, se trouvaient la cage de l'escalier, une grande salle à manger donnant sur le jardin, puis un office par lequel on communiquait avec la cuisine ; de l'autre, un salon à quatre fenêtres, à la suite duquel deux petites pièces, l'une ayant vue sur le jardin et formant boudoir, l'autre éclairée sur la cour et formant cabinet. Le premier étage contenait l'appartement complet d'un ménage, et un logement où demeurait le vieil abbé de Sponde. Les mansardes devaient sans doute offrir beaucoup de logements depuis longtemps habités par des rats et des souris dont les hauts faits nocturnes étaient redits par mademoiselle Cormon au chevalier de Valois, en s'étonnant de l'inutilité des moyens employés contre eux. Le jardin, d'environ un demi-arpent, est margé par la Brillante, ainsi nommée à cause des parcelles de mica qui paillettent son lit, mais partout ailleurs que dans le Val-Noble où ses eaux maigres sont chargées de teintures et des débris qu'y jettent les industries de la ville. La rive opposée au jardin de mademoiselle Cormon est encombrée, comme dans toutes les villes de province où passe un cours d'eau, de maisons où s'exercent des professions altérées ; mais par bonheur elle n'avait alors en face d'elle que des gens tranquilles, des bourgeois, un boulanger, un dégraisseur, des ébénistes. Ce jardin, plein de fleurs communes, est terminé naturellement par une terrasse formant un quai, au bas de laquelle se trouvent quelques marches pour descendre à la Brillante. Sur la balustrade de la terrasse imaginez de grands vases en faïence bleue et blanche d'où s'élèvent des giroflées : à droite et à gauche, le long des murs voisins, voyez deux couverts de tilleuls carrément taillés ; vous aurez une idée du paysage plein de bonhomie pudique, de chasteté tranquille, de vues modestes et bourgeoises qu'offraient la rive opposée et ses naïves maisons, les eaux rares de la Brillante, le jardin, ses deux couverts collés contre les murs voisins, et le vénérable édifice des Cormon. Quelle paix ! quel calme ! rien de pompeux, mais rien de transitoire : là, tout semble éternel. (…) Là tout respirait la vieille, l'inaltérable province.
>
> Extrait de *La vieille fille*, de Honoré de Balzac, 1837.

À vous

A. Prenez connaissance des deux textes journalistiques qui vous serviront de base pour organiser des discussions concernant les oppositions : grande ville/petite ville, écologie/pollution, bon voisinage/mauvais voisinage…

B. Rédigez des petites annonces – à inclure dans le panneau de la société immobilière « Belle demeure » – proposant la maison décrite par Balzac et l'immeuble où habite Michka.

C. Organisez des jeux de rôles : client-agent immobilier visitant les lieux qui correspondent aux annonces immobilières.

VENTES - PROVINCE - NORD ET EST

● En campagne. Très belle longère percheronne composée d'une cuis. aménagée avec poutres et chem. avec four à pain, s. à mang. avec chem., 4 chbres, 2 s. de bs., WC. Grand grenier aménageable. Dépend. à la suite : gar., grange, écurie, remise, cave. Belle grange séparée avec chambre. Eau. Elect. Ch. centr. Terr. 2800 m2

● En campagne, non isolée, charmante fermette en pierre, compr. : séj. avec chem. et coin cuisine, s. d'eau, wc, 2 chbres. Garage à la suite. Grenier aménageable. Eau ; EDF, Ch. centr. fuel. Terr. 2.000 m2 env.

● Dans ville tous commerces, maison en parfait état composée d'une entrée, cuis. aménagée, séj. avec chem., salon, 5 chbres, s. de bs, salle d'eau, wc. Eau, élect. Ch. central fuel. Jardin.

● En bordure de forêt domaniale, superbe ferme comp. d'une maison d'habitation en pierre, toiture tuiles plates. Renf. : cuis., séj., 3 chbres, s. de bs, wc, remise, fournil, Bât. agricole à usage de grange et hangar. Eau, élect. Terr. 14 ha avec sources.

L'appel du potager

Foin de la carotte aux pesticides et de la salade sous plastique : la mode écolo a remis en selle et en bouche le légume nature, croquant et goûteux. A cultiver soi-même, y compris à Paris.

Un immeuble bourgeois comme il en existe des milliers à Paris. Avec porte en fer forgé et digicode. Au fond de la cour, une seconde porte, en bois celle-ci, avec un autre digicode. Et soudain, en haut des marches, le paradis. C'est le jardin de Michka, avec sa cabane comme au Canada, niché au cœur de la ville, gagné de haute lutte sur les promoteurs, cultivé avec une désinvolture méticuleuse propice à l'épanouissement du chou sauvage. Pas le petit carré de verdure genre terrasse au dix-huitième étage. Ici, on a le soleil toute la journée, le prunier, le bambou et l'olivier y trouvent terre comme la vigne de multiples cépages qui grimpe au mur.

Michka dispose d'une surface potagère qui pourrait susciter bien des jalousies. On y cueille la roquette et les pousses d'oseille, l'estragon et les fleurs de sauge pour une salade jardinière servie un après-midi de printemps sur une nappe en fil de chanvre, aux portes de la cabane. L'ortie, le seringa, le groseillier, le romarin et des dizaines d'autres plantes poussent alentour de notre pique-nique. En totale liberté. En plein Paris.

Extrait d'un article de J.P. GENE, *Libération*, juin 1994.

Quels sont les horaires limitant le bruit ?

Faire trop de bruit n'est jamais autorisé ! Et il n'est pas rare que des voisins énervés envoient la police afin de mettre un terme à une soirée un peu trop agitée à leur goût. Au-delà de 22 h, en tous les cas, vous devrez baisser la chaîne hi-fi et faire en sorte que les autres locataires ne profitent pas de vos allées et venues dans l'escalier. La logique voudrait que vous préveniez vos voisins en cas de soirée chez vous. Cela peut éviter d'envenimer les relations et de déranger la police pour pas grand-chose. Si par contre vous recevez bruyamment tous les soirs, vous pourriez risquer une résiliation de bail pour trouble de jouissance.

Peut-on tondre sa pelouse à n'importe quelle heure ?

Les municipalités décident des jours et des heures où les travaux de jardin bruyants, le bricolage et, bien sûr, la tonte de la pelouse sont autorisés.
Le Conseil national du bruit donne, de son côté, des horaires. Vous pouvez donc tondre en semaine de 8h30 à 12 h et de 14h30 à 19h30. Le samedi de 9 h à 12 h et de 15 h à 19 h et enfin le dimanche de 10 h à 12 h exclusivement.

Extrait du mensuel *Réponse à tout !*, 2e trimestre 1994.

LEÇON 24

Contenus de la leçon

- L'expression de l'obligation : les constructions personnelles, impersonnelles et les modes
- Orthographe : la formation du féminin et du pluriel
- L'impact des médias : la presse, la radio, la télévision et la publicité
- Censurer, mettre en cause, défendre
- Rédiger des textes critiques

1 Ecoutez, regardez, lisez et classez

Après avoir pris connaissance des documents écrits et oraux, établissez un classement dans lequel vous mettrez les données concernant :
la presse (nationale ou régionale)
– la télévision publique (nationale et régionale)
– les télévisions privées…

Télé régionale : Les gros sabots de Paris
A l'inverse des radios libres ou des journaux, les télévisions régionales piétinent. Mais qu'est-ce qui leur fait donc écran ?
« Depuis dix ans, la situation des télés régionales ne s'est pas améliorée d'un pouce. Tant qu'on sera dans un pays où il faut être reconnu par Paris pour avoir réussi, ça ne changera pas ».
« Nous sommes probablement la dernière société où le centralisme bureaucratique fonctionne encore. C'est vrai qu'une décentralisation réelle coûterait très cher, et que nous n'en avons peut-être pas les moyens. Mais faut-il pour autant en référer à Paris dès que nous voulons passer une commande de taille-crayons ? »
« La presse quotidienne régionale reste la plus lue en France. Et la quinzaine de petits journaux décentralisés et tout en images, créés localement par M6 et France 3 depuis trois ans dans des villes moyennes, de Tours à Biarritz, ont tous fait la preuve de leur succès. Pourquoi la télévision régionale serait-elle condamnée aux bouts de ficelle, à l'inverse de nos voisins britanniques, allemands, espagnols, belges et italiens ? »
« L'adage de France 3, c'est quand même toujours que le centre sait et que les régions doivent apprendre. Pas l'inverse. La télévision régionale devrait fournir au public ce qu'il ne trouve pas ailleurs, une alternative de point de vue, pas une copie d'émissions nationales à échelle plus réduite. Le milieu de la télé est extrêmement étroit, concentré sur Paris, et sur-valorisé à la fois. Quand on baigne dedans, on ne s'en rend plus compte. Finalement ce sont 300 personnes qui décident pour tout le territoire, c'est la même classe sociale qui se parle à elle-même… »

Extrait des propos de différents professionnels de télévision, recueillis dans *Télérama*, juin 1993.

En misant sur le rire et l'insolence Canal Plus est devenue la chaîne d'une génération.

Le duel Canal Plus contre TF1, c'est un peu le combat de l'épicerie fine contre l'hypermarché. En toute logique, l'audience dix fois supérieure de TF1 (40,5 % de parts de marché en janvier 1994 contre 4,9 % à Canal Plus) devrait interdire toute comparaison entre les deux chaînes. Et pourtant, quand on demande aux Français de dire de laquelle de ces deux chaînes privées ils se sentent le plus proches, une petite moitié affirme sa proximité avec la Une et un gros tiers choisit Canal Plus. La cote d'amour n'a plus rien à voir avec l'Audimat. Chez les jeunes de 18-24 ans l'avantage tourne très nettement en faveur de Canal Plus : trois quarts des voix contre un quart.

D'après *Globe Hebdo*, 9-15 mars 1994.

Les guignols de l'info sur Canal+

2 Lisez et repérez

Voici quelques propos critiques sur le journalisme français, tenus par des journalistes d'organes de presse étrangers.

Dégagez les éléments critiques de chaque propos, comparez-les et développez en conclusion les critiques récurrentes en quelques phrases.

La presse étrangère dans l'hexagone a de la presse française une vision plutôt distanciée

NHK, Japon
Aux Etats-Unis, les journalistes des grandes chaînes de télévision sont plus respectés que ceux de la presse écrite. En France, c'est le contraire. Les journalistes de presse écrite, comme ceux du « Monde » par exemple, travaillent différemment des Japonais. Ils s'attachent principalement à analyser, commenter, donner leur opinion sur tel ou tel événement ou déclaration. Parfois même, ils organisent des débats dans leurs propres colonnes. La moitié du contenu de vos journaux s'apparente à celui d'une revue. (...) Vos journaux télévisés ne présentent pas beaucoup d'intérêt à mes yeux. Nous n'en reprenons jamais grand-chose, car les sujets sont traités de façon beaucoup trop superficielle. J'ai le sentiment que votre télévision a renoncé à concurrencer la presse écrite...

Daily Mirror, Angleterre
A lui seul « Le Canard enchaîné » fait le travail que devraient se coltiner quatre ou cinq journaux français... C'est tout dire sur la qualité de l'investigation de la presse française! (...) J'ai constaté, par ailleurs, un manque total de compétitivité entre les quotidiens. Leurs patrons raisonnent comme si leurs lecteurs n'achetaient qu'un seul journal.

The Times, Angleterre
Il n'y a qu'en France qu'on se permet d'attaquer son article par la citation d'un philosophe du XVIIIe siècle. C'est tout dire. Tradition littéraire oblige. Je crois aussi que mes confrères français préfèrent commenter qu'enquêter véritablement. La télé aussi a ses défauts. On y passe son temps à tourner autour du pot sans donner l'information. Les présentateurs font beaucoup trop de baratin. C'est amusant, bien sûr, de voir les invités du jour commenter les événements, mais, honnêtement, ça n'apporte pas grand-chose...

Corriere della Sera, Italie
Au-delà de la politique, de l'économie et des grands sujets en général, on ne sait jamais, en lisant les journaux, ce qui se passe vraiment en France. On ne dit jamais que quelqu'un est mort d'une overdose d'héroïne à Belleville... Je ne comprends pas pourquoi les journaux français n'arrivent pas à parler de ces choses-là. A côté de ça, vos journaux sont pleins d'états d'âme, d'opinions... Le journalisme d'enquête est très limité. (...) La télévision? C'est encore une autre histoire... En principe, les chaînes publiques devraient rendre un certain service. Il n'en est rien, et on assiste de plus en plus à un dérapage du public vers le privé, dû à la course à l'audience.

Propos recueillis dans *Les dossiers du Canard*, « Les Français vus d'ailleurs – Made in France – », juillet 1993.

3 Ecoutez et écrivez

Dictée

Corrigez votre dictée en consultant le précis grammatical, pour vérifier si vous avez bien transcrit toutes les formes au féminin et au pluriel.

4 Lisez, réfléchissez et récapitulez

A l'aide du tableau récapitulatif des constructions qui expriment l'obligation, faites un relevé des données de censure, de défense ou d'obligation rencontrées dans les textes et documents présentés.

DOC ET DIFOOL

Tous les soirs, ils sont 1 300 000 adolescents et jeunes adultes à brancher leur radio… Pendant plus de trois heures, les deux animateurs dialoguent avec humour, provocation et sérieux avec les auditeurs… Tous les propos sont bienvenus, des plus triviaux au plus dramatiques, des plaisanteries adolescentes à la tragédie d'une jeune fille en train de mourir du sida. Les incertitudes de la vie, les difficultés relationnelles, la solitude, les rapports avec les parents ou les enseignants, la drogue, la violence scolaire ou urbaine, la maladie sont les thèmes les plus fréquents. La parole adolescente se déploie avec son étonnant mélange de délire et de gravité. En face, les deux animateurs réagissent, plaisantent, expliquent et conseillent. Mais d'abord, ils écoutent. Difool personnifie le côté plaisir, rires, jeu… Doc, c'est l'adulte attentif, celui qui appelle à prendre ses responsabilités. Chaque auditeur qui passe à l'antenne sait parfaitement en jouer. Quand les choses sont sérieuses, il affirme très vite : « Tais-toi Difool, c'est au Doc que je veux parler ! » Reconnus comme des individus responsables…

Aussi la censure exercée par le CSA pose un vrai problème politique de fond : elle interdit le direct aux auditeurs et n'autorise qu'un seul discours sur la sexualité : celui du médecin. La radio ou les médias sont-ils le lieu où doit s'exprimer le seul discours autorisé et officiel, ou peuvent-ils être un espace public où peut se construire un dialogue par la confrontation de points de vue et d'expériences divers ?…

Les auditeurs de *Fun radio* ne s'y sont pas trompés : ils ont interprété la décision du CSA comme la volonté de les réduire au silence et comme l'expression du mépris.

D'après « Les adolescents ont-ils le droit de parler ? » par Didier Lapeyronnie, professeur d'université, *Globe Hebdo*, 9-15 mars 1994.

LES POLITIQUES DÉFENDENT L'ÉMISSION

Jack Lang : « Depuis quelques années, le CSA s'est illustré par son hostilité à tous les projets neufs et originaux qui peuvent intéresser les jeunes. Mais il ne faut pas se laisser intimider par ces tenants de l'ordre moral ! J'ai dit personnellement aux animateurs de Fun Radio qu'ils doivent refuser l'interdit et, au besoin, il faudra que les intellectuels viennent leur apporter leur soutien. »

Alain Carignon : « J'ai demandé au président du CSA de recevoir à nouveau les dirigeants de Fun Radio. On n'a pas à dicter aux jeunes la manière dont ils doivent discuter. C'est toute une jeunesse qui s'exprime dans cette émission, qui pratique aussi la pédagogie et de l'information à propos de la sexualité. »

Propos recueillis par Globe Hebdo, 9-15 mars 1994.

Depuis 1977, Macha Béranger anime une émission de nuit destinée à la très grande famille des « sans-sommeil ». En semaine, entre une et deux heures du matin, l'antenne de France Inter leur est ouverte par téléphone interposé. Macha questionne, écoute et répond en direct à toutes ces confidences pour créer une chaîne d'amitié et de solidarité. C'est la seule ambition de l'émission. Sa seule mission.

« Tout est dans la voix des auditeurs, dit Macha. La voix c'est tellement plus fort, plus extraordinaire encore. On ne s'en lasse jamais… On s'installe dans l'oreille, le cerveau, et tout naturellement dans le cœur et l'intimité de l'autre. En cela, ce n'est pas de la radio inutile ! »

Extraits de *Bonne Santé*, août 1994.

POUR VOUS AIDER :
CSA = (Conseil supérieur de l'audiovisuel), autorité administrative indépendante (9 membres) instituée par la loi du 17 janvier 1989 pour assurer la liberté et contrôler l'exercice de la communication audiovisuelle.
Jack Lang et Alain Carignon ont été respectivement ministre de la Culture et ministre de la Communication.

PAUL AMAR, PRÉSENTATEUR DU JOURNAL DE 20 HEURES DE FRANCE 2 JUSQU'À FIN JUILLET 1994

Le journaliste-présentateur, meurtri par son dérapage du 1er juin (les gants de boxe offerts à ses invités, MM. Tapie et Le Pen), et la suspension d'antenne qui s'ensuivit, n'a pas retrouvé tout au long du mois de juillet la sérénité nécessaire au bon exercice de son métier. Ecarté de l'entretien du 14 juillet avec le président de la République, Paul Amar a tiré les leçons de la crise de confiance qui lui avait valu d'essuyer les critiques de son PDG, Jean-Pierre Elkabbach sur « l'éthique et la déontologie qui sont le propre de France Télévision. »...
A France 2, l'affaire Amar avait permis aux syndicats SNJ et CFDT de dénoncer, début juin, le « climat de méfiance » existant entre la rédaction et la haute hiérarchie de la chaîne. Des conflits avaient déjà surgi autour de la maîtrise du journal de 20 heures de France 2. Des rumeurs de départ imminent de Paul Amar avaient circulé il y a quelques mois, suite au refus, par le présentateur, de recevoir deux ministres du gouvernement Balladur dans le même journal, comme on le lui demandait. Paul Amar qui a mis fin à quinze années de collaboration à la télévision publique, n'est pas la première victime de l'information-spectacle...

D'après *France Soir*, 1er août 1994.

POUR VOUS AIDER :

EXPRESSIONS DE L'OBLIGATION

MODE IMPERATIF : 2e personne du singulier et du pluriel ; 1re personne du pluriel.

FORMES IMPERSONNELLES		FORMES CONJUGUEES	
défense prière il est interdit	de + inf.	devoir	+ inf.
il faut	+ inf. que + subj.	demander prier	de + inf.
il est nécessaire urgent indispensable souhaitable	de + inf. que + subj.	être obligé de avoir........à	+ inf.
il est à craindre c'est à.....................	que + subj. de + inf.	n'avoir qu'à avoir besoin de avoir envie de	+ inf.
il n'y a qu'à	+ inf.	vouloir souhaiter aimer désirer	+ inf. que + subj.

5 — Lisez, regardez et répondez

Prenez connaissance des textes et documents suivants, puis répondez :

- A quoi voulait s'attaquer la loi Toubon ?
- Qui appelle-t-on les « neuf Sages » ?
- Quel produit est vendu sous la marque OMO ?
- Quelle est l'image publicitaire que cette marque utilise ?
- A quel type de publicité s'attaque l'article de Laurent de Villepin ?
- Quels sont ses principaux arguments ?

Les « neuf Sages » du Conseil constitutionnel ont censuré un certain nombre de dispositions de la loi Toubon — prohibant l'usage de mots étrangers —

La Loi Toubon sur la langue française n'est pas sortie intacte du Conseil constitutionnel. Celui-ci vient d'en annuler deux dispositions et non des moindres : la première prohibait l'usage de mots étrangers et la seconde subordonnait l'octroi de toute aide publique à des travaux d'enseignement et de recherche à l'engagement d'assurer une publication de ces travaux en français.

La Loi Toubon avait fait grand bruit avant que les députés socialistes ne décident de saisir d'un recours le Conseil constitutionnel. Ses opposants reprochent essentiellement à ce texte son caractère contraignant.
Le Conseil constitutionnel a finalement estimé « qu'il incombait de concilier deux principes » : celui de l'article 2 de la Constitution qui stipule que « la langue de la République est le français » et l'article 11 de la Déclaration des Droits de l'homme consacrant « la liberté d'expression et de communication des pensées et des opinions. »

Ainsi, la loi respecte la Constitution dès lors qu'il s'agit de fixer des règles, et même un vocabulaire déterminé, à l'usage de « personnes morales de droit public » ou de « personnes privées chargées d'une mission de service public. » En revanche, estiment les neuf Sages, « la langue française, comme toute langue vivante, évolue, et ne peut être figée ». C'est pourquoi ils ont censuré toutes les dispositions prohibant l'usage des mots étrangers « dans les relations entre personnes privées » et par des « organismes et services de radio et télévision ».

D'après *France Soir*, 1er août 1994.

Affiche publicitaire pour Omo en 1992

POUR VOUS AIDER
Le parlement a définitivement adopté le projet de loi relatif à l'emploi de la langue française le 30 juin 1994. Ce projet présenté par M Jacques Toubon, ministre de la Culture et de la Francophonie fixe des règles pour l'emploi du français en France.

LES PROFESSIONNELS DE LA PUBLICITÉ CONTRE LA LOI TOUBON

Le secrétaire général de l'Association des agences-conseils en communication (AACC) qui s'était mise en travers de « la loi Toubon » et qui est l'un des organisateurs du Mondial de la publicité francophone, a déclaré : « Ça fait huit ans que nous faisons de la vraie francophonie, en faisant évoluer le langage, pas la francophonie qui oblige à dire " bouteur " à la place de " bulldozer ". » La campagne « Omo », primée l'an dernier par les professionnels du Mondial, illustre à merveille ce français buissonnier défendu par les publicitaires. Mais rien n'indique que Jacques Toubon ait jamais cherché à traduire en « bon français » le fameux « Rikiki Maousse Costo ».

D'après *Libération*, 19 août 1994.

Publicité et dégoût humanitaire

Par Laurent de Villepin, rédacteur en chef du Journal du sida.

Les publicitaires sont des gens simples : dites le mot humanitaire, ils sortent leur revolver. Vous vous inquiétez des bavures ? Ils vous expliqueront qu'on n'obtient pas un impact maximal sans un déchet incompressible. Vous vous souvenez de vieilles interrogations éthiques ? Lisez les réponses dans les lois du marketing. Repoussez donc cette question : est-ce par cynisme ou par naïveté que certaines organisations humanitaires continuent de céder si facilement aux recettes expéditives de la publicité ?

(...) Soit une affiche (d'une association) avec deux photos de Leila, une jeune femme noire. A gauche, elle présente un visage aux traits déformés par les stigmates de la dénutrition. A droite, « Leila, 100F plus tard », est une jeune fille superbe au sourire radieux. En examinant attentivement les deux photos, on devine que pour les besoins de la démonstration, l'effet de la mise en scène antithétique « avant-après » a été renforcé par quelques trucages sur la lumière, la disposition du châle sur la tête, etc. Ces trucages sont révélateurs, ils indiquent ce que l'on veut nous faire acheter pour 100F : la métamorphose d'une repoussante sorcière en une jolie et gentille fille, la transfiguration d'une inquiétante ennemie en une amie rassurante et connue qui semble tout droit sortie d'un casting d'une série télévisée. Pour 100 francs, nous dit explicitement cette affiche, on peut rendre la santé et la beauté à une Africaine mal en point. Mais, implicitement, cette affiche fait aussi rimer santé et beauté avec normalité et humanité. Et c'est bien ce couple, rendu indissociable, qu'elle met en vente. Que lit-on dans le désert éthique de cette affiche ? Que l'essence de la personne humaine se confond, se réduit à son intégrité physique. Et encore : que la figure de la misère de l'autre est une figure monstrueuse, étrangère à nous-mêmes, mais que nous avons le pouvoir de la racheter pour l'oublier. (...) Une autre organisation humanitaire a décidé de ne plus jamais confier sa communication aux grandes agences de publicité. Et ceci « parce que leur professionnalisme se résume à un axiome de base : jouer sur les ficelles les plus abjectes – émotion, culpabilisation – pour faire rentrer le pognon (...) et surtout parce que nos gens de terrain ne supportaient plus l'image que le monde de la pub donnait de leur travail ». (...) Une petite page de publicité, un grand pas en arrière pour la solidarité et la responsabilité.

Extrait de *Libération*, 13 septembre 1994.

A. Organisez une discussion pour ou contre la publicité, (inconvénients, obligations, critères).

B. Ecrivez un court texte critique, à la manière des textes de l'activité 2, sur un aspect des médias de votre choix.

LEÇON 25

Evaluation

- La peinture et la sculpture contemporaines
- Le Centre Georges Pompidou

1 Complétez

Conjuguez le verbe entre parenthèses aux temps et mode qui conviennent.

– La vieille fille sentait que sa vie lui … (échapper).
– Elle avait toujours voulu qu'on … (prendre) soin d'elle.
– L'abbé craignait que sa santé ne … (empirer) après sa rechute.
– S'il pouvait être sûr que les voisins le … (prévenir) à temps !
– Il regrettait qu'ils … (ne pas être) plus attentifs à la vieille fille.

2 Transformez

Rapportez au style indirect les propos suivants :
– L'agent immobilier a dit : « N'achetez pas avant d'avoir visité les lieux ».
– Le client lui a répondu : « Je n'en ai pas l'intention. »
– Son épouse a alors affirmé : « Moi, je sais ce que je veux et je peux m'en rendre compte à partir d'une petite annonce. »
– L'agent leur a suggéré : « Rentrez chez vous, discutez-en et revenez me voir plus tard. »
– Un panneau sur la vitrine de l'agence indiquait : « Vous pouvez faire confiance à votre agent immobilier. »
– Le couple cherchait à savoir : « C'est peut-être faux ! »

3 Complétez

Complétez les phrases avec les verbes suivants aux temps et mode qui conviennent :
comprendre – être – faire – pouvoir – rentrer – tromper – venir

– On sait que ce médicament … du bien.
– Ils pensent qu'ils … lui faire confiance.
– Elle est sûre qu'il ne les … pas.
– Je vois que tu … toujours aussi étourdi.
– Est-ce que vous comptez … dès ce soir ?
– J'espère que tu ….
– Ils ont tous regretté qu'elle ne … pas ….

4 Ecoutez et écrivez

■ *Dictée*

5 Transformez

Modifiez les phrases en commençant par « Il a dit que… »

– Il dit que le train de 20h00 est arrivé à l'heure, que le suivant arrive en ce moment et que le dernier arrivera à minuit.
– Il dit que personne ne l'a prévenu.
– Il dit que tout le monde est de mauvaise foi.
– Il dit que la prochaine fois il se fâchera très fort.
– Il dit que ses copains ont compris le message et qu'ils écouteront désormais tout ce qu'il leur dit.

A. Décrivez les interdictions et imaginez où elles peuvent se trouver.

B. Jouez des scènes où les interdictions sont formulées par une personne qui s'adresse à une autre. Chaque groupe devra choisir des formes d'expression de l'obligation différentes.

6 Lisez, regardez et découvrez

Quelle est la particularité ou l'originalité de chaque œuvre ou lieu présenté ?

1

2

3

1. « Pouce » de César, 1982. 2. « Totem, personnage au long bras, trou au visage » de Chaissac 3. « Fontaine des Automates » de Jean Tinguely et Niki de S¹ Phalle. 4. « Colère de violon » de Arman.

4

A. Organisez un débat pour ou contre l'art contemporain.

B. Rédigez un court texte de présentation, comme pour une exposition, d'une œuvre de votre choix.

LEÇON 26

Révision

- Révision de grammaire et de conjugaison
- L'alimentation et ses produits de base : pain, pomme de terre, sucre…
- Début de la préparation d'une simulation orale et écrite

1 Lisez, analysez et résumez

Voici deux textes sur deux produits de base de l'alimentation dans les pays européens : la pomme de terre et le pain.
Choisissez l'un des trois résumés proposés : celui de la première partie du texte sur la pomme de terre, celui de la deuxième partie de ce même texte ou celui qui trace les grandes lignes de la biographie du boulanger. Vos résumés ne doivent pas dépasser une dizaine de lignes.

LA POMME DE TERRE :

Une vieille dame

La pomme de terre a fait son apparition en Europe au milieu du XVIe siècle. Il semble qu'elle ait été rapportée du Nouveau Continent par les soldats de Francisco Pizarro, qui l'avaient eux-mêmes découverte sur les plateaux des Andes. Ce légume-racine était alors cultivé par les Indiens…
En Europe, la pomme de terre est tout d'abord cultivée en Andalousie, en Irlande, dans le Piémont et dans le Nord-Est de la France, et on ne la trouve, à cette époque, que sur la table des pauvres. C'est avec Antoine Augustin Parmentier que ce légume va pouvoir être apprécié à sa juste valeur. Fait prisonnier en Allemagne pendant la guerre de Sept Ans (1756-1763), Parmentier est alors essentiellement nourri de pommes de terre. A son retour de captivité, il parvient, non sans mal, à faire reconnaître les qualités gustatives et nutritives de ce légume. On se souvient de l'anecdote célèbre selon laquelle, à l'occasion de la Saint-Louis en 1785, le roi Louis XVI arbora une fleur de pomme de terre à sa boutonnière et où toute la cour se vit obligée de suivre le mouvement… La pomme de terre venait de gagner ses lettres de noblesse !

Trucs et astuces

Il existe de nombreuses variétés de pommes de terre, qui toutes ont leur place en gastronomie – bintje, roseval, charlotte, ratte du Touquet… –. Il est toutefois important de savoir lesquelles utiliser, car elles sont très différentes les unes des autres et ne procurent pas les mêmes résultats.
– Les pommes de terre n'aiment pas les réfrigérateurs : si on les y laisse quelques jours, elles deviennent sucrées sous l'effet d'une réaction chimique. Mieux vaut donc les garder dans un endroit frais et aéré.
– On n'épluche pas les pommes de terre primeurs, mais on peut les placer dans un torchon propre avec du gros sel afin d'éliminer leur peau.
– Une fois épluchées, les pommes de terre ne doivent pas séjourner dans l'eau, car elles perdent ainsi une grande partie de leur vitamines.
– Pour faire de bonnes frites, il faut essuyer les pommes de terre avant de les plonger dans l'huile bouillante.
– Contrairement à une idée reçue, la pomme de terre ne fait pas grossir ; c'est l'accommodement qui est dangereux pour la ligne.

Extrait de *L'Argus de la consommation*, octobre 1994.

LA FLAMME DU BOULANGER

Avant que ses petits pains ronds ne partent vers soixante-dix des plus grands restaurants de Paris, chaque jour Jean-Luc Poujauran en soumet un à la question. Il le touche, il le sent, comme un melon sur le marché de Cavaillon. Et puis il le déchire, cette fois avec le geste d'un mangeur de figues. Le bon pain est plein, à la différence de celui issu de la vulgaire panification industrielle – dur à l'extérieur, vide à l'intérieur. « Des balles de ping-pong », explique le boulanger de la rue Jean Nicot, la mine attristée. (…) Depuis son arrivée dans la capitale, à 14 ans, ce fils d'un boulanger de Mont-de-Marsan n'avait eu de cesse que de devenir pâtissier (…). Lorsqu'il s'installe, à 21 ans, dans une boulangerie désertée du VIIe arrondissement, il a finalement décidé de passer sa vie dans le pétrin. A l'époque, le pain n'a pourtant pas la cote. Dévastatrices pour la boulangerie parisienne, les années 80 ont vu disparaître près du tiers de ses artisans. Les nuits chaudes au coin du four répugnent à une jeunesse qui rêve de manger son blé en herbe. Poujauran fait de la résistance : puisque le métier se meurt, vive le retour au métier ! Son secret : il s'en tient scrupuleusement à la sainte Trinité panetière – la farine, le sel et l'eau. Cette dernière est fournie obligeamment par la mairie de Paris, si bien que des pains pétris dans le XXe et dans le XVIe arrondissement n'auront jamais le même goût. Pour la farine, en revanche, Jean-Luc Pouraujan s'est astreint à une longue tournée des moulins pour en trouver un – le dernier – qui la fabrique encore à la meule de pierre. (…) Le moment viendra, il le pressent, où il cherchera d'autres plaisirs que celui de mettre la main à la pâte.

Extrait de *L'Expansion*, septembre 1993.

2 Lisez et repérez

Lisez ce court extrait d'un roman de Boris Vian.
Dégagez de cette scène de description d'un repas familial, les éléments d'insolite et d'ironie propres aux récits de cet écrivain.

« Ainsi que la plupart des gestes qui se répètent tous les jours, le repas n'avait pas de durée sensible. Il se passait. C'est tout. Dans une jolie pièce aux murs de bois verni, aux grandes baies de glace bleutée, au plafond rayé de poutres droites et foncées. (…)
« Passe-moi le pain », dit Wolf.
Saphir, qui lui faisait face, allongea le bras droit, prit la corbeille et la lui tendit du bras gauche – pourquoi pas.
« J'ai pas de couteau, dit Folavril.
– Prête-moi ta plume, répondit Lil.
– Où sont les billes ? » demanda Saphir.
Puis, ils s'arrêtèrent quelques instants, car cela suffisait à entretenir la conversation pour le rôti. En outre, on ne mangeait point de rôti ce soir-là ; un gros poulet doré à la feuille gloussait en sourdine au centre du plat de porcelaine d'Australie. (…)
Le dîner se poursuivit donc à la satisfaction générale. »

Extrait de *L'herbe rouge* de Boris Vian, éd. J.J. Pauvert, 1962.

A tour de rôle, vous raconterez des anecdotes à propos de produits alimentaires ou concernant des attitudes liées aux repas.

3 Ecoutez, lisez et faites correspondre 📼

Voici deux textes et deux enregistrements (une interview et une chanson de Jacques Brel) qui parlent de sucreries.

A. Identifiez les quatre documents par une ou deux phrases qui les définissent.

B. Etablissez tous les rapports possibles entre ces documents, au niveau de leur thème, de leur genre, de leur origine, des pays nommés ou impliqués, etc.

C. Une fois ces correspondances trouvées, choisissez-en une qui vous intéresse en particulier et expliquez pourquoi en développant votre opinion sur le sujet.

LES BONBONS IGNORENT LA RÉCESSION

Chaque année en France, 50 000 tonnes de bonbecs sont achetées à la pièce par les écoliers. Mise bout à bout, la production journalière de mètres roulés, nom officiel du rouleau de réglisse, relierait Marseille à Bruxelles (940 km fabriqués par jour). Avec un marché de 440 millions de francs pour les seuls gélifiés et guimauves, les bonbecs ignorent la récession. Une histoire sucrée comme l'enfance, mais aussi très juteuse… Tout d'abord, il les observe du dehors, le nez collé à la vitrine de la boulangerie. Puis, il se décide enfin à franchir le seuil de la boutique, lève les yeux sur la commerçante qui s'avance vers lui avec sa blouse rose. « Combien t'as? » lui lance-t-elle. Il ouvre son poing et tend la poignée de pièces jaunes moites et chaudes. Et soudain, la panique l'envahit, que va-t-il choisir? Combien peut-il s'offrir de nounours, Malabar et autres Carambar avec ses sous?
Le Carambar, qui coûtait 10 centimes en 1970, en vaut 40 en 1994. « L'arrivée des nouveaux francs dans les années 60 a fait des centimes l'argent des bonbecs », remarquent Anne Rozenblat et Alexandre Révérend dans leur livre Le Bonbec (éd. Syros). « Désuètes et encombrantes dans le porte-monnaie maternel, les pièces de 1, 2 et 5 centimes revenaient logiquement aux enfants. » Qui a oublié avec quelle frénésie on écumait les fonds de poches des parents à la recherche des pièces jaunes? Les bonbecs… le premier achat avec nos sous, qui nous procurait un sentiment grisant de liberté, d'indépendance. « Contrairement au bonbon offert par les parents ou la grand-mère à l'enfant sage, le bonbec est l'expression d'un certain encanaillement, notent Anne Rozenblat et Alexandre Révérend. Sa consommation est clairement un acte subversif. »
Mais ce ne sont pas les seules raisons du succès des bonbecs. Le psychiatre Gérard Apfeldorfer, auteur d'un traité De l'alimentation et du corps (éd. Flammarion), constate que « leur texture molle et souple, leur goût sucré ont des relents de paradis perdu. Manger des bonbons est une régression momentanée, normale et même souhaitable! » Seulement voilà, il n'y a pas que les enfants qui ont besoin de régresser. La preuve, la confiserie pour adultes, tous bonbons confondus, dépasse 50 % des ventes.

Extrait de *Ça m'intéresse*, juin 1994.

Petite histoire de la dragée

Connue depuis l'Antiquité, la dragée n'apparaît en France qu'à l'époque des croisades. Les croisés avaient en effet ramené d'Orient une drôle de poudre blanche, extrêmement agréable au goût : le sucre. Les alchimistes et les apothicaires déclarèrent doctement que cette substance était sans valeur nutritive et qu'elle devrait être réservée à un usage médical.

Devant la recrudescence de « faux » malades, qui désiraient être soignés avec du sucre, un cuisinier eut l'idée astucieuse de rouler des amandes dans du sucre concassé et de les servir à la fin de repas plantureux en guise de digestif… Le succès fut foudroyant. Les dragées firent rapidement l'objet d'un engouement spectaculaire. Il ne se donnait plus une réception sans dragées. Chaque premier de l'an, Louis XIV les faisait distribuer aux enfants des écoles. Puis, au fil des siècles, la dragée s'est démocratisée, cessant d'être l'apanage d'une classe aisée qui n'hésitait pas au cours des fêtes, à en lancer par poignées au peuple.

La dragée est aujourd'hui une spécialité française. Elle est essentiellement fabriquée à Metz, à Nancy, à Toulouse, à Paris et surtout à Verdun qui est considéré comme le véritable berceau de la dragée.

Extrait de *L'Argus de la consommation*, mai 1994.

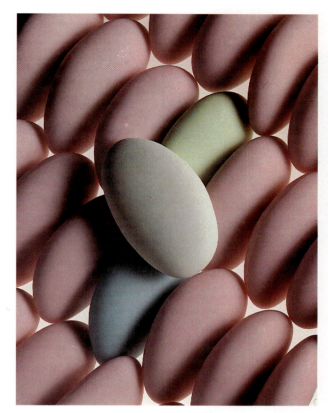

À vous

Vous allez préparer une simulation en plusieurs étapes : il s'agit de la conception d'un complexe « multi-vocationnel » imaginé par vous. Vous devez d'abord décider ce qu'il contiendra (salles d'exposition, salles de concert, commerces, installations sportives, et d'autres idées que vous trouverez originales…).

La première étape consistera à fixer et définir, par groupes, vos projets : un projet différent par groupe.

La deuxième étape consistera, à partir des éléments découverts dans cette leçon, à préparer une exposition qui retracera l'historique d'un produit ou d'un objet de la vie de tous les jours. Cherchez de la documentation et, au besoin, fabriquez-en en laissant libre cours à votre imagination.

LEÇON 27

Révision

- Révision de grammaire et de conjugaison
- Départements et territoires d'outre-mer : la Guyane, la Nouvelle-Calédonie, la Polynésie française, Mayotte, Saint-Pierre-et-Miquelon, les terres Australes…
- Suite de la simulation pour la construction d'un projet multi-vocationnel : programme d'un événement et présentation d'artistes

1 Lisez, regardez et posez des questions

Prenez connaissance des informations contenues dans les textes, cartes et schémas suivants. Interrogez-vous mutuellement sur leur contenu, tout en comparant les informations données à celles de la leçon 22, pages 122-123.

A côté de la Martinique, de la Guadeloupe et de la Réunion, les six autres entités territoriales d'outre-mer sont bien moins peuplées et très différentes les unes des autres. La Guyane constitue le quatrième DOM français. Trois territoires d'outre-mer (TOM) sont dispersés dans l'océan Pacifique : la Nouvelle-Calédonie, la Polynésie française et Wallis-et-Futuna. Deux collectivités territoriales disposent d'un statut spécial : Mayotte et Saint-Pierre-et-Miquelon.

La Guyane

La Guyane est située au nord-est de l'Amérique du Sud. Le climat équatorial favorise le développement d'une luxuriante forêt qui couvre 82 % du sol. La population est composée de blancs, de noirs, d'indiens et de réfugiés du Sud-Est asiatique. Elle est concentrée dans une étroite bande côtière. Avec une agriculture qui ne couvre pas ses besoins et une forêt mal exploitée, la Guyane vit suspendue au succès ou à l'insuccès du programme Ariane-espace qui conditionne le maintien de la base de Kourou.

La Nouvelle-Calédonie

La Nouvelle-Calédonie est une île montagneuse située à 1 500 km à l'est de l'Australie. Elle bénéficie d'un climat tropical salubre. Sa population est constituée d'indigènes, les Canaques, qui représentent 43 % de la population, d'Européens (37 %) et de peuples des îles voisines (20 %). L'agriculture calédonienne ne couvre, en valeur, que le tiers des besoins alimentaires du territoire. La prospérité de l'île repose sur la production de nickel dont elle renferme le quart des réserves mondiales.

Les archipels du Pacifique

La Polynésie française est constituée par cinq archipels qui regroupent 140 îles d'origines volcaniques ou coralliennes (atolls). Les Polynésiens de souche représentent 80 % de la population. Les indigènes vivent de la pêche et de la culture de la noix de coco, mais l'agriculture est insuffisante pour nourrir la population.

Danses traditionnelles à Bora Bora.

Le centre d'expérimentation du Pacifique et son pas de tir atomique implanté à Mururoa, dans les îles Gambier, a créé une fragile prospérité. Les 255 km² de l'archipel Wallis-et-Futuna ne permettent pas de nourrir une population de 12 000 personnes : les jeunes s'exilent.

Mayotte, Saint-Pierre-et-Miquelon, terres Australes

• Mayotte (375 km², 67 000 habitants) est une île des Comores dont les ressources sont agricoles (noix de coco, vanille et plantes à parfum).

• Saint-Pierre-et-Miquelon (242 km², 6 300 habitants) est un petit archipel au sud de Terre-Neuve qui a un climat froid empêchant toute culture. Ses ressources proviennent d'une pêche très active et du tourisme canadien et américain.

• Les terres Australes et antarctiques, et la Terre Adélie, tranche de la calotte glacière du pôle Sud, n'abritent que des stations scientifiques.

Extrait de *La géographie de la France*, de G. Labrune, coll. Repères pratiques, éd. Nathan, 1994.

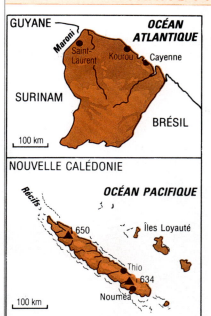

TRAITS PRINCIPAUX

■ **Guyane**
superficie : 91 000 km²
population : 115 000 h
densité : 1 h/km²
à 8 h 50 d'avion de Paris

ressource : base aérospatiale.

■ **Nouvelle-Calédonie**
superficie : 19 058 km²
population : 164 000 h
densité : 9 h/km²
à 23 h 45 d'avion de Paris

Population active par secteur		part du PNB produite
agriculture	14 %	3 %
industrie	20 %	37 %
services	66 %	60 %

ressources : nickel, minerai de chrome.

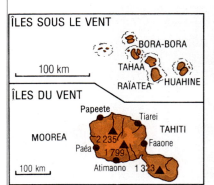

■ **Polynésie française**
superficie : 4 000 km²
dont 3 265 d'îles habitées.
population : 189 000 h
densité : 47 h/km²
à 23 h 20 d'avion de Paris.

Population active par secteur		part du PNB produite
agriculture	12 %	4 %
industrie	18 %	21 %
services	70 %	75 %

ressources : coprah, vanille, centre d'expérimentation du Pacifique.

---

2 Ecoutez et répondez 📼

Ecoutez une chanson d'un compositeur français, Joël Favreau, puis un extrait de Lily de Pierre Perret et répondez :
• Comment ces deux artistes développent-ils le thème du racisme ?
• Exprimez en quelques mots le message que l'un et l'autre nous livrent par leurs paroles et leur musique.

Apportez des témoignages sur des chansonniers que vous connaissez et qui intègrent des messages de fraternité à leurs textes.

3 Lisez, écoutez, regardez et comparez

A partir des textes présentés, des photos et des œuvres, montrez les différences entre la vie en métropole et dans ces lieux lointains.

> A l'ombre des fusées de Kourou portant aux nues la pointe de l'intelligence technologique humaine, on peut voir des chamans touillant dans un mortier une salade d'herbes guérisseuses aux forces mystérieusement catalysées par l'immersion dans la bouillie d'une de ces haches vieilles de dix mille ans trouvées dans les tombes. On les appelle « pierres-tonnerre » et elles sont investies de la toute-puissance magique prêtée aux cieux dont on affirme qu'elles tombèrent un jour sur terre par temps d'orage… Il est de ces allers-retours !
>
> D'après *Pays et Gens de France*, de Louis Doucet, éd. Larousse, 1984.

1. St Pierre et Miquelon. 2. La base de lancement de fusées à Kourou.
3. Le bagne de Cayenne.   4. La lagune de Bora Bora en Polynésie.
5. Nave Nave moe (doux rêves) ou eau délicieuse, 1894,
de Paul Gauguin (1848 –1903).

Le 8 juin 1891, Gauguin débarque à Tahiti. Il choisit Mataïea à 45 km de Papeete – cinq heures de carriole à l'époque. Pour lui, l'un des endroits les plus beaux du monde – une plaine côtière large, de hautes montagnes, des rouleaux imposants.

Bien avant que l'on n'étouffe dans les villes, que la planète ne soit menacée, un peintre visionnaire cherche la terre la plus vraie, la plus lointaine. Avide de nature vierge, de lumières et de couleurs de l'origine du monde, Paul Gauguin met le cap sur la Polynésie. Alors seulement le sauvage qu'il porte en lui voit le jour.

Extraits de Une relecture de Claude Yéti, *Terre sauvage*, septembre.1994.

À vous

Une nouvelle étape dans votre projet : l'organisation d'un concert ou d'une exposition artistique. Vous devez choisir le ou les artistes que vous souhaitez présenter, bâtir leur programme et rédiger une introduction qui les présentera et expliquera leurs productions.

LEÇON 28

Révision

- Révision de grammaire et de conjugaison
- La consommation en temps de crise
- Elaboration d'une campagne promotionnelle

---

1   Lisez, écoutez et repérez

Prenez connaissance des documents présentés : un article de presse à propos d'un nouveau journal, des bonimenteurs décrivant leurs produits et gadgets, un texte littéraire de description comparative. Etablissez une liste des objets ou produits dont parlent ces documents en mettant en regard, quand c'est possible, les caractéristiques, avantages ou inconvénients de ces objets.

Vive le troc

Dix-huit volumes de Flaubert reliés en cuir contre un mini-grill. Deux planches à repasser contre un vélo. 1300 cendriers contre une voiture à moteur Diesel. Les clients du nouveau journal *Troc' Tout*, lancé début mars 1994 en Ile-de-France et en Normandie par l'éditeur normand de journaux gratuits Bernard Meaulle, sont rusés. Parfois impudiques. Leurs annonces, en effet, parues gratuitement pour ce numéro de lancement, les déshabillent. Ainsi lit-on au fil des pages, achetées 5 francs, qu'une femme délaissée offre sa robe de mariée « neuve et jamais portée » contre un vélo d'appartement. Des abdos en guise de libido ? Qu'une châtelaine, décidée à réviser ses atouts, troque sa serre à démonter et 48 bouteilles de grand cru bordeaux contre une liposuccion. Qu'un monarchiste, finalement reconverti, se débarrasse de sa collection de figurines de rois de France contre des Babar miniatures, tandis qu'un de ses collègues échange sa statue de Jeanne d'Arc contre un fusil à pompe. Drôle d'époque où l'on s'évertue à proposer d'enseigner le serbo-croate, où l'on abandonne son renard contre des doubles rideaux, où l'on grandit aussi, espérant des disques de musique baroque contre un blouson de cuir noir. *Troc' Tout* connaît, sur air de crise, un franc succès : la moitié des 45 000 exemplaires du premier tirage vendue en une semaine. La directrice Lorène Willems, travaille en ce moment à une émission de troc télévisé. Vive la crise ?

Extrait du *Point*, mars 1994.

L'orange

" Comme dans l'éponge il y a dans l'orange une aspiration à reprendre contenance après avoir subi l'épreuve de l'expression. Mais où l'éponge réussit toujours, l'orange jamais : car ses cellules ont éclaté, ses tissus se sont déchirés. Tandis que l'écorce seule se rétablit mollement dans sa forme grâce à son élasticité, un liquide d'ambre s'est répandu, accompagné de rafraîchissement, de parfum suave, certes, – mais souvent aussi de la conscience amère d'une expulsion prématurée de pépins.

Faut-il prendre parti entre ces deux manières de mal supporter l'oppression ? – L'éponge n'est que muscle et se remplit de vent, d'eau propre ou d'eau sale selon : cette gymnastique est ignoble. L'orange a meilleur goût, mais elle est trop passive, – et ce sacrifice odorant... c'est faire à l'oppresseur trop bon compte vraiment. "

Extrait de *Le parti pris des choses*, de Francis Ponge, éd. Gallimard, 1986.

2   Lisez et répondez

Lisez ce texte extrait d'une revue économique.
- De quel type d'entreprise nous parle-t-on ?
- Quel est le principe qui permet à certains restaurateurs d'augmenter leur rentabilité ?
- D'après vous, pourquoi le luxe n'est-il plus rentable ?
- Connaissez-vous d'autres secteurs commerciaux qui appliquent ce même principe ?

La succursalite :
une manie bien rentable en temps de crise

Pour la Pentecôte, les Mitterrand ont emmené les Gorbatchev se régaler chez Blanc. Le grand Blanc de Vonnas ? Nenni. Le petit Blanc de Mâcon, succursale du premier. La succursale, c'est leur folie à tous. (...) En ces temps difficiles la succursalite est la bouée de sauvetage de la rentabilité. Modèle du genre : le Parisien Michel Rostang, qui exploite quatre *Bistrot d'à côté*. Dans son trois-étoiles de la rue Rennequin (XVIIe), addition à 700 francs. Au *Bistrot d'à côté*, 200 francs. « J'ai commencé par hasard, une boutique qui se libérait. L'atmosphère conviviale, de la générosité, le respect des produits : cela a démarré tout de suite. » L'an dernier, ses trois *Bistrot* ouverts réalisaient le même chiffre que son restaurant : 16 millions. Cette année ce dernier fera 15, les *Bistrot* 20. Mais avec 10 % de rentabilité, contre 0 %... La succursalite n'est pas l'apanage des plus grands. Le jeune Didier Délu (85, rue Leblanc, Paris XVe) a ouvert son bistrot *Le Dromadaire*. Même immeuble, même personnel, mêmes fourneaux. Restauration à 320 francs d'un côté, à 85 de l'autre. Depuis 1990, le chiffre du gastronomique est tombé de 2,5 millions à 1,8, celui du bistrot est passé de 0,2 à 0,5. Son *Dromadaire* a sauvé Délu.

Extrait de *L'Expansion*, septembre 1993.

3 Lisez, regardez, écoutez et faites correspondre

Prenez connaissance des informations contenues dans les documents présentés. Dégagez leurs traits communs en indiquant les motivations et les objectifs des procédés promotionnels utilisés.

Ces bons qui font des bonds

Cinq francs de moins sur un shampooing familial, trois francs sur un paquet de café... Hier on vendait les nouilles avec du rêve, aujourd'hui avec des coupons de réduction. Signe des temps! Une nouvelle monnaie est en train de se répandre dans le pays à toute vitesse : le coupon, croisement improbable entre le billet du Monopoly et celui de la Banque de France. Désormais, on l'accepte dans tous les magasins, et les Français, même les plus snobs, profitent de bonne grâce de ses réductions sur la lessive, l'huile ou le café. Un véritable raz de marée : en un an le nombre de coupons a doublé. (...) Et pourtant, des années durant, les Français les ont boudés, ces coupons. Mais la crise a balayé les pudeurs. (...)
« Désormais, quand on teste les consommatrices, une seule chose les intéresse : les réductions », explique Antoine Pabst, de la société de marketing The Sale's Machine. Pour stimuler les ventes de biscuits, il a donc fallu oublier les loteries, les services en porcelaine, les chaînes hi-fi ou les voyages aux Seychelles. Aujourd'hui, le rêve ne fait plus vendre. C'est le sonnant et trébuchant qui s'achète. (...) Ouf, la pingrerie ne sera plus un défaut.

Le coupon des pauvres

C'est le dernier-né des coupons : le « bon caritatif ». Conçu et émis par le groupe Accor, il ressemble comme un petit frère aux tickets restaurant qui ont fait le succès de cette maison. Mais il n'a pas la même clientèle : ce sont les pauvres qui en bénéficient. Il est distribué par les organismes sociaux (Ddass, mairies, Secours catholique, etc.), et accepté désormais par tous les supermarchés. « La crise s'aggravant, ces organismes avaient de plus en plus de mal à gérer les aides alimentaires qu'ils distribuent », explique Louis Winterberger, de la Sogec, qui récolte les bons. Eh oui, l'huile et les conserves, c'est lourd, ça prend de la place, ça coûte cher à transporter. Alors tout le monde s'est réuni : la Sogec, Accor, les groupes de distribution et les organismes caritatifs. Résultat des courses : la création de coupons de 10, 20 ou 50 francs « réservés exclusivement à l'achat de plats cuisinés, de denrées alimentaires et de produits d'hygiène corporelle ». Autrement dit, les bénéficiaires pourront, au moins, avoir la liberté de choisir eux-mêmes ce qu'ils veulent dans les linéaires. Tout sauf l'alcool...

D'après l'article de Claude Soula, *Le Nouvel Observateur*, mai 1994.

À vous

Une nouvelle étape dans vos projets collectifs : il s'agit de prévoir une campagne promotionnelle concernant les manifestations et les services du complexe que vous êtes en train de bâtir. Essayez de tout prévoir : affichage, publicité radiophonique, documents dans la presse, etc.

LEÇON 29

Révision

- Révision de grammaire et de conjugaison
- Les vacances des Français
- Suite du projet de complexe multi-vocationnel : espaces de loisirs

1 Lisez et comparez

Dans ce compte rendu d'une étude sociologique, le journaliste dégage les comportements des gens sur la plage tout en soulignant que le sociologue n'a rien trouvé qu'on ne sache déjà.
Etes-vous d'accord avec ce point de vue ? Votre propre expérience coïncide-t-elle avec les idées développées dans le texte ?
Comparez les vacanciers dans votre pays à ceux dont l'article parle.

Le grain de sel du sociologue

Jean Didier Urbain a copié ses maîtres. Les premiers rayons de soleil dardant, le professeur de sociologie de la culture à Paris V s'est approché de la jetée. Il a dessiné sur le sol un rond de craie. Et à chaque heure « bipante » sur sa montre à quartz, il a photographié, droit devant lui, un morceau de plage. Une semaine durant, il a occupé ce poste d'observation, photographiant immuablement le même carré de plage. Méthode utilisée d'ordinaire par les anthropologues afin d'étudier la répartition des voyageurs dans une file d'attente d'autobus, ou l'emplacement des mouettes sur un fil télégraphique. Le résultat saisit : chaque jour, à la même heure, les plagistes exécutent les mêmes gestes que la veille à la même heure et que le lendemain à la même heure. Rites. Intrigué, le sociologue entreprit d'approfondir sa « compétence passive de la plage ». Exigeante profession que la sienne. Trois ans d'étude sous crème solaire lui furent nécessaires pour écrire une somme : Mœurs et coutumes balnéaires (Essais Payot). L'auteur y promet de découvrir « les désirs et fantasmes qui font mystérieusement s'agglutiner sur les rivages chauds et limpides ces Robinsons rêveurs ». On frémit à l'idée de comprendre enfin cette mystérieuse transhumance estivale qui, immuablement, pousse 25 millions d'individus à conquérir les 5 000 kilomètres de littoral français.
Les révélations de M. Urbain, pourtant, n'en sont pas vraiment : les plagistes, figurez-vous, s'échouent chaque été sur les bords de la mer afin d'y trouver le soleil plutôt que le crachin, le sable plutôt que le bitume, leur famille plutôt que leur voisin de bureau ! (...)
Les minutieuses observations de Jean-Didier Urbain enseignent cependant quelques particularités méconnues des mœurs balnéaires. La plage ne serait, d'après le sociologue, qu'une reproduction ensablée de la société. En témoignent les rites d'installation. Les plagistes arrivent en tribu. Le père, parasol sous le bras, désigne la cible. La mère suit, glacière à la main. Les enfants courent derrière. La cible atteinte en cette formation rapprochée, il faut alors faire vite. On étend les rabanes, partant d'un centre obligé : le parasol. A son pied, la glacière. Autour, la famille.
« L'imprévu est exclu de la plage, affirme le sociologue. Les plagistes reproduisent les protocoles essentiels de démarcation et de contact, s'isolant du contexte et s'en protégeant. » On évite le voisin, se résignant à un sourire crispé lorsqu'il s'agit de récupérer le volant du petit Kevin tombé sur la couche d'écran total de la voisine. Dialogues furtifs, corps figés, regards obliques. L'autre – l'ennemi ? – n'est pas loin.
Autre particularité de la société balnéaire : elle serait le seul espace « où l'adulte imite l'enfant ». Torse nu comme lui, il se vautre soudain dans les flaques pour construire de vacillants châteaux forts sous l'œil attendri d'enfants contents de ne plus jouer au Monopoly.
A part cela, rien de bien nouveau sous le soleil. Si ce n'est que l'été incite, décidément, à des études minutieuses directement inspirées de La Palice. L'Insee qui s'est intéressé aux vacances des Français, découvre pour sa part, cette semaine, que « ce sont les ménages à revenus le plus élevés qui partent le plus longtemps. » Et ajoute que ce sont ces mêmes ménages qui partent également plus loin. Preuve est enfin faite qu'il vaut mieux être riche, bien portant...

Extrait du texte d'Emile Lanez, *Le Point*; juillet 1994.

2 Lisez, écoutez et commentez

Lisez la chronique et écoutez l'interview de la responsable d'un hôtel.

A. Expliquez en quoi les propos de Madame Urbin diffèrent de ceux tenus par l'académicien.

B. Organisez une discussion pour ou contre les idées exposées par Jean Dutourd.

Les spectacles regrettables

La chronique de Jean Dutourd, de l'Académie française

Dans un pays en proie à la chienlit comme le nôtre, la moindre tentative d'imposer aux citoyens un peu de tenue cause du scandale. Quelques municipalités du Midi ont interdit aux baigneurs de se promener en ville en maillot de bain : aussitôt voilà la polémique. Pourtant ce n'est pas bien méchant d'empêcher les gens d'exhiber dans les rues leurs mollets poilus ou variqueux, leurs fesses en goutte d'huile, leurs bedaines relâchées. Ce serait plutôt un service à leur rendre. Mon camarade Bouvard déplore que les nouveaux arrêtés municipaux le privent de quelques « charmants spectacles ». Mon Dieu ! pour un « charmant spectacle » par-ci par-là, que de spectacles regrettables. En ce qui me concerne, j'ai plusieurs bonnes raisons d'approuver les conseillers municipaux pudibonds. D'abord, qui déambule aux trois-quarts nu sur les trottoirs ? Non pas les honnêtes autochtones, mais les touristes, qui foulent d'un pas vainqueur le sol des villes qu'ils ont conquises pour quinze jours ou un mois, et qui imposent sans vergogne leurs pratiques de sauvages. Où qu'ils passent, les touristes apportent la vulgarité, le désordre, les mauvaises mœurs. Comme ils ne vivent pas dans le pays qu'ils corrompent, ils se fichent bien de l'exemple qu'ils donnent. Le tourisme est l'une des plus grandes plaies qu'ait apportées le progrès.

Mon second argument est que la nudité est la caractéristique des primitifs, des esclaves, des victimes. Les nazis en étaient bien conscients, qui obligeaient avant tout leurs prisonniers à se déshabiller. Cette nudité les mettait aussitôt dans un état d'infériorité totale en face des bourreaux qui étaient boutonnés jusqu'au menton, bottés, bref revêtus des accessoires de la supériorité, à des milliers d'années-lumière des pauvres vers blancs qu'ils tenaient en leur pouvoir.

Je connais peu de choses plus attristantes qu'un camp de nudistes. Il y a là une austérité, une espèce de jansénisme anatomique, une implacable vérité des êtres qui n'incitent pas aux idées folâtres. Ce n'est pas dans ces endroits qu'on trouve les « charmants spectacles » qui inclinent M. Bouvard à l'indulgence en la matière vestimentaire. L'homme n'est pas fait pour être nu, et la femme non plus. L'un et l'autre sont faits pour être recouverts de feuillages, de plumes, de peaux de panthère ou de loutre, d'étoffes ou de brocart. C'est à ce prix qu'ils sont regardables et même qu'ils ont parfois de la poésie.

Il y a longtemps que je souffre de voir les rues de Paris peuplées de touristes dans des accoutrements plus ou moins choquants. M. Chirac, notre maire, serait bien inspiré à mon avis de prendre exemple sur ses collègues du Midi et de prohiber les culottes courtes sur les postérieurs des sexagénaires, voire sur les grosses cuisses des adolescentes blanchâtres. Paris, qui est la plus belle ville du monde, mérite autant de respect pour ses monuments vénérables que Sainte-Maxime.

Extrait de *France Soir*, 30 juillet 1994.

3 Lisez, écoutez, regardez et comparez

Charles Trenet a écrit la chanson *Route Nationale 7* en 1955. Avant l'existence de l'Autoroute du Soleil, qui relie Paris à Marseille en passant par Lyon, les vacanciers qui partaient vers la Méditerranée empruntaient la Nationale 7, connue alors comme la route du Soleil. Découvrez des lieux de vacances très connus, prenez connaissance de quelques données statistiques et présentez ce qui dans votre pays est considéré comme équivalent.

Les vacances des Français

Aujourd'hui, 35 millions de Français partent en vacances au moins une fois dans l'année. Les autres, soit 25 millions, restent chez eux. Un chiffre considérable ! Il ne s'agit pas seulement de gens très âgés ou fort démunis, puisque 37 % des plus de soixante-dix ans voyagent. En fait, un quart de ces sédentaires décide volontairement, pour des raisons autres que financières, de rester à la maison. Ils veulent, par exemple, profiter de leur jardin, recevoir leurs amis ou aller au cinéma sans faire la queue.

Ceux qui prennent des vacances le font le plus souvent en été, pour des séjours d'en moyenne vingt-deux jours. Juillet et août concentrent encore les quatre-cinquièmes des départs. Nous sommes cependant de plus en plus friands de petites escapades hivernales.

Les vacances d'été à la française, c'est quitter une grande ville en prenant sa voiture (trois-quarts des départs)...

Extraits de *Ça m'intéresse*; juin 1994.

1. Un marché avec des melons à Sète. 2. Vue de St Tropez.
3. Des gibassiers à l'huile (Marseille). 4. Vue du Vieux Port à Marseille.
5. Le Schönburg dans la vallée du Rhin (Allemagne).
6. Le Rhin à St Goarshausen (Allemagne).

4 Lisez, écoutez et expliquez

Lisez ce poème d'Apollinaire et écoutez le sketch de Raymond Devos. En quoi ces documents expriment-ils l'ambiguïté des sentiments ?

> **Un soir d'été**
>
> Le Rhin
> Qui coule
> Un train
> Qui roule
>
> Des nixes blanches
> Sont en prière
> Dans la bruyère
>
> Toutes les filles
> A la fontaine
> J'ai tant de peine
>
> J'ai tant d'amour
> Dit la plus belle
> Qu'il soit fidèle
>
> Et moi je l'aime
> Dit sa marraine
> J'ai la migraine
>
> A la fontaine
> J'ai tant de haine
>
> Extrait de *Rhénanes*,
de Guillaume Apollinaire,
1901-1902.

Nouvelle étape de votre projet : vous devez justifier l'existence d'espaces consacrés aux loisirs en écrivant une étude de type sociologique à propos des comportements de vos futurs clients.

LEÇON 30

Evaluation générale

- Grands festivals : Avignon, Aix, le Printemps de Bourges, les Francopholies de la Rochelle…
- Présentation finale des projets collectifs

1 Testez vos tendances

Pour mieux préparer vos propres vacances, nous vous proposons un test qui vous aidera à définir de quel type de vacances vous avez besoin.

TEST-SANTE

*Les meilleures vacances sont celles qui vous font plaisir.
Avec ce test, vous saurez si vous avez fait un bon choix.*

1. Quel âge avez-vous ?
a) Moins de 20 ans
b) Entre 20 et 30 ans
c) Entre 30 et 40 ans
d) Entre 40 et 60 ans
e) Plus de 60 ans

2. Exercez-vous un travail plutôt ?
a) Physique
b) Sédentaire fortement stressé
c) Sédentaire moyennement stressé

3. Avez-vous une activité sportive ?
a) Oui, plusieurs fois par semaine
b) Occasionnellement
c) Non, rien ne vaut la chaise longue

4. Avez-vous des relations sexuelles ?
a) Tous les jours
b) Ça dépend
c) Au moins une fois par semaine
d) Moins d'une fois par semaine
e) Jamais

5. Vivez-vous actuellement en couple ?
a) Oui
b) Non

6) Avez-vous des enfants de moins de 18 ans ?
a) Oui, plusieurs
b) Oui, un seul
c) Non

7. Votre sommeil est-il bon,
a) Oui
b) Ça dépend
c) Non

8. Quel est votre menu habituel ?
a) Basses calories (saumon grillé à l'aneth)
b) Rapide (steak-salade)
c) Exotique (poulet au curry)
d) Traditionnel (cassoulet de Castelnaudary)

9. Quelle est la boisson que vous consommez le plus pendant la journée ?
a) Eau
b) Café ou thé
c) Non
d) Vin ou bière

10. Est-ce que vous fumez ?
a) Oui
b) Non

11. Quel moyen de transport utilisez-vous le plus souvent ?
a) Le vélo
b) Le métro ou le bus
c) Votre voiture

12. D'où êtes-vous le plus fragile ?
a) De nulle part
b) Des jambes
c) De la tête
d) Du ventre
e) De partout

13. Quelle est votre position favorite ?
a) Ça m'est égal
b) Debout
c) Assis
d) Couché

14. De quand datent vos dernières vacances ?
a) Moins de 3 mois
b) Entre 3 et 9 mois
c) Plus de 9 mois
d) Je n'arrive pas à me souvenir

15. Quelle est votre loisir préféré pendant l'année ?
a) Gymnastique
b) Jardinage
c) Sortie avec des amis
d) Lecture
e) Soirée télé

**Comptez vos points
Pour chaque réponse**
a) 1 point ; **b)** 2 points ; **c)** 3 points ; **d)** 4 points et **e)** 5 points.

Entre 14 et 25 points, vous avez besoin de...
Vacances extrêmes
Comme vous pouvez faire à peu près tout ce que vous voulez, des activités extrêmes vous permettront de vous épanouir physiquement et psychologiquement. Mais ne faites pas n'importe quoi : apprenez à connaître vos limites plutôt qu'à les dépasser ! De toute façon, une bonne préparation est indispensable. N'hésitez pas à effectuer un check-up avant de partir, surtout si vous avez plus de 40 ans. Si vous partez loin, avant de passer à la phase active de votre voyage, ménagez-vous quelques jours de récupération à l'arrivée pour vous adapter au changement d'heure et de climat. Mais pas de panique : vous êtes en forme et vous le resterez. A condition d'éviter l'accident ! Au fait, êtes-vous bien assuré ?

Entre 26 et 37 points, vous avez besoin de...
Vacances actives
Même si votre forme physique n'est pas parfaite, vous abordez l'été dans de bonnes conditions. Profitez de vos vacances pour vous retaper. Pas besoin de partir pour un stage de rafting ou de plongée. Vous pouvez simplement faire un peu de gym tous les matins : les premiers jours, ce sera dur, mais à la fin des vacances, vous aurez gagné en souplesse. Autres possibilités : le vélo ou, à condition d'y aller progressivement, le tennis. Vous pouvez aussi décider de nager chaque jour. Efforcez-vous d'avoir des repas réguliers et équilibrés. Si vous partez loin et moins de deux semaines, évitez les décalages horaires de plus de 3 h et les climats extrêmes. Enfin, gardez ces bonnes résolutions à la rentrée !

Entre 38 et 49 points, vous avez besoin de...
Vacances découvertes
Heureusement, l'été est là ! Votre forme n'est pas brillante brillante. Une activité physique trop trépidante risque de vous fatiguer encore plus. Pourquoi ne pas en profiter pour découvrir une région ou un pays que vous ne connaissez pas ? Si vous partez loin, adaptez-vous progressivement aux conditions locales. Pour les voyages de moins de deux semaines, gare aux décalages horaires, ainsi qu'aux changements brutaux de climat et de régime alimentaire ! Suivez les conseils de votre médecin en matière de prévention (nourriture, soleil, insectes, etc). En vous cultivant l'esprit, ne négligez pas pour autant de cultiver votre corps. Sortez de votre voiture ou du car, et allez donc musarder à pied !

Entre 50 et 57 points, vous avez besoin de...
Repos absolu
Ah ! mon Dieu que c'est embêtant d'être toujours patraque ! Vous êtes sur le point de craquer. Attention : le moindre effort superflu peut avoir des conséquences fâcheuses. Vos vacances doivent être l'occasion de vous requinquer, de recharger vos accus vidés par le travail. Profitez du soleil... à l'ombre ! A votre programme, le plus horizontal possible : sommeil, sieste, repas réguliers et équilibrés, promenades. Attention aux voyages au long cours. Si vous partez aux Antilles ou aux Maldives, le décalage horaire, le changement de température et d'habitudes alimentaires risquent de vous fatiguer encore plus. Mais si cela vous fait vraiment plaisir d'aller dans les îles lointaines et ensoleillées...

Ça m'intéresse n° 160 - Juin 1994

2 Regardez, écoutez, lisez et faites correspondre

Les photos ont perdu leurs légendes. Retrouvez celles qui correspondent à chaque photo.
* A quelle photo correspond l'enregistrement ?

À vous

Dernière étape de votre projet : chaque groupe présente oralement son projet et distribue les documents écrits qui l'accompagnent. Discussion et vote final pour choisir le meilleur.

PRÉCIS GRAMMATICAL
I. L'interrogation et la négation

1   L'interrogation

Quand on attend une réponse par oui ou non

1. Intonation =…?
2. **Est-ce que…?**
3. Inversion du sujet

Nous sommes à Châtillon? – Sommes-nous à Châtillon? – Est-ce que nous sommes à Châtillon?

Quand on demande une information

1. Si la réponse peut être brève :

    qui? – que? – où? – quand? – combien?

Qui est là? – Que veux-tu? – Où vas-tu? – Quand viens-tu? – Combien de fois?

2. Si la réponse peut être toute une explication :

    comment? – pourquoi?

Comment tu fais? Pourquoi tu fais ça?

• La réponse à pourquoi = **parce que…**

Quand on demande un complément d'information

1. La question porte sur un élément connu qu'on répète :

    quel? – quelle? – quels? – quelles?

Quel âge as-tu? – Quelle robe tu vas mettre? Quels livres tu vas lire? – Quelles robes tu préfères?

• Des prépositions peuvent précéder ces mots interrogatifs :

Par quelle porte il est parti?
De quels amis tu me parles?

2. La question porte sur un élément connu qui n'est pas répété :

    lequel…? – lesquels…?
    laquelle…? – lesquelles…?

Tu as vu ces robes? Laquelle tu préfères?
Lequel de ces livres tu comptes acheter?

Récapitulatif des différences écrit/oral

A L'ORAL	A L'ÉCRIT
intonation – *Tu viens?*	inversion du pronom sujet : pronom seul – *Etait-il sincère?*
emploi de « est-ce que… » – *Est-ce que le facteur est passé?*	pronom renforçant le sujet – *L'inspecteur avait-il bien compris?*
emploi de termes interrogatifs – *Qui est là?*	emploi de termes interrogatifs + inversion – *Que dirait-il pour s'expliquer?*
emploi de termes interrogatifs + « est-ce que… » *Quand est-ce qu'il est venu?*	– *Comment le commissaire avait-il pu découvrir la vérité?*

• L'inversion est employée aussi à l'oral quand le ton est formel. Mais il existe cependant des expressions très courantes avec inversion :
Comment allez-vous? – Où vas-tu? – Quelle heure est-il?

• Indépendamment de l'interrogation, l'inversion s'emploie dans les incises :
C'est bien ce que tu voulais, dit-elle. Pas tout à fait, dis-je.

L'interrogation indirecte

Quand on demande une information, quand on attend une réponse ou une explication, on peut utiliser des formulations qui ne sont pas directement interrogatives.
Je me demande quand tu comptes venir.

2   La négation

LA NÉGATION PORTE SUR…	QUESTION POSSIBLE	TERMES NÉGATIFS
une phrase complète	…?	ne… pas
un objet, une chose	quelque chose? tout? un…? une…?	ne… rien ne… aucun …aucune
une personne	quelqu'un?	ne… personne
le temps	toujours? parfois?	ne… jamais
le lieu	où? partout? quelque part?	ne… nulle part
2 éléments quelconques	ceci? cela?	ne… pas de… ne… ni… ni…

Tu viens demain ? — *Non, je ne viens pas.*
Tu veux quelque chose ? — *Non, je ne veux rien.*
Tu vas lire un livre ? — *Non, je ne vais lire aucun livre.*
Tu vois quelqu'un ? — *Non, je ne vois personne.*
Il pleut toujours ici ? — *Non, il ne pleut jamais.*
Où va cette route ? — *Elle ne va nulle part.*
Le mélancolique n'a ni curiosité ni désir.

• Si la négation marque seulement une restriction :

ne… que…

Le chanteur n'a qu'une chanson pour vous convaincre.
La voyageuse ne lève les yeux qu'à la dernière minute.

▪ Avec les temps composés

| ne / n' + auxiliaire + | pas / plus / jamais / rien | + participe passé |

| ne / n' + auxiliaire + participe passé + | aucun… / personne / nulle part |

Je n'ai pas écouté, je n'ai plus entendu, je n'ai jamais parlé et je n'ai rien fait. Je n'ai acheté aucun livre, je n'ai rencontré personne, je n'ai trouvé le stylo nulle part.

▪ Termes négatifs en position de sujets

| ni / personne / nul (le) / aucun (e) | + ne + verbe |

Personne n'est venu. Ni ta famille, ni tes amis n'étaient là. Nul ne s'est inquiété de ta fête et aucun cadeau n'est arrivé.

▪ Construction avec un verbe à l'infinitif

| ne + | pas / rien / jamais | + infinitif |

Il se plaisait à ne rien faire, à ne pas répondre et à ne jamais écouter.

▪ « NE » sans valeur négative

Certaines expressions sont suivies d'un « ne » (appelé explétif) qui n'est pas une négation.
Il est à craindre que la police n'intervienne.
J'ai peur qu'elle ne se lasse.

▪ Combinaisons de termes négatifs

1. On peut combiner :

| plus + | rien / jamais / personne / que / aucun / nulle part / ni… ni… |

| jamais + | plus / rien / personne / que / aucun / nulle part / ni… ni… |

2. On peut ajouter d'autres termes pour renforcer la négation :

pas encore – pas toujours –
pas tellement – plus souvent –
plus du tout – pas du tout – rien du tout –
même pas – même plus –
presque rien – absolument personne…

3 Questions - Réponses brèves

▪ Quand la réponse est affirmative

oui – bien sûr…

Tu veux venir ? – Bien sûr.

▪ Quand la réponse est affirmative, mais la question négative

si

Tu n'aimes pas ça ? – Si.

▪ Quand la réponse à une question est négative

non – pas du tout – absolument rien –
pas le moins du monde – personne –
pas question – jamais de la vie

Tu viens ? – Non, pas ce soir
Tu aimes ça ? – Pas du tout.
Tu as fini ? – Pas encore.

II. Les déterminants

1 L'identité est connue

▪ Articles définis

le – la – l' – les

■ *Adjectifs démonstratifs*

ce – cet – cette – ces

■ *Adjectifs possessifs*

	MASCULIN	FÉMININ
singulier	mon – ton son	ma – ta sa
pluriel	notre – votre – leur mes – tes – ses nos – vos – leurs	

• Pour un possesseur :

mon – ma – mes
ton – ta – tes
son – sa – ses

• Pour plusieurs possesseurs :

notre – nos
votre – vos
leur – leurs

– *Ce livre sur la table, c'est le livre de Pierre ?*
– *C'est son livre.*
– *Tu vois les photos sur la table ?*
– *Les photos de Pierre et de Marie ?*
– *Oui, leurs photos !*

2 L'identité n'est pas définie

	VOUS COMPTEZ	VOUS NE COMPTEZ PAS
singulier	un une	du de la de l'
pluriel	2, 3, 4… des	
	articles indéfinis ou nombres	articles partitifs

■ *Expression de la quantité*

Un (2, 3, 4…) litre (s) **de**…
Un kilo **de**…
Une (2, 3, 4…) livre (s) **de**…
Beaucoup de beurre
Peu de…
Je veux un croissant, de la confiture, beaucoup de confiture et un peu de beurre.

■ *Récapitulatif sur les indéfinis*

Adverbes	Déterminants indéfinis	Pronoms indéfinis	
peu beaucoup assez (+de) trop rien	plusieurs certain (s/e/es) aucun (e) + nom quelque chaque tout (e/s/es) (+le/la/les)	quelqu'un quelques-un (e) s personne-nul (le) quelque chose rien chacun (e) tout (e)	Qualité
	même quelconque + nom autre	le/la même l'un (e) l'autre	Identité

3 Les contractions

de + le = **du**
de + l' = **de l'**
de + la = **de la**
de + les = **des**

La rose du jeune homme est blanche et la rose de la jeune fille est rose. Les roses des dames sont rouges.

III. Les pronoms

1 Les pronoms personnels

■ *Sujets*

je – tu – il – elle – on
nous – vous – ils – elles

vous = une personne avec respect
= deux, trois,… personnes

on = il ou elle – ils ou elles – nous.
On se conjugue comme il et elle.

■ *Réfléchis (dans les verbes pronominaux)*

me – te – se – nous – vous – se

■ *Complément direct (pour des personnes ou des choses)*

Ils remplacent une construction directe, sans préposition.

me - te - le - la - l'- nous - vous - les

■ *Complément indirect (pour des personnes)*

Ils remplacent une construction avec « à ».

me – te – lui
nous – vous – leur

■ *Complément de lieu*

Ils remplacent une construction introduite par « de » ou « à »

en - y

• Le pronom « en » remplace aussi les constructions introduites par un partitif.

■ *Toniques*

Ils s'emploient seuls ou après préposition, impératif ou « même »

moi – toi – lui – elle – soi
nous – vous – eux – elles

Avec des verbes à l'impératif, à la forme affirmative, les pronoms toniques se placent après le verbe ; mais à la forme négative, on emploie les formes des pronoms réfléchis et elles sont placées avant le verbe. On peut avoir aussi un pronom complément direct placé après l'impératif.

Vous viendrez chez moi avec elle ; cela me fera et lui fera plaisir.
J'aime manger du pain. J'en veux tout le temps.
Tu viens de Paris et tu vas à Marseille ? - Oui, Paris, j'en viens et Marseille, j'y vais.
Je vous le dis une dernière fois : ne lui parlez pas et laissez-la tranquille. Je le vois bien, vous la chagrinez.
Tais-toi ! Ne te rends pas ridicule !

2 Les pronoms relatifs

• Les pronoms relatifs permettent de lier deux phrases distinctes et d'éviter les répétitions.

nom ou pronom	qui que où dont	+ phrase qualifiante + phrase principale

sujet = **qui** – objet = **que** – lieu = **où** –
nom + de + nom = **dont**

Ce livre d'aventures que j'ai acheté, qui n'a pas d'intrigue, où les personnages sont inconsistants et dont l'histoire est inintéressante, ne m'a pas plu.

• Il existe d'autres pronoms relatifs qu'on emploie en particulier après des prépositions et qui sont marqués de genre et de nombre.

INVARIABLES	VARIABLES		
		AVEC « À »	AVEC « DE »
qui – que dont – où	lequel laquelle	auquel	duquel
	lesquels	auxquels	desquels
	lesquelles	auxquelles	desquelles

Tu as pris le livre… qui était sur la table –
que j'avais acheté – dont je t'avais parlé –
auquel je tenais beaucoup –
dans lequel j'avais écrit une dédicace –
à l'intérieur duquel il y avait des photos

3 Les pronoms démonstratifs

ceci / cela (ça)		ce qui / que…
celui-ci / celui-là	celui de…	celui qui / que…
celle-ci / celle-là	celle de…	(prép.) + celle qui / que…
ceux-ci / ceux-là	ceux de…	ceux qui / que…
celles-ci / celles-là	celles de…	celles qui / que…

4 Les pronoms possessifs

le mien	la mienne	les miens	les miennes
le tien	la tienne	les tiens	les tiennes
le sien	la sienne	les siens	les siennes
	le nôtre		les nôtres
	le vôtre		les vôtres
	le leur		les leurs

■ *L'expression de l'appartenance*

L'appartenance peut être exprimée par plusieurs formes :
• un déterminant possessif (cf. déterminants)
• un nom : **propriétaire, possesseur,…**
• un verbe : **posséder, avoir, appartenir à…, être à…**
• la préposition : **chez**
• un pronom (cf. ci-dessus)
• la combinaison de divers termes :
le/la/les… de/du/de la/d'un/d'une/des

IV. La présentation et la qualification

1 Accords

Formation du féminin

Cas général : Forme du masculin + e		
Autres cas :	au masculin	au féminin
terminaisons	– e – eux – er – n – teur	– e – euse – ère – nne – trice
Cas particuliers :	beau vieux	belle vieille

Il est jeune et heureux. C'est un boulanger parisien.
Sa femme est aussi boulangère et parisienne. Elle est, elle aussi, jeune et heureuse.

Formation du pluriel

Cas général : Forme du singulier + s		
Autres cas :	au singulier	au pluriel
terminaisons	– s ou – x – au, – eau, – eu – al – ou	– s ou – x + x – aux (généralement) + x (parfois)
Cas particulier :	œil	yeux

Un fils – des fils
un journal – des journaux
un prix – des prix
un genou – des genoux
un château – des châteaux

2 La place des adjectifs

Les adjectifs de qualification se placent généralement après le substantif.
J'ai lu des livres intéressants. – Elle est gentille.

• Certains adjectifs, parmi les plus courants et courts, se placent avant :

long – grand – petit – gros – bon – mauvais – beau – joli – jeune –
vieux – nouveau – vrai – faux – autre – premier – dernier – deuxième….

une vieille chanson - un joli petit chien - un bon film
N.B. : « nouveau » devant voyelle = « nouvel »
J'ai acheté un nouvel album.

• Il est possible de placer ces adjectifs après le substantif quand la qualité qu'on énonce est présentée comme originale ou particulière :
Ce qui s'imposait, c'était un gouvernement nouveau.
C'était un homme gros.

• Il existe quelques adjectifs qui changent de sens quand ils changent de place :
un pauvre homme (malheureux, qui fait pitié)
un homme pauvre (qui n'a pas d'argent)
un grand homme (un homme célèbre)
un homme grand (de grande taille)
un drôle de type (un type curieux)
un type drôle (un type amusant)

3 Les adverbes

Les adverbes qualifient l'action du verbe ou l'adjectif.

Formation

Ils sont généralement formés à partir d'un adjectif au féminin + « -ment ».

Autres formes

vite – bien – mal…

Il faut considérer la situation attentivement ; soyez donc attentif ! Travaillez vite et bien !

4 La place des adverbes

Elle dépend de l'élément sur lequel porte l'adverbe.

• Un adjectif = avant l'adjectif
• Un autre adverbe = avant l'adverbe
• Un verbe = généralement après le verbe ou après les compléments du verbe
• Toute la phrase = en tête ou en fin de phrase

Cet enfant très grand que tu vois là-bas, c'est mon fils. Il a gagné la course très brillamment. Il court très vite. Il traversait lentement la cour et examinait le dossier consciencieusement. Malheureusement, ses associés n'ont pas assisté à la réunion. Leur accord se terminerait avec fracas.

■ *Place des adverbes aux temps composés*

Les adverbes se placent soit après le participe passé, soit entre l'auxiliaire et le participe passé. Les adverbes courts, les plus courants, se placent toujours entre l'auxiliaire et le participe passé.

Les deux joueurs se sont regardés méchamment. Ils avaient mal joué et avaient presque fini par se détester.

5 La comparaison

■ *Pour comparer deux éléments*

**plus… que… – moins… que… –
aussi… que… –… comme…**

■ *Pour comparer avec un seul élément*

(les autres éléments restant implicites)

**le/la/les plus… – le/la/les moins…
très – si**

■ *Comparatifs irréguliers*

bon → meilleur ; bien → mieux

*Elle est plus aimable que lui ;
elle est aussi aimable que lui ;
elle est moins aimable que lui.
C'est la plus aimable (de toutes).*

Ce fromage est bon, mais l'autre est vraiment meilleur. Tu travailles bien mais tu pourrais travailler mieux.

■ *Récapitulatif de la comparaison*

La comparaison porte sur…		
un adjectif	un substantif	un verbe
plus… que…	le même… que	plus que
moins… que		moins que
aussi… que	autant de… que	autant que
… comme	… comme	… comme
	… différent de	

6 L'intensité

On l'exprime par des adverbes qui portent soit sur des qualifiants, soit sur des verbes.

très fort tout si	+ qualifiant	peu beaucoup pas mal tant	+ verbe	assez trop bien tellement ….	+ qualifiant ou verbe

*Très intelligent, fort utile, tout doucement, si aimable, assez belle, tellement bien.
Avoir trop bu, bien parlé, tellement admiré, tant aimé, beaucoup souffert, pas mal bavardé.*

7 Les présentatifs

**voici – voilà – c'est… – ce sont…
il y a… – il y avait… – il est – il existe**

Voilà (voici) vos résultats. C'est du beau travail. Ce sont de bons résultats. Il y avait peu d'erreurs.

■ *Constructions avec pronoms*

c'est… il y a… voilà…	+ subst. (ou pron.)	qui que où	
ce +		qui que	…c'est…
celui celle ceux celles	+	qui que dont prép. + relatif	… c'est… … ce sont…

Il y a quelqu'un qui est entré ici. C'est lui qui a allumé la lumière. Ce qui m'étonne, c'est son silence. Ce que je voudrais savoir, c'est où il se trouve maintenant. Celle dont je t'avais parlé, c'est sa sœur, celle à qui j'avais offert la bague.

■ *Constructions impersonnelles*

il est…

il est + adj. + **de** + inf.

il est + adj. + **que** + indicatif/subjonctif

Il est cinq heures. Il est agréable de faire une promenade matinale. Il est dommage qu'il ne fasse pas beau tous les jours.

- Ces structures sont à rapprocher de :

   il semble que… il paraît que…
   il est vrai que…

- A l'oral on remplace souvent « il est » par « c'est » ou « ça ».

C'est agréable de se promener le matin. Ça ne te dit rien de sortir à cette heure-ci?

▪ Ce/cela/ça

Il y a trois emplois de « ce » à ne pas confondre :
ce + substantif = déterminant démonstratif
ce + « être » = présentatif
ce + pronom relatif = présentatif construit avec un pronom

Ce chapeau, c'est le chapeau de Pierre. Ce qui est formidable, c'est sa forme.

- On emploie « cela » quand l'agent ou la chose dont on parle n'est pas clairement identifié, devant les verbes « pouvoir » ou « devoir » suivis d'un infinitif ou pour renforcer un autre présentatif.
« Ça » est la forme réduite de « cela », plus fréquente à l'oral.
(Pour la différence entre « ceci » et « cela », cf. V)
Tant de bruit pour ça! Ça doit être difficile de se contrôler parce que ça, ça marche et ça, c'est vrai.

V. Le lieu et le temps

1 L'expression du lieu

▪ Quand on précise le lieu

devant – derrière – sous – sur – entre – en – par – vers – à – dans – au milieu de – à côté – auprès de – autour de

dans le/la/l'/ les	à la/l'/au/aux
chez le/la/l'/ les	

Emile va chez l'épicier. A l'épicerie, il fait ses courses, puis il va à la boulangerie et au café.

- Pour situer :
    à droite – à gauche – tout droit – à côté
    en face – près de – loin de…

- Avec des pays et des villes

	PAYS	VILLES
la - l'	en	
le	au	à
les	aux	

Ils vont d'abord en Belgique et en Italie, puis ils iront au Brésil et aux Etats-Unis et ensuite, ils reviendront à Genève.

▪ Quand le lieu dépend de la personne qui parle

ici - là - dedans - dehors - là-bas - partout - en bas - en haut - ailleurs - partout - nulle part - au-delà…

- L'opposition « ici »/« là » retrouve son sens de proximité/éloignement quand on emploie les particules «-ci » et «-là », derrière certains mots.

Tu as vu ce tableau-ci? - Non, celui-ci, je ne l'ai pas bien vu, mais j'ai beaucoup aimé celui-là. - Ceci étant dit, je ne veux plus que tu parles de cela. - Il a cherché du travail par-ci, par-là, sans jamais en trouver. - Je n'aime pas beaucoup ces manières-là!

2 L'expression du temps

▪ La date

Le siècle : **au** XXème siècle
L'année : **en** 2002
La saison : **en** hiver/été/automne - **au** printemps
Le mois : **en** août - **au** mois d'août
Le jour : **le** 14 juillet
L'heure : **à** 21 heures

▪ L'heure

Trois heures cinq… dix… **et quart**… vingt… vingt-cinq …**et demie**

Quatre heures **moins** vingt-cinq… vingt… **le quart**… dix… cinq

Un moment

• par rapport au moment où l'on parle :
maintenant - aujourd'hui - hier - demain - avant - après…

• par rapport à un moment dans le passé :
avant - la veille - ce jour-là - le lendemain - plus tard…

Une durée

• sans point de repère :
en - pendant - pour + (1, 2, 3…) **ans - mois - jours - heures…** – **longtemps, quelque temps…**

• avec un point de repère :

depuis + expression de temps
quantité de temps
nom

il y a + quantité de temps

cela fait
il y a + quantité de temps + **que** + phrase

depuis + **que** + phrase

La fréquence

toujours - jamais - souvent - parfois…
tous les jours - toutes les heures - le dimanche…

Hier, c'était le 25 janvier. Elle a lu pendant toute la journée, de 9 heures à 21 heures. Elle lit souvent toute la journée. Lui, il regarde toujours la télévision. Mais aujourd'hui, il lit un roman policier. Ils ne vont jamais au cinéma.
Ils habitent leur maison de banlieue depuis trois ans. Comme ils l'ont déjà vendue, il faudra qu'il déménagent dans deux mois.
J'avais peur depuis une semaine, depuis la lettre interceptée, depuis que j'avais aperçu sa signature. Un jour, il y a longtemps, il m'avait dit qu'il sortirait un moment pour se procurer des allumettes. Il y a deux ans que j'attends son retour.

Relation entre deux faits

• Simultanéité : **quand… – lorsque… – au moment où… – pendant que…**
• Antériorité : **avant que… – en attendant que… – jusqu'à ce que…**

• Postériorité :
après que… – depuis que… – une fois que… – dès que…

L'inspecteur l'a arrêté avant qu'il ne prenne l'avion pour partir à l'étranger, au moment où il présentait son passeport. Depuis qu'il est en prison, l'inspecteur s'ennuie.

3 La valeur des temps

Les axes temporels

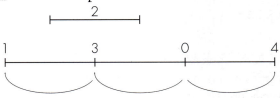

Elle n'est pas contente (0) parce qu'elle a déchiré le manteau (3) que son mari lui avait offert (1) quand elle était sa fiancée (2). Lui, il n'aime pas la voir malheureuse (0), il lui en achètera un autre (4).

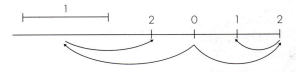

Etant jeune il imaginait (1) qu'il deviendrait (2) le patron de l'entreprise à la mort de son père. Quand il quittera (2) le bureau de l'inspecteur, celui-ci aura appris (1) toute la vérité.

• Le passé simple :
Dans les récits écrits, plus particulièrement dans ceux de type littéraire, on emploie des temps du passé qui ne sont plus d'usage à l'oral. C'est le cas du « passé simple » qui a la valeur ponctuelle exprimée en langue courante par le « passé composé ».

La formation des temps composés

passé composé = présent de l'auxiliaire « être » ou « avoir » + participe passé

plus-que-parfait = imparfait de l'auxiliaire + participe passé

conditionnel passé = conditionnel de l'auxiliaire + participe passé

futur antérieur = futur de l'auxiliaire + participe passé

• Observations :
1. Verbes conjugués avec l'auxiliaire « être »
• Les verbes pronominaux : se lever, s'arrêter, se maquiller…
• Les verbes de mouvement : aller, entrer, monter…
(cf. « Vocabulaire » : Actions avec mouvement de déplacement).
Avec l'auxiliaire « être », le participe passé s'accorde avec le sujet (au féminin ou au masculin selon le genre et le nombre). Il s'accorde au masculin (pluriel), quand les sujets sont au féminin et au masculin.

2. Conjugaison des pronominaux
Les verbes précédés du pronom « se » (verbes pronominaux), ne se conjuguent pas avec le présent de l'auxiliaire « avoir ». Ils se conjuguent avec le présent de l'auxiliaire « être ».

3. Irrégularités orthographiques
• Les verbes en « – ger » et en « – cer »
Pour conserver la bonne prononciation devant « a » et « o » :
« g » conserve le « e » ; « c » devient « ç ».
Nous mangeons – nous commençons
il mangeait – il commençait…
• Les verbes en « – eler » et en « – ener »
Pour conserver la bonne prononciation :
Appelle ! – appelons ! – appelez !
Je m'appelle – nous nous appelons
Je me promène – nous nous promenons – Promène-toi !

La formation de locutions à valeur de temps
futur proche = verbe « aller » + infinitif
passé récent = verbe « venir » + de + infinitif
présent ou passé continu =
verbe « être » + en train de + infinitif

Il est en train de remplir le formulaire qu'il vient de recevoir. Dans quelques minutes il va le remettre sous enveloppe pour aller le poster.

Formes non conjuguées
Les verbes peuvent avoir une forme non conjuguée, comme le participe passé qui sert à construire les temps composés et la forme passive. Mais il peut aussi être utilisé seul et remplir la fonction d'un adjectif.
Le participe présent («-ant ») rentre dans la formation du gérondif et il peut aussi avoir une valeur de qualifiant et apporter une vision momentanée dans un récit.

• Formation du Gérondif
en + participe présent
Une variante du gérondif, qui ajoute l'idée d'une difficulté à réaliser deux actions simultanément :
tout en + participe présent

L'enfant avait traversé la place en courant. L'inspecteur n'était pas loin ; il surveillait le suspect tout en lisant son journal. Il avait perdu la serviette contenant toutes les pièces à conviction. Et pourtant le suspect ne se trouvait pas loin, brandissant son pistolet devant l'enfant.

Forme active, forme passive et nominalisation
• La nominalisation
Les verbes donnent souvent lieu à la formation de substantifs ; parfois c'est le nom qui est à l'origine de la formation d'un verbe.

Suffixes		
Du verbe au nom	masculin	féminin
action ou résultat de l'action	– age – ment	– tion
fonction		– ance
Du nom au verbe	– er	

Il ne faut pas risquer que les évacuations des eaux puissent endommager les logements.

• Formes active et passive

Forme active	Commentaires
sujet + verbe + compl.	La forme active met au premier plan le sujet de l'action
Forme passive	
compl. = sujet + verbe « être » + p.p. du verbe (+ par + sujet)	La forme passive permet de mettre au premier plan l'objet de l'action et parfois de ne pas désigner le sujet

La nominalisation efface complètement le sujet et, parfois, l'objet.
*Hier, des voleurs ont cambriolé une maison.
Une maison a été cambriolée hier (par des voleurs).
Hier : cambriolage (d'une maison).*

VI. L'obligation

1. Le mode impératif

Il n'est utilisé qu'à la première personne du pluriel et aux deuxièmes personnes du singulier et du pluriel. Il n'est jamais précédé de pronom sujet, mais il peut en revanche se construire avec des pronoms compléments, aux formes affirmative et négative (cf. les pronoms toniques ci dessus).

2. Formes impersonnelles

Agent de l'obligation non identifié

il faut il vaut mieux	+ inf.	défense / prière il est interdit il est nécessaire il est urgent il est indispensable	+ de + inf.

Agent de l'obligation identifié

il faut il est nécessaire il est urgent il est indispensable il est à craindre il vaut mieux	+ que + subjonctif
c'est à…	+ de + inf.

Il est interdit de… - Défense de… - Il est défendu de défendre.
Il faut nous apporter à boire. - Il faudra que vous attendiez cinq minutes. - C'est à vous de nous obéir.

3. Formes conjuguées

Agent de l'obligation = sujet du verbe

devoir vouloir souhaiter aimer désirer	+ inf.	être obligé	+ de + inf.

Agent de l'obligation ≠ sujet du verbe

vouloir souhaiter aimer désirer	+ que + subj.	prier demander	+ de + inf.

Vous devez acheter un ticket de métro.
Je ne veux plus te voir.
Je souhaite que tu t'éloignes le plus possible.
Je te prie de partir.
Je suis obligé de te le faire comprendre.

4. Constructions avec « avoir »

Pour exprimer l'obligation

• Formes conjuguées où l'agent de l'obligation est le sujet du verbe :

$$\text{avoir à}$$
$$\text{n'avoir qu'à} + \text{inf.}$$

Pour proposer des solutions

• Forme impersonnelle où l'agent de l'obligation peut ne pas être identifié :

$$\text{il n'y a qu'à} + \text{inf.}$$

Pour exprimer la nécessité

• L'agent = le sujet

avoir besoin avoir peur avoir envie	de + inf. ou subst.

• L'agent ≠ le sujet

avoir besoin avoir peur avoir envie	que + subj.

Pour exprimer l'impuissance

$$\text{avoir beau} + \text{inf.}$$

J'ai besoin de repos et de me détendre, c'est pourquoi j'ai envie que tu t'en ailles. J'ai beau vouloir dormir, devant toi j'ai peur de ne pas pouvoir le faire. Tu n'as qu'à fermer la porte derrière toi.

VII. Les liens logiques

Cause et conséquence

cause	alors donc c'est pourquoi ….	conséquence
conséquence	comme parce que puisque car ….	cause

Je suis énervé, alors n'insiste pas. Je suis fâché parce que je n'ai pas trouvé ce que je voulais. Mais puisque cela t'est égal, laisse-moi donc tranquille.

But

pour - afin de   + infinitif
pour que - afin que + subjonctif

Afin de vous aider, je vous ai offert la maison, pour que vous l'habitiez.

Opposition

mais - pourtant - cependant….

Je suis venu et pourtant vous n'êtes pas contents !

- Si le sujet des deux actions est le même :
  au lieu de - sans
- Si les sujets sont différents :
  alors que - tandis que + indicatif
  bien que - sans que + subjonctif

Il est parti sans laisser d'adresse. Je suis resté bien qu'il ne m'ait pas demandé de le faire, alors que je n'en avais pas envie.

Supposition (condition, hypothèse)

à supposer que ⎫
à condition que ⎬ + subj.
à moins que ⎭
au cas où   + cond.

A supposer que tu reviennes avant moi, sache que j'ai préparé le dîner au cas où tu aurais faim.

- Les systèmes hypothétiques :

si + présent   futur
     imparfait   + conditionnel
     plus-que-parfait   conditionnel passé

Si je gagne ce concours, je partirai en voyage. Mais si par hasard tu le gagnais, c'est toi qui partirais. Si ta sœur l'avait gagné l'an dernier, elle serait partie.

Récapitulatif sur l'emploi des modes indicatif et subjonctif

L'indicatif représente des faits réels ou probablement réalisables. Le subjonctif représente une éventualité.

EXEMPLES DE CONSTRUCTIONS

EXPRESSIONS DE	+ INDICATIF	+ SUBJONCTIF
RAPPORTS TEMPORELS	quand, lorsque au moment où pendant que une fois que	avant que en attendant que
L'OPPOSITION	alors que tandis que	bien que sans que
LA SUPPOSITION	si au cas où	à supposer que à condition que à moins que
LA CAUSE ET LA CONSÉQUENCE	par conséquent, alors donc, c'est pourquoi si bien que, puisque d'autant (plus) que parce que étant donné que du moment que	
L'OPINION ET LA PERCEPTION	voir, sentir savoir, croire penser + que être sûr espérer compter	
L'INTENTION		pour que afin que
L'OBLIGATION		il faut que il est nécessaire urgent, + que indispensable
LE SOUHAIT LE DOUTE LE REGRET LA CRAINTE		vouloir aimer souhaiter + que préférer désirer
		regretter douter ne pas croire ne pas penser + que ne pas être sûr avoir peur craindre
		il est à craindre + que

VOCABULAIRE THEMATIQUE ET SYNTAXIQUE
Sommaire

I - ETAT ET IDENTITÉ

Identité
– verbes construits avec des attributs
Appartenance
– verbes construits avec des compléments
Etat
– verbes intransitifs
Localisation
– verbes construits avec un complément de lieu

II - CHANGEMENT ET DÉPLACEMENT

Changement d'état ou d'action
– verbes du 2ème groupe
*Mouvement ou changement :
sur soi-même ou réciproque*
– verbes conjugués avec « être »
Déplacement ou changement d'état
– verbes conjugués avec « être »

III - PERCEPTION ET SENTIMENTS

Sensation ou volonté
– verbes avec possibilité de compléments
Expression du sentiment
– verbes intransitifs

IV - LES ACTIONS

Actions sur des personnes
– verbes transitifs
Actions sur des choses
– verbes transitifs
*Actions sur des choses destinées
à des personnes*
– verbes avec possibilité de double complément
L'action dans son déroulement
– verbes intransitifs
– verbes admettant la possibilité
  de construction transitive
Actions de communication
– verbes construits avec « à »
– verbes construits avec « de » ou « avec »

V - LES ACTES DE PAROLE

Actes orientés vers une personne
– verbes transitifs
Actes de communication
– verbes avec possibilité de double complément

VI - CARACTÉRISTIQUES ET QUALITÉS

– adjectifs
Qualités de caractère
*Qualités physiques : humaines, non humaines, couleurs
et nuances*

VII - LA PERSONNE : SES FACULTÉS, SENTIMENTS ET SENSATIONS

– substantifs

VIII - ACTIVITÉS DANS LA SOCIÉTÉ

– substantifs
Activité professionnelle : métiers, commerçants, travail
Echanges dans la société : argent et finances
*Expression individuelle ou sociale : musique, spectacles,
art et culture, sciences, histoire et politique, religions*

IX - SERVICES

– substantifs
Services administratifs et juridiques
Services sociaux : santé et éducation
*Services collectifs : courrier, télécommunications,
médias, publicité*
*Moyens de transport : véhicules, l'automobile, le voyage
et les lieux de passage*

Explications

Les mots de ce vocabulaire ont été classés selon des critères de signification (thèmes et champs sémantiques). Ce classement comporte également des indications de type syntaxique. Par exemple, les catégories de I à V comportent des verbes ; VI, des adjectifs et de VII à IX, exclusivement des substantifs. Dans la catégorie des verbes, il faut signaler que des indications sont données sous chaque chapeau. Elles vous permettront de savoir si les verbes sont transitifs, à double complément, pronominaux ou intransitifs, ainsi que les constructions qu'ils admettent et ceux qui se conjuguent avec le verbe « être ».

I. ETAT ET IDENTITÉ

(verbes)

IDENTITÉ

• *construits avec des attributs*

être v.
exister v.
paraître v.
sembler v.

APPARTENANCE

• *construits avec des compléments*

appartenir v.
avoir v.
comporter v.
consister v.
constituer v.
contenir v.
posséder v.
représenter v.
symboliser v.

ETAT

• *intransitifs*

briller v.
disparaître v.
dormir v.
durer v.
étinceler v.
luire v.
rayonner v.
sommeiller v.
subsister v.
veiller v.
vivre v.

LOCALISATION

• *construits avec compl. de lieu*

demeurer v.
être v.
habiter v.
loger v.
vivre v.

II. CHANGEMENT ET DÉPLACEMENT

(verbes)

CHANGEMENT D'ÉTAT OU D'ACTION

• *2ème groupe*

agir v.
approfondir v.
finir v.
fleurir v.
frémir v.
grandir v.
grossir v.
guérir v.
jouir v.
mûrir v.
pâlir v.
rajeunir v.
ralentir v.
réagir v.
rebondir v.
refroidir v.
resplendir v.
rôtir v.
rougir v.
surgir v.
vieillir v.

MOUVEMENT OU CHANGEMENT

• *pronominaux; conj. avec « être » :*

sur soi-même
abonner (s') v.
abstenir (s') v.
accrocher (s') v.
accouder (s') v.
acharner (s') v.
affaiblir (s') v.
amarrer (s') v.
amuser (s') v.
approcher (s') v.
arrêter (s') v.
asseoir (s') v.
attacher (s') v.
avachir (s') v.
baigner (se) v.
balancer (se) v.
blottir (se) v.
cacher (se) v.
chausser (se) v.
coiffer (se) v.
complaire (se) v.
concentrer (se) v.
coucher (se) v.
crisper (se) v.
débrouiller (se) v.
dégrader (se) v.
dépêcher (se) v.
déplacer (se) v.
dérouler (se) v.
détendre (se) v.
développer (se) v.
déverser (se) v.
disperser (se) v.
dresser (se) v.
échapper (s') v.
écouler (s') v.
écrouler (s') v.
effondrer (s') v.
efforcer (s') v.
éloigner (s') v.
encanailler (s') v.
endormir (s') v.
ennuyer (s') v.
enrichir (s') v.
entraîner (s') v.
épanouir (s') v.
étendre (s') v.
évader (s') v.
éveiller (s') v.
exiler (s') v.
fâcher (se) v.
fatiguer (se) v.
fier (se) v.
figurer (se) v.
habiller (s') v.
hâter (se) v.
inquiéter (s') v.
inscrire (s') v.
inspirer (s') v.
installer (s') v.
insurger (s') v.
intéresser (s') v.
joindre (se) v.
laver (se) v.
lever (se) v.
maquiller (se) v.
marier (se) v.
moquer (se) v.
munir (se) v.
noyer (se) v.
occuper (s') v.
peigner (se) v.
précipiter (se) v.
prolonger (se) v.
promener (se) v.
régaler (se) v.
reposer (se) v.
réveiller (se) v.
révolter (se) v.
souvenir (se) v.
suicider (se) v.
taire (se) v.
tromper (se) v.
vêtir (se) v.

réciproques
appeler (s') v.
associer (s') v.
confier (se) v.
défier (se) v.
disputer (se) v.
écouter (s') v.
embrasser (s') v.
enlacer (s') v.
excuser (s') v.
familiariser (se) v.
interposer (s') v.
justifier (se) v.
lier (se) v.
méfier (se) v.
opposer (s') v.
plaindre (se) v.
plaire (se) v.
présenter (se) v.
quitter (se) v.
réconcilier (se) v.
regarder (se) v.
regrouper (se) v.
rencontrer (se) v.
saluer (se) v.
séparer (se) v.
soupçonner (se) v.
téléphoner (se) v.
unifier (s') v.

DÉPLACEMENT OU CHANGEMENT D'ÉTAT

• *conj. avec « être »*

aller v.
apparaître v.
arriver v.
descendre v.
entrer v.
devenir v.
monter v.
mourir v.
naître v.
partir v.
parvenir v.
passer v.
rentrer v.
rester v.
retourner v.
revenir v.
sortir v.
tomber v.
venir v.

III. PERCEPTION ET SENTIMENTS

verbes

SENSATION OU VOLONTÉ

• *possibilité de compléments*

admirer v.
adorer v.
aimer v.
apercevoir v.
apprécier v.
approuver v.
arborer v.
aspirer v.
assumer v.
atteindre v.
bénéficier v.
comprendre v.
concevoir v.
confondre v.
connaître v.
considérer v.
constater v.
croire v.
décider v.
démissionner v.
déplorer v.
désirer v.
détester v.
deviner v.
devoir v.
discerner v.
distinguer v.
écouter v.
entendre v.
espérer v.
essayer v.
estimer v.
exagérer v.
ignorer v.
imaginer v.
inventer v.
méconnaître v.
mériter v.
observer v.
oublier v.
penser v.
percevoir v.
pouvoir v.
préférer v.
prévoir v.
rater v.
reconsidérer v.
réfléchir v.

regarder v.
regretter v.
remarquer v.
repérer v.
rêver v.
risquer v.
sacrifier v.
savoir v.
savourer v.
sentir v.
songer v.
souhaiter v.
supporter v.
supposer v.
tenter v.
vérifier v.
voir v.
vouloir v.

EXPRESSION DU SENTIMENT

• *intransitifs*

bouder v.
chanter v.
crier v.
danser v.
douter v.
échouer v.
hésiter v.
hurler v.
oser v.
palpiter v.
persister v.
pleurer v.
rire v.
siffler v.
souffrir v.
sourire v.
trembler v.
vibrer v.

IV. LES ACTIONS

verbes

ACTIONS SUR DES PERSONNES

• *verbes transitifs*

abandonner v.
aborder v.
accompagner v.
affaiblir v.
affecter v.
aider v.
allécher v.
amener v.
appauvrir v.

apprivoiser v.
appuyer v.
arrêter v.
assassiner v.
assister v.
attendre v.
aveugler v.
baigner v.
baiser v.
battre v.
bercer v.
blesser v.
bouleverser v.
bousculer v.
cambrioler v.
caresser v.
changer v.
châtier v.
chatouiller v.
chercher v.
citer v.
coiffer v.
combattre v.
concerner v.
concilier v.
connaître v.
concurrencer v.
condamner v.
conduire v.
conquérir v.
consacrer v.
contrôler v.
débarrasser v.
décourager v.
découvrir v.
déranger v.
désigner v.
diriger v.
dispenser v.
dominer v.
doubler v.
éblouir v.
élever v.
élire v.
éloigner v.
émanciper v.
embarrasser v.
embaucher v.
embêter v.
embrasser v.
émerveiller v.
emmener v.
empêcher v.
employer v.
enchanter v.
énerver v.
enfermer v.
engager v.

entourer v.
entretenir v.
épouser v.
étonner v.
étouffer v.
espionner v.
estimer v.
éveiller v.
éventrer v.
examiner v.
exciter v.
exploiter v.
expulser v.
fasciner v.
fatiguer v.
favoriser v.
forcer v.
foudroyer v.
frapper v.
fréquenter v.
frustrer v.
garder v.
gifler v.
guetter v.
guider v.
habiller v.
hanter v.
honorer v.
humilier v.
identifier v.
impliquer v.
impressionner v.
influencer v.
inquiéter v.
intégrer v.
intéresser v.
isoler v.
joindre v.
manipuler v.
meurtrir v.
mordre v.
motiver v.
nourrir v.
obliger v.
orienter v.
oublier v.
pendre v.
perdre v.
peser v.
piétiner v.
piller v.
placer v.
pousser v.
précéder v.
préserver v.
promener v.
protéger v.
provoquer v.

quitter v.
ramener v.
raser v.
rassembler v.
rattraper v.
ravir v.
recevoir v.
rechercher v.
reconnaître v.
reconquérir v.
rejeter v.
relâcher v.
reléguer v.
remplacer v.
rencontrer v.
renvoyer v.
respecter v.
retenir v.
réveiller v.
sauver v.
soigner v.
soumettre v.
soutenir v.
stimuler v.
stupéfier v.
suivre v.
surprendre v.
surveiller v.
torturer v.
toucher v.
trahir v.
transformer v.
tromper v.
troubler v.
trouver v.
tuer v.
valoriser v.
vanter v.

ACTIONS SUR DES CHOSES

• *verbes transitifs*

abréger v.
absorber v.
adapter v.
additionner v.
aérer v.
agiter v.
ajouter v.
allonger v.
allumer v.
aménager v.
amortir v.
annuler v.
assembler v.
augmenter v.
baisser v.

balayer v.
bâtir v.
battre v.
brancher v.
brûler v.
calculer v.
cerner v.
changer v.
chauffer v.
chercher v.
choisir v.
classer v.
coller v.
combiner v.
comparer v.
compléter v.
compter v.
conduire v.
connecter v.
conserver v.
consolider v.
construire v.
coudre v.
couper v.
courber v.
créer v.
crever v.
croquer v.
cueillir v.
cultiver v.
débrancher v.
déchirer v.
décorer v.
découper v.
découvrir v.
décrocher v.
dégager v.
déguster v.
démanteler v.
démolir v.
dépasser v.
déplacer v.
déposer v.
dépouiller v.
détraquer v.
détruire v.
développer v.
dévisser v.
diriger v.
disposer v.
dissoudre v.
diviser v.
dominer v.
doubler v.
effacer v.
effectuer v.
élaborer v.
éliminer v.

éloigner v.
emballer v.
empêcher v.
emporter v.
endommager v.
enfiler v.
enfoncer v.
entamer v.
entasser v.
entourer v.
entreprendre v.
entrouvrir v.
envahir v.
envenimer v.
envoyer v.
épingler v.
essayer v.
essuyer v.
estimer v.
établir v.
éteindre v.
évacuer v.
examiner v.
exhiber v.
exploiter v.
exporter v.
fabriquer v.
ficeler v.
fixer v.
fonder v.
forcer v.
forger v.
former v.
frapper v.
garder v.
garer v.
gaspiller v.
goûter v.
gratter v.
guetter v.
hacher v.
identifier v.
illuminer v.
illustrer v.
implanter v.
incendier v.
inclure v.
installer v.
intégrer v.
intercepter v.
interpréter v.
introduire v.
inventorier v.
isoler v.
jeter v.
lâcher v.
localiser v.
manipuler v.

marquer v.
mener v.
mesurer v.
mettre v.
meubler v.
moderniser v.
modifier v.
mordre v.
multiplier v.
noter v.
obtenir v.
organiser v.
oublier v.
perdre v.
peser v.
piétiner v.
placer v.
plier v.
poser v.
poster v.
pousser v.
prendre v.
produire v.
provoquer v.
quitter v.
raccrocher v.
ramasser v.
ranger v.
rattacher v.
ravager v.
réaliser v.
rechercher v.
récolter v.
recoudre v.
recueillir v.
récupérer v.
rédiger v.
redresser v.
réduire v.
régler v.
relever v.
remettre v.
remplacer v.
remplir v.
remporter v.
renforcer v.
renouveler v.
renverser v.
réparer v.
repasser v.
reprendre v.
réserver v.
réunir v.
saisir v.
secouer v.
séparer v.
serrer v.
situer v.

soigner v.
souder v.
sucrer v.
suivre v.
superposer v.
tirer v.
toucher v.
transcrire v.
transformer v.
transporter v.
tremper v.
tresser v.
trier v.
tripoter v.
trouver v.
utiliser v.
valoriser v.
vider v.
visiter v.
visser v.

ACTIONS SUR DES CHOSES DESTINÉES À DES PERSONNES

• *double complément*

acheter v.
adresser v.
appliquer v.
apporter v.
arracher v.
arranger v.
attacher v.
barrer v.
briser v.
cacher v.
casser v.
céder v.
cirer v.
corriger v.
décrire v.
dépeindre v.
débrancher v.
déchirer v.
destiner v.
distribuer v.
donner v.
éclairer v.
emprunter v.
enlever v.
éviter v.
fermer v.
gâcher v.
lancer v.
laver v.
léguer v.
louer v.

montrer v.
nettoyer v.
offrir v.
ouvrir v.
partager v.
payer v.
porter v.
préparer v.
prêter v.
procurer v.
pourvoir v.
rapporter v.
rectifier v.
régler v.
rendre v.
retirer v.
saccager v.
tenir v.
transmettre v.
vendre v.
voler v.

L'ACTION DANS SON DÉROULEMENT

ACTION OU MOUVEMENT

• *verbes intransitifs*

aboutir v.
aboyer v.
agoniser v.
avancer v.
bouger v.
bouillir v.
bricoler v.
chiner v.
chuter v.
circuler v.
couler v.
courir v.
cracher v.
cuire v.
déambuler v.
déferler v.
dégringoler v.
déjeuner v.
déménager v.
dîner v.
éclater v.
émigrer v.
enquêter v.
étinceler v.
évoluer v.
flotter v.
fonctionner v.
fuir v.

glisser v.
glousser v.
grincer v.
insister v.
intervenir v.
jouer v.
marcher v.
mendier v.
mijoter v.
participer v.
patiner v.
plonger v.
poursuivre v.
profiter v.
reculer v.
régner v.
résonner v.
ronfler v.
rouler v.
roupiller v.
saillir v.
sauter v.
stationner v.
surnager v.
tousser v.
travailler v.
trébucher v.
vivre v.
voler v.
voyager v.

POUVANT ADMETTRE UN COMPLÉMENT

• *possibilité de construction transitive*

apprendre v.
boire v.
commencer v.
consommer v.
continuer v.
déclamer v.
dégénérer v.
dépenser v.
déployer v.
dessiner v.
dévorer v.
éclabousser v.
écrire v.
engendrer v.
énoncer v.
enregistrer v.
étudier v.
excepter v.
exercer v.
fabriquer v.

faire v.
franchir v.
fumer v.
gagner v.
généraliser v.
lire v.
manger v.
manquer v.
parier v.
piocher v.
planter v.
pratiquer v.
prononcer v.
recommencer v.
relire v.
réussir v.
sculpter v.
servir v.
signer v.
sonner v.
souffler v.
terminer v.
tondre v.
totaliser v.
tourner v.
traverser v.
varier v.
verser v.

ACTIONS DE COMMUNICATION

DESTINÉES À UNE PERSONNE

- *objet ind. ; construction avec « à »*

convenir v.
correspondre v.
mentir v.
obéir v.
pardonner v.
parler v.
rendre compte v.
téléphoner v.

AVEC UN DEUXIEME ACTEUR IMPLICITE

- *construction avec « de » ou « avec »*

collaborer v.
convenir v.
converser v.
coopérer v.
correspondre v.

débattre v.
dépendre v.
dialoguer v.
discuter v.
divorcer v.
plaisanter v.

V. LES ACTES DE PAROLE

(verbes)

ACTES ORIENTÉS VERS UNE PERSONNE

- *verbes transitifs*

accepter v.
appeler v.
baratiner v.
consoler v.
consulter v.
contacter v.
convaincre v.
dénoncer v.
encourager v.
excuser v.
féliciter v.
gronder v.
inciter v.
informer v.
interroger v.
interrompre v.
interviewer v.
inviter v.
justifier v.
menacer v.
nommer v.
persuader v.
prévenir v.
prier v.
questionner v.
rassurer v.
remercier v.
renseigner v.
saluer v.
supplier v.
surnommer v.
(cf. certains réciproques)

ACTES DE COMMUNICATION

- *possibilité de constr. avec double complément*

affirmer v.
annoncer v.
assurer v.
autoriser v.
confier v.
conseiller v.
commander v.
communiquer v.
confirmer v.
déclarer v.
demander v.
dicter v.
dire v.
évoquer v.
exiger v.
expliquer v.
imposer v.
indiquer v.
interdire v.
jurer v.
manifester v.
mentionner v.
nier v.
ordonner v.
permettre v.
préciser v.
prédire v.
présenter v.
proclamer v.
prohiber v.
proposer v.
raconter v.
rappeler v.
récapituler v.
réciter v.
réclamer v.
refuser v.
réitérer v.
répéter v.
répondre v.
reprocher v.
souligner v.
suggérer v.

VI. CARACTÉRISTIQUES ET QUALITÉS

(adjectifs)

QUALITÉS DE CARACTERE

abasourdi (e) adj.
abject (e) adj.
absolu (e) adj.
actif (ve) adj.
adorable adj.
agréable adj.
agressif (ve) adj.
aimable adj.
aisé (e) adj.
amusant (e) adj.
angélique adj.
antipathique adj.
ardent (e) adj.
astucieux (euse) adj.
athée adj.
atroce adj.
bénéfique adj.
bizarre adj.
bon (ne) adj.
brusque adj.
calé (e) adj.
calme adj.
capricieux (euse) adj.
caritatif (ve) adj.
catastrophique adj.
charmant adj.
charmeur (euse) adj.
chétif (ve) adj.
clairvoyant (e) adj.
comique adj.
commun (e) adj.
compétent (e) adj.
compliqué (e) adj.
confus (e) adj.
constant (e) adj.
constructif (ve) adj.
content (e) adj.
convaincant (e) adj.
conventionnel (elle) adj.
cordial (e) adj.
courageux (euse) adj.
courtois (e) adj.
curieux (euse) adj.
dangereux (euse) adj.
découragé (e) adj.
dégoûtant (e) adj.
délicat (e) adj.
démuni (e) adj.
dépourvu (e) adj.
dépressif (ve) adj.
déprimé (e) adj.
dernier (ère) adj.
désolé (e) adj.
difficile adj.
discret (ète) adj.
disponible adj.
distingué (e) adj.
doué (e) adj.
dramatique adj.
drôle adj.
dupe adj.
dur (e) adj.
dynamique adj.

efficace adj.
effroyable adj.
élégant (e) adj.
élogieux (euse) adj.
éloquent (e) adj.
émouvant (e) adj.
enflammé (e) adj.
ennuyeux (euse) adj.
enragé (ée) adj.
enthousiaste adj.
envieux (euse) adj.
éperdu (e) adj.
excessif (ve) adj.
exigeant (e) adj.
expéditif (ve) adj.
explicite adj.
extraordinaire adj.
extravagant (e) adj.
extrême adj.
fantastique adj.
farouche adj.
favorable adj.
fervent (e) adj.
fidèle adj.
folâtre adj.
formel (elle) adj.
fou (lle) adj.
franc (che) adj.
frileux (euse) adj.
funèbre adj.
futile adj.
gai (e) adj.
gêné (e) adj.
génial (e) adj.
généreux (euse) adj.
gentil (ille) adj.
gracieux (euse) adj.
hardi (e) adj.
hautain (e) adj.
heureux (euse) adj.
idiot (e) adj.
ignoble adj.
imbécile adj.
impatient (e) adj.
imperturbable adj.
impopulaire adj.
imprévisible adj.
imprévu (e) adj.
imprudent (e) adj.
inadmissible adj.
incompréhensible adj.
incroyable adj.
indécis (e) adj.
inefficace adj.
inexact (e) adj.
infaillible adj.
infernal (e) adj.
inoffensif (ve) adj.

inouï (e) *adj.*
inquiet (ète) *adj.*
insolite *adj.*
instable *adj.*
insuffisant (e) *adj.*
intellectuel (elle) *adj.*
intelligent (e) *adj.*
intouchable *adj.*
ironique *adj.*
irrécupérable *adj.*
jaloux (ouse) *adj.*
juste *adj.*
lamentable *adj.*
lent (e) *adj.*
ludique *adj.*
lyrique *adj.*
magique *adj.*
maladroit (e) *adj.*
malheureux (euse) *adj.*
maniaque *adj.*
mécanique *adj.*
méchant (e) *adj.*
mélancolique *adj.*
merveilleux (euse) *adj.*
méticuleux (euse) *adj.*
misérable *adj.*
modeste *adj.*
mystérieux (euse) *adj.*
mystique *adj.*
naïf (ve) *adj.*
nécessaire *adj.*
normal (e) *adj.*
nul (le) *adj.*
objectif (ve) *adj.*
optimiste *adj.*
pacifique *adj.*
paisible *adj.*
paresseux (euse) *adj.*
parfait (e) *adj.*
patient (e) *adj.*
pauvre *adj.*
perplexe *adj.*
perspicace *adj.*
pessimiste *adj.*
pétrifié (e) *adj.*
piteux (euse) *adj.*
poli (e) *adj.*
ponctuel (elle) *adj.*
pratique *adj.*
pressé (e) *adj.*
prestigieux (euse) *adj.*
primitif (ve) *adj.*
principal (e) *adj.*
prodigieux (euse) *adj.*
propre *adj.*
provocateur (trice) *adj.*
pudibond (e) *adj.*
puissant (e) *adj.*

radical (e) *adj.*
raisonnable *adj.*
rapide *adj.*
redoutable *adj.*
réel (elle) *adj.*
régulier (ère) *adj.*
relatif (ive) *adj.*
riche *adj.*
ridicule *adj.*
romantique *adj.*
sage *adj.*
sanguinaire *adj.*
sarcastique *adj.*
satirique *adj.*
satisfait (e) *adj.*
sauvage *adj.*
sceptique *adj.*
secret (ète) *adj.*
sensationnel (elle) *adj.*
serein (e) *adj.*
sérieux (euse) *adj.*
seul *adj.*
sévère *adj.*
silencieux (euse) *adj.*
simple *adj.*
sincère *adj.*
sinistre *adj.*
solide *adj.*
solitaire *adj.*
souple *adj.*
spécial (e) *adj.*
spectaculaire *adj.*
splendide *adj.*
spontané (e) *adj.*
strict (e) *adj.*
studieux (euse) *adj.*
stupide *adj.*
subversif (ve) *adj.*
superbe *adj.*
sûr (e) *adj.*
sympathique *adj.*
terrible *adj.*
têtu (e) *adj.*
timide *adj.*
timoré (e) *adj.*
tonique *adj.*
tranquille *adj.*
triste *adj.*
vénérable *adj.*
vulgaire *adj.*

QUALITÉS PHYSIQUES

• *humaines*

âgé (e) *adj.*
athlétique *adj.*
aveugle *adj.*

balourd (e) *adj.*
beau (elle) *adj.*
blanc (che) *adj.*
blond (e) *adj.*
brun (e) *adj.*
chauve *adj.*
doux (ouce) *adj.*
effilé (e) *adj.*
fluet (ette) *adj.*
fort (e) *adj.*
fragile *adj.*
géant (e) *adj.*
grand (e) *adj.*
gros (sse) *adj.*
jeune *adj.*
joli (e) *adj.*
laid (e) *adj.*
lourd (e) *adj.*
maigre *adj.*
majestueux (se) *adj.*
monstrueux (se) *adj.*
muet (te) *adj.*
noir (e) *adj.*
normal (e) *adj.*
nu (e) *adj.*
petit (e) *adj.*
rabougri (e) *adj.*
radieux (euse) *adj.*
repoussant (e) *adj.*
robuste *adj.*
roux (ousse) *adj.*
sain (e) *adj.*
sale *adj.*
sourd (e) *adj.*
tendre *adj.*
vieux (lle) *adj.*

• *non humaines*

abondant (e) *adj.*
aigu (uë) *adj.*
amer (ère) *adj.*
ancestral (e) *adj.*
ancien (ne) *adj.*
antique *adj.*
aride *adj.*
automatique *adj.*
avantageux (euse) *adj.*
bas (se) *adj.*
beau (elle) *adj.*
bon (ne) *adj.*
bon marché *adj.*
bouillant (e) *adj.*
bref (ève) *adj.*
carré (ée) *adj.*
clair (e) *adj.*
classique *adj.*
colossal (e) *adj.*
considérable *adj.*

copieux (euse) *adj.*
court (e) *adj.*
crémeux (euse) *adj.*
creux (euse) *adj.*
dégoûtant (e) *adj.*
délicieux (euse) *adj.*
démodé (e) *adj.*
droit (e) *adj.*
encombrant (e) *adj.*
énorme *adj.*
entier (ère) *adj.*
éphémère *adj.*
étincelant (e) *adj.*
exact (e) *adj.*
excellent (e) *adj.*
exquis (e) *adj.*
externe *adj.*
faux (sse) *adj.*
fragile *adj.*
frais (iche) *adj.*
grand (e) *adj.*
gras (se) *adj.*
grave *adj.*
harmonieux (euse) *adj.*
haut (e) *adj.*
haut de gamme *adj.*
humide *adj.*
immédiat (e) *adj.*
immense *adj.*
immobile *adj.*
inchangé (e) *adj.*
inconsistant (e) *adj.*
indirect (e) *adj.*
intact (e) *adj.*
irrégulier (ère) *adj.*
jetable *adj.*
joli (e) *adj.*
juteux (euse) *adj.*
léger (ère) *adj.*
liquide *adj.*
long (ue) *adj.*
luxuriant (e) *adj.*
mauvais (e) *adj.*
minuscule *adj.*
moelleux (euse) *adj.*
moite *adj.*
moyen (enne) *adj.*
net (ette) *adj.*
neuf (ve) *adj.*
normal (e) *adj.*
nouveau (lle) *adj.*
ovale *adj.*
parallèle *adj.*
passionnant (e) *adj.*
périssable *adj.*
petit (e) *adj.*
plat (e) *adj.*
plein (e) *adj.*

pur (e) *adj.*
radieux (euse) *adj.*
rance *adj.*
rare *adj.*
repoussant (e) *adj.*
rond (e) *adj.*
sale *adj.*
savoureux (euse) *adj.*
sonore *adj.*
souterrain (e) *adj.*
suave *adj.*
supérieur (e) *adj.*
tiède *adj.*
torride *adj.*
unique *adj.*
vaste *adj.*
vide *adj.*

• *couleurs et nuances*

blafard (e) *adj.*
blanc (che) *adj.*
bleu (e) *adj.*
blond (e) *adj.*
brillant (e) *adj.*
bronzé (e) *adj.*
brumeux (euse) *adj.*
brun (e) *adj.*
cuivré (e) *adj.*
doré (e) *adj.*
empourpré (e) *adj.*
gris (e) *adj.*
jaune *adj.*
limpide *adj.*
marron *adj.*
neutre *adj.*
noir (e) *adj.*
obscur (e) *adj.*
orange *adj.*
rose *adj.*
rouge *adj.*
roux (sse) *adj.*
sombre *adj.*
vermillon *adj.*
vert (e) *adj.*

VII. LA PERSONNE : SES FACULTÉS, SENTIMENTS ET SENSATIONS

(*substantifs*)
abondance *n.f.*
absence *n.f.*
absurdité *n.f.*
accommodement *n.m.*
acte *n.m.*
activité *n.f.*
adaptation *n.f.*

admiration n.f.
aigreur n.f.
aise n.f.
allégresse n.f.
ambiguïté n.f.
ambition n.f.
amitié n.f.
amour n.m.
angoisse n.f.
aptitude n.f.
aspect n.m.
assurance n.f.
astuce n.f.
attente n.f.
attirance n.f.
attrait n.m.
austérité n.f.
autonomie n.f.
autorité n.f.
beauté n.f.
besoin n.m.
bêtise n.f.
bienfaisance n.f.
bonheur n.m.
bonté n.f.
capacité n.f.
caprice n.m.
caresse n.f.
chagrin n.m.
charme n.m.
choc n.m.
chute n.f.
clairvoyance n.f.
compétence n.f.
complainte n.f.
complicité n.f.
comportement n.m.
concentration n.f.
confiance n.f.
confidence n.f.
conflit n.m.
conscience n.f.
considération n.f.
consolation n.f.
contradiction n.f.
correction n.f.
courage n.m.
crainte n.f.
culpabilisation n.f.
curiosité n.f.
danger n.m.
débrouillardise n.f.
décontraction n.f.
déconvenue n.f.
défaut n.m.
défense n.f.
défiance n.f.
défi n.m.

dégoût n.m.
délicatesse n.f.
densité n.f.
dépression n.f.
désarroi n.m.
désinvolture n.f.
désir n.m.
différence n.f.
difficulté n.f.
discipline n.f.
disgrâce n.f.
dommage n.m.
don n.m.
doute n.m.
échec n.m.
effet n.m.
efficacité n.f.
effort n.m.
égard n.m.
élasticité n.f.
embarras
émoi n.m.
émotion n.f.
énergie n.f.
engouement n.m.
entente n.f.
enthousiasme n.m.
envie n.f.
équilibre n.m.
erreur n.f.
espérance n.f.
espoir n.m.
esprit n.m.
essence n.f.
euphorie n.f.
évidence n.f.
existence n.f.
expérience n.f.
faiblesse n.f.
faim n.f.
fanatisme n.m.
fantaisie n.f.
fatigue n.f.
foi n.f.
force n.f.
fraîcheur n.f.
frustration n.f.
gaîté n.f.
génération n.f.
génie n.m.
gentillesse n.f.
gloire n.f.
grandeur n.f.
gravité n.f.
haine n.f.
hommage n.m.
honneur n.m.
horreur n.f.

hostilité n.f.
humeur n.f.
humour n.m.
illusion n.f.
imagination n.f.
importance n.f.
impression n.f.
inadvertance n.f.
inconscience n.f.
indépendance n.f.
indifférence n.f.
indulgence n.f.
initiative n.f.
injustice n.f.
inquiétude n.f.
insensibilité n.f.
insouciance n.f.
instinct n.m.
insuffisance n.f.
intelligence n.f.
intensité n.f.
intention n.f.
intérêt n.m.
inventivité n.f.
ironie n.f.
irresponsabilité n.f.
joie n.f.
jouissance n.f.
laideur n.f.
langage n.m.
liberté n.f.
lucidité n.f.
malheur n.m.
manie n.f.
mémoire n.f.
menace n.f.
mentalité n.f.
mépris n.m.
mirage n.m.
misère n.f.
morale n.f.
motivation n.f.
mystère n.m.
naïveté n.f.
nature n.f.
nostalgie n.f.
nuance n.f.
nuisance n.f.
objectivité n.f.
odeur n.f.
optimisme n.m.
paix n.f.
pardon n.m.
paresse n.f.
passion n.f.
patience n.f.
peine n.f.
pensée n.f.

performance n.f.
permanence n.f.
pessimisme n.m.
peur n.f.
pingrerie n.f.
pitié n.f.
plaisanterie n.f.
plaisir n.m.
pleurs n.m. pl.
point de vue
politesse n.f.
possibilité n.f.
prédilection n.f.
prestige n.m.
priorité n.f.
privilège n.m.
problème n.m.
promesse n.f.
pudeur n.f.
pudibonderie n.f.
puissance n.f.
querelle n.f.
rage n.f.
raison n.f.
réflexion n.f.
relation n.f.
remords n.m.
rêve n.m.
rivalité n.f.
sagesse n.f.
satisfaction n.f.
savoir-vivre n.m.
scandale n.m.
scrupule n.m.
sensibilité n.f.
séparation n.f.
sincérité n.f.
soif n.f.
solitude n.f.
sommeil n.m.
souci n.m.
stabilité n.f.
subjectivité n.f.
superstition n.f.
suspicion n.f.
sympathie n.f.
talent n.m.
témoin n.m.
tendance n.f.
timidité n.f.
tolérance n.f.
tort n.m.
tourment n.m.
trouble n.m.
vengeance n.f.
vérité n.f.
vertu n.f.
vie n.f.

vigueur n.f.
volonté n.f.
vue n.f.

VIII. ACTIVITÉS DANS LA SOCIÉTÉ

(substantifs)

ACTIVITÉ PROFESSIONNELLE

• *métiers, fonctions ou occupations*

abbé n.m.
acupuncteur (trice) n.
adjoint (e) n.
agent n.m.
agriculteur n.m.
alchimiste n.
ambassadeur (drice) n.
apothicaire n.
architecte n.
artisan n.m.
assistant (e) n.
assistant (e) social (e) n.
assureur n.m.
astrologue n.
avocat (e) n.
bandit n.m.
berger (ère) n.
bonimenteur n.m.
cadre (supérieur) n.m.
cambrioleur n.m.
camelot n.m.
chauffeur n.m.
chauffeur de taxi n.m.
chef n.m.
chef de service n.m.
chef machiniste n.m.
cheminot n.m.
chimiste n.
chirurgien n.m.
cinéaste n.
clochard (e) n.
coiffeur (euse) n.
collaborateur (rice) n.
commissaire n.m.
comptable n.
concierge n.
confrère n.m.
contractuel (elle) n.
contrôleur (euse) n.
cordonnier n.m.
dépanneur n.m.
député n.m.
directeur (trice) n.
dirigeant n.m.

docteur n.m.
ébéniste n.
éclusier n.m.
électricien n.m.
employé (e) n.
employeur n.m.
étudiant (e) n.
exécutif n.m.
exploitant n.m.
facteur n.m.
femme de ménage n.f.
fonctionnaire n.
gardien (nne) n.
garde d'enfants n.
guérisseur (euse) n.
haut fonctionnaire n.
homéopathe n.
hôtesse n.f.
ingénieur n.m.
inspecteur n.m.
intérimaire n.
interprète n.
journaliste n.
juge d'instruction n.m.
maçon n.m.
maître n.m.
maître d'hôtel n.m.
manœuvre n.m.
manucure n.f.
maraîcher n.m.
marinier n.m.
marin n.m.
matelot n.m.
mécanicien n.m.
médecin n.m.
ménagère n.f.
mendiant (e) n.
menuisier n.m.
meunier (ère) n.
militaire n.m.
mineur n.m.
ministre n.m.
modèle n.m.
musicien (nne) n.
navigateur (trice) n.
négociant n.m.
officier n.m.
ouvrier (ère) n.
patron n.m.
paysan (anne) n.
peintre n.m.
photographe n.
plasticien n.m.
plâtrier n.m.
policier n.m.
postier (ère) n.
président (e) n.
président-directeur-

général n.
prêtre n.m.
professeur n.m.
promoteur n.m.
prostitué (e) n.
psychologue n.
représentant (e) n.
commercial (e) n.
retraité (e) n.
salarié (e) n.
saltimbanque n.
secrétaire n.
sénateur n.m.
serveur (euse) n.
sociologue n.
soudeur n.m.
spécialiste n.
technicien (nne) n.
technocrate n.
vagabond (e) n.
vigneron n.m.

• *commerçants*

bijoutier (ère) n.
boucher (ère) n.
boulanger (ère) n.
bouquiniste n.
confiseur n.m.
épicier (ère) n.
libraire n.
marchand (e) n.
pâtissier (ère) n.
pharmacien (ne) n.
vendeur (se) n.

• *le travail*

ancienneté n.f.
augmentation n.f.
banderole n.f.
boulot n.m.
candidature n.f.
carrière n.f.
chômage n.m.
chômeur n.m.
compagnie n.f.
concurrence n.f.
conférence n.f.
congé n.m.
congrès n.m.
contestation n.f.
convention n.f.
convocation n.f.
curriculum vitæ n.m.
débouché n.m.
démission n.f.
droit n.m.
effectif n.m.
emploi n.m.
emploi du temps n.m.

faillite n.f.
grève n.f.
hiérarchisation n.f.
horloge pointeuse n.f.
indemnisation n.f.
indemnité n.f.
informatisation n.f.
insertion n.f.
inspection n.f.
intérim n.m.
job n.m.
licenciement n.m.
main-d'œuvre n.f.
manifestant (e) n.
marginalisation n.f.
ordinateur n.m.
patronat n.m.
poste de travail n.m.
promotion n.f.
réinsertion n.f.
rémunération n.f.
retraite n.f.
revendication n.f.
salaire n.m.
statut n.m.
secteur n.m.
syndicat n.m.
tâche n.f.
tertiaire n.m.
travail n.m.
vacances n. pl.

ECHANGES DANS
LA SOCIÉTÉ

• *argent et finances*

accord n.m.
action n.f.
actionnaire n.m.
administration n.f.
affaire n. f
argent n.m.
arnaque n.f.
avantage n.m.
banque n.f.
bénéfices n.m.pl.
biens n.m.pl.
bilan n.m.
billet n.m.
bourse n.f.
capital n.m.
centime n.m.
change n.m.
chèque n.m.
chiffre n.m.
chiffre d'affaires n.m.
commande n.f.
comptabilité n.f.

compte bancaire n.m.
contrat n.m.
cotisation n.f.
coût n.m.
créance n.f.
crédit n.m.
crise n.f.
croissance n.f.
déficit n.m.
dépense n.f.
dette n.f.
dévaluation n.f.
distributeur n.m.
économie n.f.
entreprise n.f.
épargne n.f.
expansion n.f.
exportation n.f.
facture n.f.
fortune n.f.
franc n.m.
gain n.m.
gestion n.f.
guichet n.m.
industrie n.f.
investissement n.m.
lingot n.m.
luxe n.m.
monnaie n.f.
moyens n.m.
négoce n.m.
occasion n.f.
offre n.f.
opération n.f.
or n.m.
paiement n.m.
partenariat n.m.
pauvreté n.f.
pénurie n.f.
perte n.f.
placement n.m.
pourcentage n.m.
précarité n.f.
prélèvement n.m.
privation n.f.
privatisation n.f.
profit n.m.
prospérité n.f.
récession n.f.
règlement n.m.
remboursement n.m.
rendement n.m.
rentabilité n.f.
ressources n.f.pl.
revenu n.m.
société n.f.
somme n.f.
sou n.m.

subsistance n.f.
succursale n.f.
tarif n.m.
taxe n.f.
trésor n.m.
usine n.f.
valeur n.f.

*EXPRESSION
INDIVIDUELLE OU
SOCIALE*

• *musique*

accordéon n.m.
adage n.m.
archet n.m.
boîte à musique n.f.
cantate n.f.
cassette n.f.
chanson n.f.
chansonnier n.m.
chœur n.m.
chorégraphie n.f.
compositeur n.m.
composition n.f.
concert n.m.
disque n.m.
fan n.m.
flûte n.f.
gamme n.f.
grelot n.m.
guitare n.f.
harmonica n.m.
haut-parleur n.m.
instrument n.m.
jazz n.m.
mélodie n.f.
opéra n.m.
opérette n.f.
orchestre n.m.
orgue n.m.
percussion n.f.
piano n.m.
piano-bar n.m.
prodige n. m
récital n. m
refrain n. m
rengaine n.f.
rock n.m.
rythme n.m.
sourdine n.f.
strophe n.f.
symphonie n.f.
synthétiseur n.m.
tambourin n.m.
tambour n.m.
tam-tam n.m.
tempo n.m.

ton *n.m.*
trémolo *n.m.*
troubadour *n.m.*
valse *n.f.*
violon *n.m.*
violoncelle *n.m.*
virtuose *n.m.*

• *spectacles*

acteur (trice) *n.*
admirateur (trice) *n.*
amphithéâtre *n.m.*
ballet *n.m.*
bohème *n.f.*
bravo *n.m.*
caméra *n.f.*
cinéma *n.m.*
cinématographe *n.m.*
cirque *n.m.*
comédie *n.f.*
début *n.m.*
débutant (e) *n.*
écran *n.m.*
enregistrement *n.m.*
film *n.m.*
marionnette *n.f.*
metteur en scène *n.m.*
music-hall *n.m.*
producteur (trice) *n.*
public *n.m.*
queue *n.f.*
réalisateur (trice) *n.*
répétition *n.f.*
rôle *n.m.*
scénario *n.m.*
scène *n.f.*
sketch *n.m.*
star *n.f.*
théâtre *n.m.*
tournage *n.m.*
tournée *n.f.*
trucage *n.m.*
vedette *n.f.*

• *art et culture*

allusion *n.f.*
anecdote *n.f.*
appareil photo *n.m.*
argument *n.m.*
artiste *n.*
arts plastiques *n.m.pl.*
auteur *n.m.*
bande dessinée *n.f.*
bibliothèque *n.f.*
biographie *n.f.*
bouquin *n.m.*
citation *n.f.*
conte *n.m.*
création *n.f.*

dédicace *n.f.*
dénouement *n.m.*
dramaturge *n.*
écrivain *n.m.*
elfe *n.m.*
exposition *n.f.*
fable *n.f.*
galerie *n.f.*
gravure *n.f.*
idée *n.f.*
impressionnisme *n.m.*
intrigue *n.f.*
introduction *n.f.*
littérature *n.f.*
livre *n.m.*
œuvre *n.f.*
ouvrage *n.m.*
page *n.f.*
peinture *n.f.*
personnage *n.m.*
photo *n.f.*
photographie *n.f.*
poème *n.m.*
poésie *n.f.*
poète *n.m.*
protagoniste *n.*
récit *n.m.*
roman *n.m.*
romancier (ère) *n.*
sculpture *n.f.*
suspens *n.m.*
texte *n.m.*
thème *n.m.*
titre *n.m.*
vers *n.m.*

• *sciences*

acoustique *n.f.*
analyse *n.f.*
anthropologue *n.*
antithèse *n.f.*
axiome *n.m.*
biologie *n.f.*
biologiste *n.*
cellule *n.f.*
chimie *n.f.*
chimiste *n.*
chronomètre *n.m.*
encyclopédie *n.f.*
équation *n.f.*
ethnologie *n.f.*
géographie *n.f.*
mathématiques *n.f.pl.*
métaphysique *n.f.*
microscope *n.m.*
phénomène *n.m.*
philosophe *n.*
philosophie *n.f.*

physicien (enne) *n.*
physique *n.f.*
planisphère *n.m.*
psychanalyse *n.f.*
savant *n.m.*
schéma *n.m.*
sociologie *n.f.*
structuralisme *n.m.*
synthèse *n.f.*
théoricien (enne) *n.*
théorie *n.f.*
thèse *n.f.*
traité *n.m.*

• *histoire et politique*

absolutisme *n.m.*
arme *n.f.*
armée *n.f.*
armistice *n.m.*
assaut *n.m.*
assemblée *n.f.*
attaque *n.f.*
avènement *n.m.*
baron *n.m.*
bataille *n.f.*
camp *n.m.*
canon *n.m.*
capitalisme *n.m.*
célébrité *n.f.*
chevalier *n.m.*
chronologie *n.f.*
classe sociale *n.f.*
colon *n.m.*
colonialisme *n.m.*
colonisation *n.f.*
combat *n.m.*
combattant *n.m.*
communisme *n.m.*
conjoncture *n.f.*
conquérant *n.m.*
conquête *n.f.*
contingent *n.m.*
créole *n.*
croisade *n.f.*
décolonisation *n.f.*
démagogie *n.f.*
démographie *n.f.*
duc *n.m.*
duel *n.m.*
écologie *n.f.*
électeur (trice) *n.*
élection *n.f.*
émeute *n.f.*
émigration *n.f.*
empereur *n.m.*
empire *n.m.*
esclavage *n.m.*
esclave *n.*

état *n.m.*
évolution *n.f.*
exécution *n.f.*
féodalité *n.f.*
francophonie *n.f.*
gouvernement *n.m.*
guerre *n.f.*
hymne *n.m.*
impérialisme *n.m.*
industrialisation *n.f.*
insurrection *n.f.*
légion *n.f.*
libération *n.f.*
ligue *n.f.*
mandat *n.m.*
marxisme *n.m.*
métissage *n.m.*
métis (se) *n.*
métropole *n.f.*
ministre *n.m.*
ministère *n.m.*
monarchie *n.f.*
monarchiste *n.*
nationalisme *n.m.*
nation *n.f.*
noblesse *n.f.*
occupation *n.f.*
oppresseur *n.m.*
oppression *n.f.*
parlement *n.m.*
parlementaire
parti *n.m.*
patrimoine *n.m.*
population *n.f.*
progrès *n.m.*
protectorat *n.m.*
référendum *n.m.*
réforme *n.f.*
renaissance *n.f.*
renommée *n.f.*
républicain (e)
république *n.f.*
résistance *n.f.*
roi (reine) *n.*
royaume *n.m.*
scrutin *n.m.*
seigneur *n.m.*
sénat *n.m.*
socialisme *n.m.*
suffrage *n.m.*
utopie *n.f.*
vestige *n.m.*
victoire *n.f.*
vote *n.m.*

• *religions*

adepte *n.*
apôtre *n.m.*

bouc émissaire *n.m.*
catholicisme *n.m.*
chapelet *n.m.*
chapelle *n.f.*
commandements *n.m.pl.*
communion *n.f.*
culte *n.m.*
diable *n.m.*
dieu *n.m.*
divinité *n.f.*
doctrine *n.f.*
enfer *n.m.*
faute *n.f.*
hébraïsme *n. m.*
messe *n.f.*
miracle *n.m.*
mission *n.f.*
missionnaire *n.*
moine *n.m.*
musulman *n.m.*
paradis *n. m.*
paroisse *n.f.*
prière *n.f.*
protestantisme *n.m.*
sanctuaire *n.m.*

IX. SERVICES

(*substantifs*)

SERVICES ADMINISTRATIFS ET JURIDIQUES

administration *n.f.*
agent de police *n.m.*
bagne *n.m.*
cabinet *n.m.*
conscription *n.f.*
contribuable *n.*
déserteur *n.m.*
document *n.m.*
dossier *n.m.*
entête *n.f.*
fiche *n.f.*
fisc *n.m.*
formulaire *n.m.*
gendarmerie *n.f.*
gendarme *n.m.*
impôt *n.m.*
instance *n.f.*
institution *n.f.*
justice *n.f.*
loi *n.f.*
magistrature *n.f.*
maire *n.m.*
mairie *n.f.*
municipalité *n.f.*

notaire *n.m.*
objecteur *n.m.*
papier *n.m.*
pénitencier *n.m.*
photocopie *n.f.*
police *n.f.*
préfecture *n.f.*
prisonnier (ère) *n.*
procédure *n.f.*
procès *n.m.*
secrétariat *n.m.*
service national *n.m.*
télécopie *n.f.*

SERVICES SOCIAUX

• *santé*

ambulance *n.f.*
carie *n.f.*
carnet *n.m.*
centre hospitalier *n. m*
certificat médical *n. m*
clinique *n.f.*
congestion *n.f.*
consultation *n.f.*
coqueluche *n.f.*
délire *n.m.*
démangeaison *n.f.*
dénutrition *n.f.*
diagnostic *n.m.*
diététique *n.f.*
diphtérie *n.f.*
docteur *n.m.*
douleur *n.f.*
entérite *n.f.*
fantasme *n.m.*
fièvre *n.f.*
gastrite *n.f.*
gingivite *n.f.*
hôpital *n.m.*
infirmière *n.f.*
infirmité *n.f.*
injection *n.f.*
mal *n.m.*
malade *n.*
médecine *n.f.*
médecin *n.m.*
médicament *n.m.*
migraine *n.f.*
mutuelle *n.f.*
nervosité *n.f.*
névrose *n.f.*
opération *n.f.*
otite *n.f.*
paralysie *n.f.*
pharmacie *n.f.*
poliomyélite *n.f.*
prestation *n.f.*

prévention *n.f.*
psychiatre *n.*
régime *n.m.*
remède *n.m.*
secours *n.m.*
sécurité sociale *n.f.*
soins *n.m.pl.*
somnifère *n.m.*
souffrance *n.f.*
spécialiste *n.*
symptôme *n.m.*
tétanos *n.m.*
tranquillisant *n.m.*
urgence *n.f.*
vaccination *n.f.*
vaccin *n.m.*
vitamine *n.f.*

• *éducation*

baccalauréat *n.m.*
bachelier (ère) *n.*
brevet *n.m.*
bulletin *n.m.*
buvard *n.m.*
cahier *n.m.*
calcul *n.m.*
cancre *n.m.*
cartable *n.m.*
collège *n.m.*
compte rendu *n.m.*
cours *n.m.*
craie *n.f.*
crayon *n.m.*
devoir *n.m.*
dictionnaire *n.m.*
diplôme *n.m.*
diplômé (e) *n.*
doctorat *n.m.*
école *n.f.*
école confessionnelle *n.f.*
école laïque *n.f.*
éducation *n.f.*
énarque *n.m.*
encre *n.f.*
enseignant (e) *n.*
enseignement *n.m.*
enseignement
  technique *n.m.*
études *n.f.pl.*
étudiant (e) *n.*
examen *n.m.*
examinateur (trice) *n.*
exempter *v.*
externat *n.m.*
faculté *n.f.*
feuille de papier *n.f.*
filière *n.f.*
fournitures scolaires *n.f.pl.*

gomme *n.f.*
gratuité *n.f.*
I.U.T. *n.m.*
inscription *n.f.*
instituteur (trice) *n.*
instruction *n.f.*
internat *n.m.*
leçon *n.f.*
licence *n.f.*
livret *n.m.*
lycée *n.m.*
maître (esse) *n.*
maîtrise *n.f.*
méthode *n.f.*
normalien (ienne) *n.*
pédagogie *n.f.*
pension *n.f.*
polytechnicien (ienne) *n.*
primaire *n. m*
professeur *n.m.*
pupitre *n.m.*
rectorat *n.m.*
rentrée *n.f.*
salle de classe *n.f.*
scolarisation *n.f.*
secondaire *n.m.*
stage *n.m.*
stylo *n.m.*
taille-crayon *n.m.*
travaux pratiques *n.m.pl.*
université *n.f.*

SERVICES COLLECTIFS

• *courrier*

carte postale *n.f.*
enveloppe *n.f.*
facteur *n.m.*
lettre *n.f.*
mot de passe *n.m.*
poste *n.f.*
postier *n.m.*
recommandé (e) *n.m.*
télégramme *n.m.*
timbre *n.m.*
usager *n.m.*

• *télécom*

annuaire *n.m.*
cabine téléphonique *n.f.*
fax *n.m.*
indicatif *n.m.*
ligne *n.f.*
message *n.m.*
minitel *n.m.*
signal *n.m.*

télécopie *n.f.*
téléphone *n.m.*

• *médias*

actualité *n.f.*
animateur (trice) *n.*
antenne *n.f.*
article *n.m.*
audience *n.f.*
audimat *n.m.*
auditeur (trice) *n.*
câble *n.m.*
censure *n.f.*
chronique *n.f.*
critique *n.f.*
diffusion *n.f.*
émission *n.f.*
événement *n.m.*
gazette *n.f.*
horoscope *n.m.*
information *n.f.*
journalisme *n.m.*
journal *n.m.*
journaliste *n.*
kiosque *n.m.*
légende *n.f.*
longueur d'onde *n.f.*
magazine *n.m.*
microphone *n.m.*
nouvelle *n.f.*
opinion *n.f.*
petites annonces *n.f.pl.*
présentateur (trice) *n.*
programmation *n.f.*
programme *n.m.*
publication *n.f.*
quotidien *n.m.*
radio *n.f.*
rédacteur (trice) en chef *n.m.*
rédaction *n.f.*
reportage *n.m.*
rubrique *n.f.*
sondage *n.m.*
sous-titre *n.m.*
spectateur (trice) *n.*
téléspectateur (trice) *n.*
télévision *n.f.*
télé *n.f.*
titre *n.m.*
une *n.f.*
vidéoscope *n.m.*
vidéo *n.f.*

• *publicité*

affichage *n.m.*
affiche *n.f.*
annonceur *n.m.*
dépliant *n.m.*

logo *n.m.*
mode *n.f.*
nouveauté *n.f.*
panneau d'affichage *n.m.*
propagande *n.f.*
prospectus *n.m.*
pub *n.f.*
publicitaire *n.*
publicité *n.f.*
slogan *n.m.*
succès *n.m.*

MOYENS DE TRANSPORT

• *véhicules*

autobus *n.m.*
auto *n.f.*
avion *n.m.*
bagnole *n.f.*
bateau *n.m.*
bicyclette *n.f.*
car *n.m.*
carriole *n.f.*
chariot *n.m.*
charrette *n.f.*
charroi *n.m.*
chemin de fer *n.m.*
conducteur (tice) *n.*
convoi *n.m.*
embarcation *n.f.*
engin *n.m.*
équipage *n.m.*
fusée *n.f.*
galère *n.f.*
mât *n.m.*
métro *n.m.*
moto *n.f.*
navire *n.m.*
ovni *n.m.*
péniche *n.f.*
phare *n.m.*
sécurité *n.f.*
taxi *n.m.*
torpédo *n.f.*
train *n.m.*
vélo *n.m.*
voiture *n.f.*

• *l'automobile*

accident *n.m.*
amende *n.f.*
boîte à vitesses *n.f.*
capot *n.m.*
carburateur *n.m.*
carrosserie *n.f.*
collision *n.f.*
contravention *n.f.*
démarreur *n.m.*

frein *n.m.*	soupape *n.f.*	décalage horaire *n.m.*	tour *n.m.*	étape *n.f.*
horodateur *n.m.*	vitesse *n.f.*	départ *n.m.*	touriste *n.*	frontière *n.f.*
immatriculation *n.f.*	• *le voyage*	destination *n.f.*	valise *n.f.*	gare *n.f.*
infraction *n.f.*	agence de voyages *n.f.*	direction *n.f.*	visa *n.m.*	hôtel *n.m.*
klaxon *n.m.*	aller-retour *n.m.*	expédition *n.f.*	vol *n.m.*	itinéraire *n.m.*
moteur *n.m.*	atterrissage *n.m.*	globe-trotter *n.m.*	voyage *n.m.*	panneau *n.m.*
panne *n.f.*	auto-stop *n.m.*	guide *n.m.*	voyageur (euse) *n.*	passage *n.m.*
pare-brise *n.m.*	auto-stoppeur (euse) *n.*	kilomètre *n.m.*	• *lieux de passage*	promenade *n.f.*
permis de conduire *n.m.*	aventure *n.f.*	mètre *n.m.*	aéroport *n.m.*	quai *n.m.*
plaque minéralogique *n.f.*	bagages *n.m.pl.*	naufrage *n.m.*	arrêt *n.m.*	rail *n.m.*
portière *n.f.*	balade *n.f.*	passager (ère) *n.*	autoroute *n.f.*	route *n.f.*
procès-verbal (PV) *n.m.*	billet *n.m.*	passeport *n.m.*	chemin *n.m.*	sens *n.m.*
remorque *n.f.*	bousculade *n.f.*	single *n. m*	compartiment *n.m.*	sortie *n.f.*
rodage *n.m.*	carte *n.f.*	ticket *n.m.*	consigne *n.f.*	station *n.f.*
	carte postale *n.f.*	tourisme *n.m.*	embouteillage *n.m.*	trajectoire *n.f.*

Première partie/SECTION I

	DOMAINE DES COMPETENCES			DOMAINE DES PERFORMANCES	
	Connaissance du français		Connaissance de la France		
	Grammaire et conjugaison	Prononciation et orthographe	Vocabulaire et civilisation	Oral	Ecrit
LEÇON 1 Page 4	Révision • Identification et définition des personnes et des objets : les articles et quelques possessifs • Les formes négatives et interrogatives • Formation et emploi du présent de l'indicatif	• Reconnaissance des signes de ponctuation ou typographiques : interrogation, exclamation, pauses…	• Vie quotidienne. Famille et travail : horaires • Métiers et termes de parenté	• Se saluer, se présenter et poser des questions sur l'identité	• Composer un texte à partir de questions-réponses
LEÇON 2 Page 10	Révision • Pronoms personnels • Construction de la négation au passé composé • Formation et emploi des temps du passé : imparfait, passé composé et plus-que-parfait	• Révision des correspondances graphiques des voyelles orales cardinales et [K], [g]	• Vie quotidienne Commerce : centres commerciaux - soldes, consommateurs… • Vêtements et accessoires	• Parler au téléphone	• Prendre des notes, résumer des informations
LEÇON 3 Page 16	Révision • Pronoms relatifs • Qualificatifs : adjectifs et adverbes • Comparaison • Expression du lieu et du temps • Formation et emploi du futur et du conditionnel	• Révision des correspondances orthographiques des voyelles orales moyennes et [v] et [b]	• Culture traditionnelle et régionale Cuisine : vins ; fromages ; cuisine classique, traditionnelle ou nouvelle cuisine	• Décrire et comparer	• Ecrire une lettre de description d'un lieu
LEÇON 4 Page 22	Révision • Emploi du style indirect • Expression des liens de cause, conséquence, but et hypothèse • Expression de l'obligation • Formation et emploi du présent du subjonctif	• Sensibilisation à des accents régionaux	• Culture traditionnelle et régionale Régions : traditions, langues et accents (le Nord et l'Ouest, la Bretagne)	• Rapporter des propos	• Exprimer des instructions par écrit
LEÇON 5 Page 28	Evaluation			• Culture savante Le Nôtre, créateur du parc de Versailles ; présentation du château de Versailles et du jardin des Tuileries. Lenôtre, grand cuisinier, pâtissier.	Evaluation

Première partie / SECTION II

	DOMAINE DES COMPETENCES			DOMAINE DES PERFORMANCES	
	Connaissance du français		Connaissance de la France		
	Grammaire et conjugaison	Prononciation et orthographe	Vocabulaire et civilisation	Oral	Ecrit
LEÇON 6 Page 32	• Interrogation : inversions courantes et systématiques • Pronoms : pronoms démonstratifs, relatifs avec préposition • Valeurs du participe présent • Sensibilisation au passé simple	• Correspondances graphiques des voyelles nasales et différence voyelle + [n]	• Culture encyclopédique Economie : industrie, ressources, population active	• Téléphoner à des proches	• Analyser et organiser l'information
LEÇON 7 Page 38	• Déterminants et pronoms : emploi des indéfinis de quantification • Négation : emploi de « ne… que » et de « ne… ni… ni… »	• Correspondances graphiques des consonnes labiales, dentales et labio-dentales	• Vie quotidienne Services publics : transports, poste, téléphone…	• Téléphoner à une société	• Lettres de réclamation
LEÇON 8 Page 44	• Dérivations : la nominalisation • La forme passive • Le futur et le futur antérieur	• Orthographe des consonnes latérales et palatales	• Vie quotidienne Circulation, assurances et informatisation des services	• Discuter pour se défendre	• Manipulation de textes avec changements de formes
LEÇON 9 Page 50	• Négation : « personne », « ni », « aucun » sujets • Négation devant un infinitif • Qualifiants : comparaison de quantité et de qualité • Conjugaison : le participe passé employé comme adjectif	• Sensibilisation à des accents régionaux	• Culture traditionnelle et régionale Régions : traditions, langues et accents (l'est de la France : la Lorraine et l'Alsace)	• Etablir des comparaisons	• Enumérer, décrire, comparer
LEÇON 10 Page 56	Evaluation		• Culture savante La Gare d'Orsay devenue musée ; des peintres impressionistes français et quelques-uns de leurs tableaux	Evaluation	

Deuxième partie / SECTION III

	DOMAINE DES COMPETENCES			DOMAINE DES PERFORMANCES	
	Connaissance du français		Connaissance de la France		
	Grammaire et conjugaison	Prononciation et orthographe	Vocabulaire et civilisation	Oral	Ecrit
LEÇON 11 Page 60	Révision • Interrogation : inversions courantes et systématiques • Négation : emploi de « ne… que » et de « ne… ni… ni… », « personne », « ni », « aucun » sujets • Déterminants : emploi des indéfinis de quantification • Dérivations : nominalisation • Qualifiants : comparaison de quantité • Pronoms : pronoms relatifs avec préposition • Temps des verbes : formation du futur antérieur	• Situer le futur/futur antérieur • Récapitulatif des correspondances graphiques de toutes les voyelles	• Vie quotidienne Le travail : droits et devoirs, technocratie, impôts	• Dire ses préférences	• Ecrire une lettre de candidature
LEÇON 12 Page 66	• Pronoms : relatifs « dont », « lequel », « laquelle », « lesquels », « lesquelles » et précédés de « à » ou « de »	• Sensibilisation à des accents régionaux	• Culture traditionnelle et régionale Régions : traditions, langues et accents (Le Sud et le Sud-Ouest, le basque et le provençal)	• Donner une opinion personnelle	• Extraire d'un texte ses éléments d'information
LEÇON 13 Page 72	• Qualifiants : moyens d'intensification • Temps des verbes : emploi du conditionnel et du conditionnel passé comme futur dans le passé	• Correspondances graphiques des consonnes	• Vie quotidienne Economie et société : crise, chômage, marginalité	• Commenter une situation à partir de documents divers	• Prendre des notes en vue de synthèses
LEÇON 14 Page 78	• Expression du temps : durée avec point de repère passé et rapports temporels • Pronoms : pronoms possessifs avec correspondances non pronominales	• Correspondances graphiques des semi-voyelles	• Vie quotidienne. Loisirs et jeux de hasard : PMU, loteries, lotos, et autres	• Comparer et fabriquer des publicités, écrites et radiophoniques	
LEÇON 15 Page 84	Evaluation		• Culture savante La Villette, cité des sciences et salle de concert ; Bercy, événements sportifs et salle de concert et d'opéra	Evaluation	

Deuxième partie / SECTION IV

	DOMAINE DES COMPETENCES			DOMAINE DES PERFORMANCES	
	Connaissance du français		Connaissance de la France		
	Grammaire et conjugaison	Prononciation et orthographe	Vocabulaire et civilisation	Oral	Ecrit
LEÇON 16 Page 88	Révision • Interrogation : récapitulatif des formes interrogatives, y compris les inversions courantes et systématiques • Récapitulatif des comparaisons • Temps des verbes : emploi du conditionnel et toutes ses valeurs, y compris comme futur dans le passé	• Récapitulatif orthographique des consonnes	• Vie quotidienne Education : système éducatif, avantages et problèmes ; préparation à la vie active	• Discuter en faisant des comparaisons	• Analyser différents types de textes
LEÇON 17 Page 94	Révision • Négation : « personne », « ni », « aucun » sujets • Pronoms relatifs et emploi de « dont » • Forme passive et nominalisation	• Récapitulatif de l'emploi des accents avec incidence sur la prononciation	• Culture encyclopédique Histoire : colonies et décolonisation	• Opposer des thèses	• Construire des tableaux récapitulatifs
LEÇON 18 Page 100	• Liaisons de cause ou de concession : « quand même », « alors », « avoir beau » • Négation et obligation : constructions avec « avoir » • Emploi de « il n'y a qu'à… »	• Sensibilisation aux distinctions du [a] postérieur	• Vie quotidienne Santé : carnet de santé ; vaccinations obligatoires • Mutuelles • Sécurité sociale	• Poser un problème et examiner ses différents aspects ou solutions	• Elaborer un texte exposant un thème abordé sous différents angles
LEÇON 19 Page 106	• Quelques constructions de cause et de temps • Temps des verbes : expression de la simultanéité, de l'antériorité et de la postériorité • Le gérondif	• Accents orthographiques et diacritiques	• Culture traditionnelle et régionale Francophonie : sensibilisation à la poésie francophone ; manifestations culturelles en pays francophone	• Rendre compte d'un événement par rapport à ses causes et à son déroulement dans le temps	• Organiser un texte de manière chronologique
LEÇON 20 Page 112	Evaluation		• Culture savante La Comédie Française ; le Palais Royal ; la sculpture contemporaine	Evaluation	

Troisième partie / SECTION V

	DOMAINE DES COMPETENCES			DOMAINE DES PERFORMANCES	
	Connaissance du français		Connaissance de la France		
	Grammaire et conjugaison	Prononciation et orthographe	Vocabulaire et civilisation	Oral	Ecrit
LEÇON 21 Page 116	Révision • Les pronoms démonstratifs et relatifs • La qualification et la description	• Récapitulatif de l'emploi des accents graphiques	• Culture encyclopédique. Organisation de l'Etat et les Institutions	• Commenter les informations contenues dans un tableau	• Rédiger un texte à partir de ces informations
LEÇON 22 Page 122	• Interrogation : inversion à l'écrit, inversions courantes et systématiques • Expression de l'opinion et du sentiment avec l'infinitif, l'indicatif et le subjonctif	• Sensibilisation à des parlers créoles	• Culture traditionnelle et régionale. Régions : DOM- Départements d'outre-mer (la Guadeloupe, la Martinique, La Réunion)	• Formuler une série de questions, à l'oral et à l'écrit, pour cerner un sujet	
LEÇON 23 Page 128	• Discours indirect avec changements d'embrayeurs • Concordance des temps dans le discours indirect	• Règles orthographiques liées à l'emploi de doubles consonnes	• Vie quotidienne. Le logement et le marché immobilier	• Convaincre des avantages à partir de la description des lieux	• Rapporter à l'écrit des propos d'autrui, directement ou indirectement
LEÇON 24 Page 134	• L'expression de l'obligation : les constructions personnelles et impersonnelles • Emploi des modes	• Règles orthographiques liées à la formation des féminins et des pluriels	• Vie quotidienne. L'impact des médias (la presse, la radio, la télévision et la publicité)	• Censurer, mettre en cause, défendre	• Elaborer des textes critiques
LEÇON 25 Page 140	Evaluation		• Culture savante. Beaubourg ; l'art contemporain	Evaluation	

Troisième partie / SECTION VI

	DOMAINE DES COMPETENCES		DOMAINE DES PERFORMANCES
	Connaissance du français	Connaissance de la France	
	Grammaire et conjugaison	Vocabulaire et civilisation	Oral et écrit
LEÇON 26 Page 144	Révision	• Vie quotidienne L'alimentation et ses produits de base : pain, pomme de terre, sucre…	• Début de la préparation d'une simulation orale et écrite : Création d'un projet multi-vocationnel (lieu de réunion, manifestations culturelles et sportives, commerces…)
LEÇON 27 Page 148	Révision	• Départements et territoires d'outre-mer La Guyane, la Nouvelle Calédonie, la Polynésie française, Mayotte, Saint-Pierre-et-Miquelon, les Terres australes…	• Suite de la simulation pour la construction d'un projet multi-vocationnel : le programme d'un événement et la présentation d'artistes
LEÇON 28 Page 152	Révision	• Vie quotidienne La consommation en temps de crise	• Elaboration d'une campagne promotionnelle : conception d'idées originales, fabrication de publicités orales et écrites en fonction du projet de complexe multi-vocationnel
LEÇON 29 Page 156	Révision	• Vie quotidienne Tourisme : les vacances des Français	• Suite du projet de complexe multi-vocationnel : espaces de loisirs (idées publicitaires à dégager de l'interview de la directrice d'hôtel)
LEÇON 30 Page 160	Evaluation générale	• Culture savante Grands festivals (Avignon, Aix, le Printemps de Bourges, les Francofolies…)	Présentation du projet

RÉFÉRENCES PHOTOGRAPHIQUES

Couverture : Image Bank, Choisnet ; Pictor ; Ana, Chito ; Dagli Orti ; Image Bank, Salas ; Jerrican, Darmon ; Diaf, Somelet.
p.6 : La Poste ; p.7g : Sygma, Sunset Boulevard ; p.7d : Diaf, Parra-Bordas ; p.11h : Jerrican Air, Lerosey ; p.11bg : Jerrican, Valls ; p.11md : Jerrican, Berthy ; p.7bd : Gamma, Debuiche ; p.18 : La République du Centre ; p.19 : Sygma, Barrier ; p. 23 : Sygma, Barrier ; p.26h : Scope, Sudres ; p.27hg : Jerrican, Dufeu ; p. 27hd : Scope, Sudres ; p.27bg : Scope, Guillard ; p.27bd : Scope, Sudres ; p.30hg : Lenôtre ; p.30hd : Scope, Guillard ; p.30mg : Gamma, Renault ; p.30b : Charmet ; p. 31h : g : Lenôtre ; p.31hd : Gamma, Reglain ; p.31b : Dagli Orti ; p.35 Bic ; p.39h : Jerrican, Charron ; p.39m : Gamma, Michel ; p.39mg : Image Bank, Color Day Prod ; p.39bm : Jerrican, Aurel ; p.39bd : Jerrican, Dufeu ; p. 43h : RATP, Minoli ; p. 43b : Keystone ; p.46 : Jarrican, Gaillard ; p.47 : France Télécom ; p.51hg : Jerrican, Chandelle ; 51hd : Gamma, Aventurier ; p.51b : Scope, Guillard ; p.54 : Scope, Sudres ; p.55hg : Charmet ; p.55hd : Hoa-Qui, Valentin ; p.55m : Scope, Sierpinski ; p.55bg : Hoa-Qui, Valentin ; p.55bd : Diaf, Pratt-Pries ; p.58 h : AI ; p.58bg : Jerrican, Limier ; p.58bd : Coqueux ; p.59h : Illustration-Sygma ; p.59b : Dagli Orti ; p. 60 : Charmet ; p.61g : Roger-Viollet ; p.61d : Collection Cat's ; p.63h : Gamma, Seitz ; p.63bg : Jerrican, Aurel ; p.63bd : Jerrican, Derimais ; p.66 : Scope, Guillard ; p.67h : scope, Faure ; p.67b : Scope, Guillard ; p.70h : Scope, Barde ; p.70b : Scope, Sudres ; p.71h : Scope, Barde ; p.71m Scope, Barde ; p.71b : Scope, Guillard ; p.74h : Gamma, Reglain ; p.74bg : Sygma, Caron ; p.74bd : Gamma, Erkul ; p.75 : Sygma, Schrames ; p.77 : Jerrican Lescour ; p.78 : La Française des Jeux ; p.83 : La Française des Jeux ; p.86hg : Jerrican, Limier ; p.86hd : EPPV, Lamoureux ; p.86m : Jerrican, Derimais ; p.86b : Jerrican, Lerosey ; p.87hg : Jerrican, Sébart ; p.87hd, m, b : Palais Omnisport de Bercy ; P.90h : Gamma, Aventurier-Duclos-Simon ; p.90b : Gamma, Aventurier-Duclos-Simon ; p.91h : Gamma, Buu-Deville ; p.91bg : Jerrican, Mura ; p.91bd : Gamma, SAS ; p.93 : Rapho, Doisneau ; p.94 : DR ; p.96 : Sygma, l'Illustration ; p.97 : Sygma, l'Illustration ; p. 98 : Gaumont ; p.99 : DR ; p.102g : Jerrican, Labat ; p.102d : Goivaux ; p.103h : Jerrican, Gaillard ; p.103bg : Jerrican, Gaillard ; p.103bd : Goivaux, Carré ; p. 106 : Jerrican, Fuste Raga ; p.107h : Hoa-Qui, Pavard ; p.107b : Jerrican, Valls ; p.111 : Collection Cat's ; p.114h : Jerrican, Daidier ; p.114b : Explorer, Wolf ; p.115hg : Coqueux ; p.115hd : Enguerrand ; p.115b : Charmet ; p.118h : Gamma, Daher ; p.118m : Gamma, Apesteguy, Buu, Saussier ; p.118b : Gamma, Quidu ; p.120g : Roger-Viollet ; p.120d : Keystone ; p.121hg : Gamma, Uzan ; p.121hd : Gamma, Apesteguy ; p.121b : Gamma, Vioujard ; p.124 : Roger-Viollet ; p.125 : Roger-Viollet ; p.126h : Explorer, Girard ; p.126m : Hoa-Qui, Vaisse ; p.126bg : Explorer, Loubat ; p.126bd : Scope, Beuzen ; p.127h : Scope, Beuzen ; p.127md : Scope, Sudres ; p.127b : Hoa-Qui, Valentin ; p.131 : Media Cartes ; p.132 : Diaphor, Tierny ; p.133 : Fraudreau ; p.135 : Canal +, Lahache ; p.138 : Omo ; p.142hg : Diaf, Cabanou ; p.142hd : Giraudon ; p.142b : Diaf, Moirenc ; p.143 : Giraudon ; p.146 : Ledermann ; p.147h : Jerican, Marlaud ; p.147b : Ledermann ; p.148 : Zefa ; p.150 h : Gamma, Moullec ; p.150bg : Gamma, Maous ; p.150b : Kharbine, Tapabor ; p.151 : Zefa ; p.152 : Dagli Orti ; p.154 : Accor ; p.158h : Scope, Bohommet ; p.158mg : Explorer, Giraudou ; p.158bg : Scope, Bohommet ; p.158bd : Jerrican, Fuste Raga ; p. 159h : Zefa ; p.159b : Zefa ; p.162hd : Gamma, Benainous ; p.162bd : © 1994 by Christian Lacroix pour les XXV° Rencontres Internationales de la photographie d'Arles.p.163hg : Festival de la Chaise Dieu, Beltran.

© ADAGP,1995 : Arman, César, Chaissac.